全新增修版

經濟史
的
趣味

賴建誠、何泰寬

合著

貓頭鷹

出版緣起

　　本書初版是 2010 年，十年後做了大幅改版。2010 ～ 2020 年間，初版有過多次重印，但只做輕微改正，結構、內容、順序未變。初版分為上篇西洋經濟史（40 章）、下篇中國經濟史（18 章），合計 58 篇正文。另有 12 則附錄：上篇 5 則、下篇 7 則。這本新版有結構性變動：

　　1. 不再以西洋、中國區分，改依題材性質整理成 7 篇。

　　2. 初版的 12 則附錄全刪。

　　3. 增寫以下 10 章：

　　　　(1) 中國為何沒有長弓部隊？

　　　　(2) 海難時，最先沉沒的是騎士精神

　　　　(3) 甲午賠款促使日本採行金本位

　　　　(4) 製錶業對產業革命的意義

　　　　(5) 屠殺北美野牛的元凶

　　　　(6) 在戰亂時期，美術品是好投資

　　　　(7) 複本位的運作方式與優缺點

　　　　(8) 凱因斯勇於投資

　　　　(9) 凱因斯的美術收藏

　　　　(10) 牛頓在南海公司泡沫的虧損

　　2010 年的舊版有正文 58 篇，新版加寫 10 篇，總共應有 68 篇。但新版刪去或合併舊版 29 篇。對保留在新版內的舊文章，我增添些許內容、改正諸多錯誤。這是通識教育一學期課程的講義，宗旨是人人都可理解，性質是廣度重於深度，用意是增廣見聞。本書初版從 2010 年起，授權十年給允晨文化與浙江大學。這本增訂二版是公益性質，感謝王萌和瑞芳的諸多協助。

目　次

人人都該擁有的經濟生存地圖

　　一本講經濟史的書籍，卻找一個經濟學被當掉過的五專生來寫序，很奇怪吧！事實上，賴教授找我寫序的時候，我也倒退三步，覺得難以理解。

　　要嚇倒一個經歷奇特的人挺不容易，但賴教授確實使我驚豔。我五專學商、插大讀新聞、上班當記者，後來讀法律，當了觀護人，又寫了一本書，是文、法、商三類組全讀過的怪人。當我在讀博士班的時候，看到改版前的這本《經濟史的趣味》，簡直如獲至寶！過去所有空洞的、抽象的、虛幻的經濟學理論，全部填上了血肉，活生生的走到我面前，我終於明白當年我經濟學為何當掉，為何打開課本畫需求曲線就昏迷，因為我沒先看過這本書！

　　所有的學術思想，其實都是人所創造出來的，而人不能置外於當時的世界與現狀。有了這本書，才讓人親眼看見，那些經濟學理念原來不是讓人想睡的空白紙上畫枯線；因為賴教授的書，讓我知道李嘉圖有多麼崇高的道德實踐，犧牲自己的利益也要讓英國強盛，開放穀物進口政策；我又知道凱因斯不但懂得創造工作機會，還懂得在戰爭時美術品跌價時危機入市，而在我們日常生活周遭，為何農村社會吃牛肉是禁忌、為何回教徒不吃豬肉，看過這本書，從此才有了合情合理的解答。

　　人類正持續著數千年的歷史，不管是誰，我們每一個人，在歷史的長河當中，都像是一顆小小的砂礫，被推動、被滾動、被擠壓、被排除甚至流離失所……。身邊盡是人與人互相推擠與爭執，時時刻刻耳邊響起一句閩南俗諺「人兩腳、錢四腳」。仔細想想，人，到底都在追逐什麼呢？想盡辦法伸手攔住從眼前流過的金流，卻常常是一無所獲。可是，卻有個瀟灑的老頭，鬚髮盡白，高高地浮在空中，俯視著下面人類長河流動的擁擠。他側耳傾聽嘩啦嘩啦金銀鎳銅幣的聲音，然後就這樣拿著筆（出賣祕辛：真的是筆，賴教授退休後已會中文打字，第一行3分鐘，第2行滿頭大汗，第3行氣急敗壞）仔仔細仔記錄下來，這老頭，他看事情的角度、收集資訊的角度，跟正常人完全不一樣，但，就是這樣，才能夠成功。

或許你不相信。不過國共內戰逃難的時候，人人帶著金條銀塊擠著上船，富家子弟張大千卻不帶黃金不帶名畫以供將來變賣，只隨身攜帶了許多古代的宣紙和顏料。旁人覺得奇怪，張大千說金條銀塊人人搶、名畫引人覬覦，宣紙大家覺得不值個錢，所以沒人會來搶我，但只要到了平靜的地方，以自己的才能，絕對可以畫出很棒的作品，生活不成問題。所以他平安無事的逃到了臺灣，創造了許多的美麗作品。他是優雅與富裕的代名詞，張大千作品可說是一筆千金，靠的難道是追逐金錢嗎？不，他靠的是豐富的知識，以及不同凡響卓越的思考，還有那瀟灑的態度。

這種瀟灑的人生態度，從賴教授的書裡面其實可以看得很清楚，不只是這本，應該說每一本，他都在教年輕的我們「差異化才會成功」，他自己也身體力行。討論到戰爭，他直言雖是人命悲劇卻可以創造出高度有效的經濟發展；他也不諱言猶太人雖然是債權人也是被害人，但是債權人放高利貸，導致債務人殺死債權人（債主），這種劇情現在還是層出不窮。這種該寫什麼就寫什麼，瀟灑誠實的做學問基礎，不管你認不認同他說的每一個理念，裡頭都有值得看一看聽一聽的理由，更重要的是你會得到從未想過的事情背後的緣由。

　　我是一個觀護人，到我面前的，總是一個甚至多個犯罪事件，這些人與案件背後，總有許多原因，而絕大多數的犯罪案件都不是單一因素造成的，有時我們看到的只是壓垮駱駝的最後一根稻草。當鐵達尼號沉沒的時候，人人自私自利，騎士精神最先沉下海，所以浮在海上的蘿絲小姐只是浪漫的電影而不是事實；當饑荒發生的時候，母親被迫餓死女嬰或者是親手殺死女嬰，才有可能確保自己的存活，也為將來在夫家的地位找到出路；人，在面臨生死存亡之際仍然是一個經濟動物，但人所組成的國家，也是一樣，一個國家準備走向強盛和衰亡的路程，其實都不是單一理由可以解釋的，美國何以勝過英國、日本如何從戰敗後奮起，或許在這個資訊爆炸的環境中成長的網路世代連想都沒想過，YouTube 的網紅們也人人一把號。但，不迷信名人或真理，靠自己謹慎的思考，思考後自己的判斷，才是最珍貴的價值，這也就是賴教授這本書帶給我最重要的一件事。

　　本書是清大通識教育的課程講義，但是我深深的覺得應該是跨領域、所有科系的大學生，甚至高中生，都應該閱讀的一本書。在你茫然不知所措時、不知道到底該唸什麼、該學什麼的時候，把書拿起來翻一翻。這本書不會直接告訴你該主攻哪一門科目，但是它會如同風向雞一般，指引你前往北方的天空。而當你像我一樣多年為五斗米折腰，全身疼痛地感受到身為一個「經濟動物」生活好殘酷時，賴教授的瀟灑與智慧，總在書裡為我找到許多解釋人生與現實的方向。

　　對許多人來說，經濟學三個字，像是真實之口一樣，把手伸進去好像會被咬斷！很無聊、很痛苦、很可怕，但是放心，這本書雖然是真實之口，但是它是賴教授的嘴巴，所以不會咬你，反而會吐出許多無形的金銀財寶，讓你身為人類將來可以活得更聰明一點，所以花個幾百塊買到「經濟動物」的生存地圖，是很經濟的！至少，我覺得值回票價，而且，如果一個當掉經濟學的傢伙都能愛上這本書，比我聰明的你，一定會學到更多、賺到更多！

本文作者　唐珮玲。長期從事地檢署觀護人工作，著有《我是你的觀護人》。

推薦序
經濟學家應學會謙卑與包容

　　經濟史向來不是經濟學領域中的主流，大部分大學的經濟系不僅未將經濟史列為必修，甚至連這門課都沒開，不僅臺灣如此，國外大學也如此。這並不是經濟史不重要，而是反映經濟學領域發展的特色，或應該說它的侷限。經濟學應該是社會科學中最偏向以自然科學方法研究的學門，這樣的研究方法塑造了經濟學的認同主流，以及熱門的研究領域與議題。經濟學諾貝爾獎得主艾克羅夫（Akerlof）於 2020 年在《經濟文獻期刊》（*Journal of Economic Literature*）發表了一篇〈經濟研究疏漏的原罪〉（The Sins of Omission and Practice of Economics），自省經濟研究為迎合這樣的認同主流導致研究主題的偏頗。他依古代學者將學科的精準度高低區分為軟硬學科，愈能有精準結果的學科愈「硬」，例如物理與數學；愈無法有精準結果的學科愈「軟」，最軟的學科包括社會學、人類學與歷史學。由於經濟學將自己定位為高硬度學科，再加上頂尖大學與頂尖學術期刊無形地將經濟學術統一定位，經濟學研究唯有透過高硬度的研究方法才可能被認可。由於高硬度的研究方法是篩選優良研究的硬標準，如果以研究主題的重要性與研究內容採用的「硬度」刻劃研究，經濟學者將不自主地犧牲研究主題的重要性，而選擇可採用高硬度研究方法的主題。這不僅扭曲經濟學者的研究主題，也因新主題較難有成熟的硬研究方法，因而阻礙創新研究的產生。

2015 年社會學者富爾卡德（Fourcade）、歐立翁（Ollion）與經濟學者阿爾岡（Algan）在《經濟文獻期刊》發表一篇〈經濟學者的優勢〉（The Superiority of Economists），雖篇名為「優勢」，但論述中所呈現經濟學發展的問題可能反高於它的優勢。這些優勢包括擁有嚴謹的分析工具與經濟學者在勞動市場的需求明顯高於其他社會科學，也有較高的薪資報酬，同時在政策實務上也有較高的實質影響力。這些優勢也造就經濟學家的高自信，或該說高自傲。

　　富爾卡德、歐立翁與阿爾岡點出經濟學術領域發展的特色，一是高孤立性（insularity），雖然社會科學各領域必然有它們的獨立性，但經濟學又更為孤立。他們比較美國經濟、社會與政治三份頂尖期刊的相互引用，政治期刊引用經濟期刊是反向引用的 5 倍，社會期刊引用經濟期刊是反向引用的 8 倍，這反映經濟學者對自我領域的高度自信，以及低度對其他領域的認同。二是經濟學術領域內的隱形階級（hierarchy）分明，要有階級，首先要有區分階級的認同標準。他們比較經濟學與社會學頂尖期刊由該領域五所頂尖大學師資發表的比例，社會學是 22.3%，但這項比例在《經濟學季刊》（*Quarterly Journal of Economics*）是 57.6%。換句話說，經濟學家如果不在這五所頂尖大學任教，很難能在此頂尖期刊發表自己的研究，因此這些名校就持續定義了什麼是優良經濟學的研究。其次，跨校經濟學博士班的教材非常一致，而大學聘任新教師不是來自排名較高學校的博士畢業生，就是來自排名相當的大學，這又再強化學術標準的一致。最後是美國經濟學會執行委員會的成員有 72% 來自五所頂尖大學，美國政治科學學會與美國社會學會的這項比例分別為 12% 與 20%。更令人驚訝的是，排名 20 以後大學經濟系師資進入執行委員會的機率是 0，而排名 100 名以外，沒有名次大學政治系師資進入他們學會執委會比例超過三成五，社會學會更超過五成。美國經濟學會執委的組成最單一，社會學會最多元。因此經濟學術領域是社會科學中統整度最高的領域（unitary discipline），從博士生教材、新進老師篩選、學系排名、學術發表，甚至學會組成都在一致的標準下。這種內部由上至下的高度統合學科其優點是對學術有一致的評判基準，但也唯有這樣的高度統合，缺乏多元的學科才可能造就經濟研究疏漏的原罪。我覺得富爾卡德、歐立翁與阿爾岡在結論的最後一句話說得非常好，值得經濟學家警惕，他們說：「經濟專業〔優勢帶來〕最大的成就可能是經濟學家的高自信，但這也是他們的致命傷」。

金融海嘯發生後的 2009 年，鑒於主流總體經濟學在事件發生前毫無警覺，經濟學諾貝爾獎得主保羅‧克魯曼（Paul Krugman）在紐約時報寫了一篇「經濟學家怎麼錯得這麼離譜？」（How Did Economists Get It So Wrong?），語重心長地揭開總體經濟學派間的問題，用詞犀利，且指名道姓，他說經濟學家失敗的主因是忽視人類缺乏理性與諸多不可預測的行為，卻自戀地以為絢麗優雅的數學方程式可完全捕捉理性人類在完美市場中的互動。保羅‧克魯曼當時可能並沒想到經濟學術界的高度統合與自栩為高硬度學科才是造成這些絢麗優雅數學方程式源遠流長的主因。所以回敬他的是嚴厲批判，指責他當初就是靠這些絢麗優雅的數學方程式獲得諾貝爾獎，今日不知感恩，卻回過頭來批判。

因此能在自栩為高硬度學科中執意進行軟研究的學者就令人敬佩。高硬度下的精準結果只能涵蓋人類大致的「平均」行為，永遠不可能解釋所有人類的行為，人類的行為絕不是物理或數學的鐵律，人與人之間不僅有差異，而且也不必然是理性。高硬度量化分析中不是平均行為的就歸到不去解釋的誤差，至於數學模型的分析方式就更不用說了，因為所有人的行為都一樣，連誤差項都免了。不難想像這些質地堅硬的研究補不滿人類行為的發生，而唯一可填滿這些不足的就是軟質地的研究，這也應該是社會科學與純自然科學的差異，不幸的是軟硬度研究一直不容於高統合的主流經濟研究中，這就更彰顯經濟史在經濟學研究中彌足珍貴。

由於經濟史是軟科學，才有能力鋪天蓋地的說古道今，這也是本書的特色，作者在時間上跨越幾百年，在地理上橫越東方與西方，以話家常的通俗短文通吃事件遠近與大小，近到每天從指尖上滑過無數次的鍵盤，遠到大英帝國的衰落及美國的崛起；小事如周遭總有不吃牛肉的朋友，雄偉到戰爭與國家大小的關係。全書的經濟史橫跨經濟領域中的人口、資源、產業、貨幣、金融、公共經濟等。每篇短文自有經濟邏輯解說，常挑戰一般的歷史見解，如女性守寡其實有經濟目的，無關社會規範的遵從；鄭成功趕走荷蘭人好像不是我們原先被教導的這麼偉大；歐洲獵巫反映的是千百年來人類政治操作的異曲同工，政客在社會動盪下總要找人做替罪羔羊；蒸汽機的發明可能不是產業革命的推手。本書如同小故事大道理的集錦，常刷新我們對歷史的見解，閱讀本書就像重新認識歷史。

本文作者 陶宏麟。現職為東吳大學經濟系特聘教授，中央研究院人文社會科學中心合聘研究員。

序 1

　　我長期教經濟史課程，本書的性質屬於讀者文摘，是拾人牙慧的
「如是我聞」。我挑選文章的原則是三項 ing：第一，interesting（讀
起來有趣）；第二，entertaining（有娛樂效果）；第三，provoking
（有爭辯性）。只要符合其中一項，故事流暢就可入選，同時符合這
三項的文章較難得，我偏好故事性強、容易轉述、啟發性高的文章。
日本知名編劇井上廈（Inoue Hisashi，1934 ～ 2010）的說法較高明：
讓困難的事物變簡單，讓簡單的事物變有深度，讓有深度的事物變有
趣。

　　這是推廣型的讀物，每章挑一兩篇主要文章解說，只是初階的導
引。每章末會列出所根據的論文，當作追蹤文獻的起點。文章總有高
下之分，我依三項原則判斷：第一，能增加某個議題的新知識，這類
型的篇數最多；第二，能提出某項新觀念，分析舊題材得出新意義，
這種文章少；第三，能改變對某個題材的認知與理解，這是上品。

　　我以簡潔為主要訴求，以題材的廣泛性彌補深度不足，對硬澀的
論文做簡易摘述。比較理想的寫法是先綜述整個議題的來龍去脈，接
著把焦點聚在爭論點上，然後說明新證據為何能改變認知。要做好這
三點，等於寫一小篇綜述文章，篇幅必然要增加三倍。不過我退而求
其次，輕鬆易讀就夠了。「見聞轉誦是小乘，悟法解義是中乘，依法
修行是大乘。」這本書做的是小乘，希望讀者追索相關文獻做中乘，
進一步做出讓學界受益的大乘。

1993 年 10 月，諾貝爾經濟學獎頒給芝加哥大學的羅伯特・佛爾格（Robert Fogel），以及密蘇里州聖路易華盛頓大學的道格拉斯・諾斯（Douglass North），表彰他們對經濟史研究的重要貢獻。1994年 47 卷 1 期《經濟史評論》（*Economic History Review*，英國經濟史學會刊物）卷首的簡短賀詞說：「經濟史學會的會員和本刊的讀者很高興知道諾貝爾經濟學獎頒給羅伯特・佛爾格和道格拉斯・諾斯。我們在此恭賀這兩位得獎者，同時也很高興經濟史這個學門能以這種方式被認可。」亞洲的經濟史研究者較少，近十年來逐漸蓬勃，年輕高手已成群結隊出現，我很高興這個學門能以這種方式被認可。

賴建誠

序 2

　　謝謝賴老師讓我擔任這本書籍的共同作者。其實我對本書的貢獻，恐怕僅止於修改全文的語氣，刪減篇幅，修訂一些年代的錯誤，以及討論章節安排與增添。賴老師的用意是傳承，我謹銘記在心。

　　這是一本常青的經濟史科普書，在臺灣與中國都有眾多的讀者。在國外參加會議時，曾經有多位年輕的華人經濟史與經濟思想史學者跟我說，這是他們的啟蒙書籍。在我的專業領域，我能想到的類似書籍，就是保羅・格爾威（Paul De Grauwe）歷久不衰的《貨幣同盟的經濟學》（*Economics of Monetary Union*）。亦或是巴里・艾肯格林（Barry Eichengreen）至今第三版的《國際貨幣制度史》（*Globalizing Capital: A History of the International Monetary System*）。

　　跟其他經濟學領域的發展相同，經濟史的研究已經變得相當多元、專業與分化。經濟史研究同時要能掌握多種語言，尤其是在資料的整理、文獻閱讀與分析詮釋時更是不可或缺。對於非經濟史專業的讀者而言，學術期刊的術語與書寫格式尤為陌生。面對語言的障礙與浩瀚的文獻，這本書籍提供中文讀者一個方便法門，帶領讀者跨越門檻進入經濟史領域。書籍的撰寫方式，並不是依照年代的先後，來說明經濟史的各個階段發展，例如羅伯特・艾倫（Robert C. Allen）撰寫的《全球經濟簡史》（*Global Economic History: A Very Short Introduction*），或者是奧德・蓋勒（Oded Galor）撰寫的《人類的旅程：財富和不平等的起源》（*The Journey of Humanity: The Origins of*

Wealth and Inequality）。相對地，這本書籍是挑選經濟史研究中重要的題材，也因此是依照主題而不是年代來安排章節。

如何使用這本書籍？本書各章的內容是獨立的。我們建議讀者根據興趣的題材，挑選相關章節閱讀，而不是從頭讀到尾。就像是您在閱讀《這次不一樣：800 年金融危機史》（*This Time Is Different: Eight Centuries of Financial Folly*，萊茵哈特〔Carmen Reinhart〕與羅格夫〔Kenneth Rogoff〕合著）時，只要挑選相關的危機資料閱讀即可。每一個主題最後，都會挑選出數篇重要的文獻，作為讀者進一步探索的線索。希望讀者閱讀此書時，會有站在高處，可以看得更廣更遠的感覺，這本書的目的就達到了。

新版增加了十個新章節，涉及的題材都是首度出現在中文文獻。其中，我個人特別偏好的是最後兩章〈凱因斯的美術收藏〉與〈牛頓在南海公司泡沫的虧損〉。

書中的每項題材，都可以讓一位學者終身投入其中。本書對於每項題材的闡述，跟科學知識的發展一樣，都只能當作是暫時性的結論，等待未來的研究修正或是推翻。由於篇幅限制與文獻上取捨，每項題材的內容不可能做到完整。例如，在〈金本位是傳遞大蕭條的元凶？〉一章，我們割捨了班・柏南奇（Ben Bernanke）關於銀行倒閉造成經濟活動衰退的研究；也未能比較 1930 年代的大蕭條與美國次貸危機導致 2007 ～ 2009 年經濟大衰退（The Great Recession）之間的異同。在「複本位的運作方式與優缺點」，我們未能闡述馬爾克・佛蘭德羅（Marc Flandreau）與史蒂芬・歐柏（Stefan Erik Oppers）關於複本位制度在 1871 年普法戰爭結束之後能否存續的討論。

原本想讓讀者先睹為快，後來因為章節安排與篇幅考量，新版捨棄了我跟賴老師正在進行中的專書研究內容。本書遺漏了不少國際金融史的題材，例如，金本位制度為何興起？馬歇爾計畫為何成功而凡爾賽和約為何失敗？美元何以取代英鎊成為國際準備貨幣？凱因斯計畫為何敗給了懷特計畫？布列敦伍德體系為何崩潰？這些缺憾，留待本書再版時再加以彌補。

何泰寬

緒論　為什麼要讀經濟史？

　　讀經濟史有幫助嗎？我的學識和聲望不足以說服你，不如介紹唐納德・麥克洛斯基（Donald McCloskey）的基本論點。他從哈佛大學取得博士學位後，到芝加哥大學擔任經濟史教授，寫了許多文章與專書，擔任過經濟史學會的會長。更特殊的是，他經歷過痛苦的變性手術，把名字從唐納德（Donald）改為女性的迪爾德芮（Deirdre），她的自傳《跨越》（*Crossing*，1999 年芝加哥大學出版）詳細說明心路歷程。

　　我要介紹他的文章〈歷史對經濟學有用嗎？〉（Does the Past Have Useful Economics?）。麥克洛斯基認為歷史對經濟學可以提供五項功能：更多的經濟事實、更好的經濟事實、較好的經濟理論、較好的經濟政策、較好的經濟學家。這篇文章到今天還相當有可讀性，請欣賞他的文筆與博學，以及所附的 138 項書目。歷史對經濟有用嗎？他的答案是：當然。以古人來說，亞當斯密、馬克思、馬歇爾、凱因斯、熊彼德的著作都有明顯的歷史面向，這些人物的著作，也都留下重要的歷史軌跡。

　　以下是我對這個議題的看法，先舉九位諾貝爾經濟學獎得主為例，他們都做過與歷史相關的研究。

　　第一位是保羅・薩謬爾森（Paul Samuelson），他寫不少分析經濟史與思想史的重要文章，參見《薩謬爾森自述》（呂吉爾譯，賴建誠校、中譯序、附錄，上海：格致，2020）。

第二位是約翰・希克斯（John Hicks），他寫過一本《經濟史的理論》（*A Theory of Economic History*，1969)。

第三位是海耶克（Friedrich von Hayek），他的著作有濃厚的歷史思維。

第四位是米爾頓・傅利曼（Milton Friedman），他寫過《美國貨幣史，1867～1960》（*A Monetary History of the United States, 1867-1960*，1963)。

第五位是喬治・斯蒂格勒（George Stigler），他是經濟思想史學家馬克・布勞格（Mark Blaug）博士論文的指導老師。

第六位是芝加哥大學經濟學教授小羅伯特・盧卡斯（Robert Lucas Jr.），他在大學主修的是歷史。

第七位是 1979 年以經濟發展學獲得諾貝爾經濟學獎的亞瑟・路易斯（Arthur Lewis），寫過幾本經濟史的著作。

另外還有兩位經濟學家，1971 年得獎的西蒙・顧志耐（Simon Kuznets）與 1979 年得獎的席歐多・舒爾茨（Theodore Schultz），他們在著作中常運用歷史證據。

二次大戰後，各國的經濟學教育深受美國影響，尤其是開發中國家的留學生。在美國攻讀博士期間如果沒讀過經濟史，回國後自然不會看重這個學門。日本經濟學界從戰前起，就深受歐洲（尤其是德國）的影響，經濟史與思想史至今都還是必修課。

歷史是社會的實驗室

為什麼戰前也深受歐洲影響的美國，會把經濟（思想）史作為選修或甚至廢止？第一，美國的實用主義傾向濃厚，高等教育學費高昂，學生傾向可以立即運用的知識，普遍認為經濟（思想）史沒用。

第二，1950 年代之後的經濟學愈來愈自然科學化，數學與統計大量引入後，吸引許多理工人才投入，以文史取向的經濟史自然被輕視。第三，開發中國家的學生湧入美國，重點放在學習最新的技術，老掉牙的經濟史無人問津。第四，經濟史學界在 1960 年代之前不夠爭氣，由老式的制度學派掌控，他們的視野、論點、教材、著作都缺乏競爭力。

1950 年代末期，計量經濟史學開始發展，經過 30 多年的努力，羅伯特・佛爾格與道格拉斯・諾斯在 1993 年以經濟史的研究得到諾貝爾獎，這個學門才得到基本的尊嚴。現在哈佛、耶魯、麻省理工、芝加哥、史丹佛、柏克萊都有經濟史名師，這個學門總算有點門面了。最關鍵的是走了量化史學之路：把經濟理論、統計方法、數學模型，用來探討歷史的經濟面向，自稱為計量經濟史（Cliometrics，Clio 是希臘的歷史女神，metrics 則是計量衡量學），或歷史經濟學（Historical Economics）。這和使用敘述手法、簡單圖形與表格說明的傳統經濟史截然不同，對一般經濟學者而言，就有共同的語言與溝通平台。

要辯護經濟史是否有用，基本的道理很簡單。如果有效的經濟學理是根據事實來提煉有用的概念，那麼現代的經濟學理視野，必然受到觀察樣本的限制。歷史的重要功能是開闊認知的可能性。歷史提供許多精采現象，是當前不易觀察到或想像的。就像研究古生物，能讓生物學家了解演化過程；就像研究古代地質，能幫助理解地球的長期發展特性；就像研究冰凍層，能幫助理解地球暖化問題。過去的經濟活動，必然有許多嚴重的失業、景氣循環、物價膨脹（緊縮）、貨幣供需失調，是今日無法觀察到，也不是現代理論能充分解釋的。

經濟史學者透過集體努力，彙編更豐富的史料與文獻，我們現在擁有比過去更多的統計數字，有更多元的歷史觀點與分析工具。我們甚至比古人更了解他們的時代。舉個具體的例子。如果你要掌握惡性通貨膨脹的特質，沒必要去了解 20 世紀上半葉德國的經驗嗎？歷史是社會的實驗室，有許多讓人嘆為觀止的事件，若能溫故知新明白新道理，過去的事就成為豐富的寶藏。

經濟史研究能夠修正經濟理論

現在換個話題：經濟理論會影響（經濟）歷史研究嗎？答案是肯定的。例如李嘉圖主張自由貿易，認為可以讓各國的資源交流，使各國的工資與物價水準逐漸拉平。用現在流行的話來說，這就是全球化的過程。經濟史學者從 1980 年代中期起有不少人研究這個主題，現在已有明確證據顯示李嘉圖的理論是對的。米爾頓・傅利曼與安娜・許瓦茲（Anna J.Schwartz）的《美國貨幣史，1867 ～ 1960》，也是支持貨幣數量學說的重要研究。

反過來問：經濟史的研究會影響或修正經濟理論嗎？答案也是肯定的，舉個明顯的例子。1950 年代起，經濟發展與經濟成長理論迅速興起，如果沒有經濟史的研究根據，成長理論學者怎能掌握英國經濟的長期變動特質，並據以提出成長模型？如果對俄羅斯與日本的經濟發展沒做好充分的歷史理解，怎能臆造出農業國家的發展機制與雙元成長模型？你可以問研究經濟成長的學者，例如保羅・羅莫（Paul Romer）或羅伯特・巴羅（Robert Barro），看歷史知識對他們有什麼用處。

你大概也願意相信，愛因斯坦對哥白尼、伽利略、牛頓的貢獻都很熟悉。歷史知識對科學發展的重要性在歐洲一直沒有人懷疑過。1950 年代後，第三世界留學生的急切心態，把歷史的重要性壓縮到另一個極端。現在的經濟學已經過度邏輯化，從數學模型建構出來的理論，未必有實際的解釋意義。如同凱因斯所言：「如果採用完美的精確語言，其實是在幫助無法精確思考的人表達他們的內在思維。」[*]

因此，倒不如在人類的共同遺產裡找尋廉價實惠的史實，用來作為分析對象，這對經濟理論的推展反而是最可靠的投入要素。人類的文明史若以 5000 年來算，各大洲、各地區、各國發生過的事件不知凡幾，現代經濟學的理論工具遠不足以解釋這麼複雜的現象。

瑞‧坎特伯里（E. Ray Canterbery）說：「數學把嚴謹帶入經濟學，但歷史讓經濟學免於被數學的僵固壓垮。」為什麼以人為的方式建構純推演的理論數學模型，一味追求邏輯的嚴密性，卻不顧慮這樣的模型是否有解釋真實世界的能力？為什麼不問問我們的祖先，看他們發生過哪些難題與趣事，看看現今的理論能否幫他們解答。更重要的是，能否從祖先的血淚經驗改善現今理論的不足，擴展思考的視野。這種觀點在冰島詩人艾納‧貝內迪克松（Einar Benediktsson）的作品中表達得很貼切[†]：

　　你必須回顧過往，

　　如果你想要有創意；

　　沒有過往的教導，

　　你就看不出什麼是新事物。

---

[*] 他的大意是：經濟學家如果用數學模型來表達，表面上看來很精確，其實他們是無法精確思考的人，也無法清晰表達內在思維。

[†] 引自 Donald McCloskey "Does the Past Have Useful Economics?", *Journal of Economic Literature*, 1976 頁 453。

To the past you must look,

If originality you wish to build;

Without the teaching of the past,

You see not what is new.

享受重新詮釋歷史的快感

如果經濟史那麼重要，為什麼沒有多少人願意投入？第一，很多人認為這個行業看不到前景，就業困難。各大學和研究機構對經濟史的人才需求不高，但 1990 年代之後就不同了。《經濟史期刊》（*Journal of Economic History*）每年都會公布當年的最佳博士論文獎，刊出論文摘要與評審報告，以及這些生力軍目前的職位。

第二，經濟史的研究不夠科學化，顯現不出模型與計量方法的驚人分析效果。計量經濟史就是要把經濟理論與統計方法，運用在歷史題材上。如果你翻閱《經濟史探索》（*Explorations in Economic History*）的文章，運用計量方法的程度恐怕會超出你的想像。

第三，研究經濟史太麻煩，要到處找零碎的史料、殘缺的統計數字，弄得滿身大汗吃力不討好。理論模型所要求的變數，很不容易找到對應資料；還要花很多時間去了解時代背景，要做很多無法得到預期結果的投入，投資報酬率太低。

第四，如果我的數學能力好，統計觀念強，當然選擇在電腦前、桌子上、飛機上、咖啡館裡、汽車內就能完成的模型推演，既省事，又優雅，又科學。何必把全身弄髒，去做缺乏科學美感的經濟史？再說，如果我這兩方面的技能相近，寫篇經濟史文章的精力，早就完成好幾篇純邏輯推導的優雅論文。

第五，缺乏滾雪球效應。如果我經過一家餐廳，只見小貓兩三隻，通常會選擇另一家排長龍的餐廳。原因很簡單：經過這麼多人的檢驗，是香花還是毒草早就清楚了。除非我品味特殊，怎麼會在冷門領域裡浪費時間與精力？但我也常提醒自己：人多的地方不要去，如果不比別人強，那就跟別人不一樣；太多人淘挖過的金礦，就不必湊熱鬧了。佛爾格和諾斯在 1950 ～ 1960 年代讀博士班時，勇敢選擇超冷門的經濟史，才能在 1993 年得到超額的報酬。

　　如果你的歷史感受力不錯，能寫簡單的數學模型，會操作中級的統計軟體，肯流汗挖掘歷史材料，那就可以考慮選擇這個行業，應該會比在主流領域容易存活。如果你建構數學模型的能力比喝開水還容易，也能在主流經濟學門裡出頭，那為什麼不考慮把經濟史當作第二專業，享受重新詮釋歷史的快感，說不定還會有「無心插柳柳成蔭」的驚奇。前面提過的幾位大師級人物，也走過這條路線，營造出古今貫通的添翼效果。

　　本書挑選中外史例，逆尋幾世紀或上千年前，各種政策與作為的深遠影響。讀者從各章的文獻，可追索更多個案，理解更複雜的面貌。遠古的 DNA 就像戲偶身上的細線，若隱若現地影響著我們的受想行識。科學的探索，就是要讓這些草蛇灰線在隱藏千百年後逐一顯現。同樣的道理，千百年前的經濟軌跡，也在影響今日的作為與成果。經濟史的主旨，就是讓這些伏脈千里的深影，重現歷史的蹤跡。

　　遙遠的事蹟不易精確認證，我對此事的基本信念與約翰・圖基（John Tukey）相似：「從正確的問題，得到粗略的答案，遠比從粗略的問題，得到正確的答案更有價值。」希望這本科普能傳達還沒有精確答案的好問題。

第 1 篇

习俗的力量

1

鍵盤與軌距如何形成？

　　我讀大一時商學院的學生要學算盤、英文打字、操作機械式計算器。我早就學過算盤，但總覺得無緣；學習操作機械式計算器時，倒是第一次看到這種洋玩意。計算時要先按下被乘數的數值，然後按乘數值，我依稀記得，這會讓有些桿子上下移動，然後搖轉右側的把手，就得出乘積來。做多位元數字相乘或相除時，速度甚至比算盤快，但我對這玩意還是沒興趣。我第一次看到的掌上型電子計算器，

圖 1.1　打字機

只能顯示 8 個數位，要插電才能用，售價 3,000 元，是大學畢業生的起薪。

印象較深的是打字機，我對這東西較有興趣，好像可以透過它做出有意義的東西。那是一些老舊到難以形容的美製敲擊式打字機，我不記得牌子是安德伍德（Underwood）或是雷明頓（Remington）。打字的原理大略如下：如果你按下 A 鍵，就會有一根細扁的鐵桿擊向一個圓形滾筒，滾筒上是一張白紙，白紙的前方是黑色墨水帶。按下 A 鍵時，鐵桿就打向整個鍵盤的正中間缺口，透過色帶把 a 字打在紙上。如果要顯示出 A 字，就要按 shift 鍵，打出大寫字母，和現在的電腦鍵盤一樣，電腦鍵盤排列方式就是承繼彈簧式打字機。

這些打字機不知已被多少學長糟蹋過，每個字桿的彈簧會隨著英文字出現的頻率，而有不同的鬆緊度（在鍵盤中間位置的 TYU 最常打到，QZX 這些鍵較少打到），所需的打擊力道與彈回時間也不同。如果打太快，有些字桿還沒彈回就敲打其他字鍵，這些鐵桿就會糾纏成一堆，要用手逐一分開撥回，才能打下個字母。

這是機械老舊後不可避免的結果，練習時有三分之一的時間在拆解糾結的打擊桿。應對之道就是不要照練習本上所教，把十根手指全放在鍵盤上同時打字。如果只用左右手的各三個手指（也就是說，只剩 6 根指頭有功能），就可以減少許多麻煩。我不是手腳靈巧的人，練習之後覺得用 4 指神功最快。

我去巴黎讀書時，買了一個日本製兄弟牌（Brother）打字機，鍵盤的排列方式和英文很不相同：法文字母多了 é、è、à、ë、î、ï、ü、ç、œ，ABCD 的位置也不完全和英文鍵盤相同。我用了五年多的法文鍵盤，幾乎忘了英文鍵盤的相對位置。1990 年代我在慕尼黑大學三個月，德文的鍵盤排列又不同了：有獨特的 β，和上面有兩個小點的字母（例如 ü、ö），英文字的 c 在德文時常改為 k（例如 capital ＝

kapital），ABCD 的排列方式也和英文鍵盤不完全相同。

　　我適應過英法德三種鍵盤，在很熟練時，三種鍵盤的速度幾乎沒差別。但在這個過程中也養成壞習慣：我無法同時記住三種鍵盤的正確位置，打字時必須稍微瞄一下鍵盤，和練習教本上的指法完全不同，只能自嘲為偷瞄式指法。經過三種鍵盤的折磨，我已經無法學會需要拆解字型的倉頡輸入法。我只會看著鍵盤，以每分鐘 5-10 個字的速度，使用最不需學習的注音輸入法。結果呢？這 30 多年來，我還是要先用有格稿紙寫字，然後使用天下最昂貴的「太座輸入法」打出文章。

　　說到鍵盤的複雜度，我看過埃及機場查護照的阿拉伯文鍵盤。我當然看不懂，但是明確知道阿拉伯文的數字鍵（在鍵盤最右邊的方塊區）和我們熟知的 1234 寫法很不一樣。也就是說，我們熟知的阿拉伯數字，在阿拉伯文裡的寫法很不相同。我試過在微軟的 Word 裡查各國文字的鍵盤排列方式，還真複雜到超出想像。

中文鍵盤應該長什麼樣子？

　　如果電腦（或打字機）是中國人發明的，你覺得鍵盤會是什麼樣子？依部首排列最符合共同認知。我算過，從 1 畫到 17 畫共有 232 個部首；若鍵盤每行排 20 個字，要 12 行才能排完。再加上標點符號和輔助性符號（加減乘除），我算了一下，依部首排列的鍵盤約是英文鍵盤行數的 4 倍。現在的中文輸入法都是遷就英文鍵盤，才會弄出我無法以合理邏輯去拆解的倉頡法。人類有高度的適應力，許多人可用倉頡法每分鐘打出 125 個字，也只能怪自己魯鈍了。

　　在電腦普及之前，中文也可以打字。打字員桌上有兩個大型字盤架，依部首分格，裡面是一個個的鉛字。一眼望去，一個字也認不得，因為都像印章一樣，是左右顛倒的反向字。打字員找到需要的字，把「抓字機」朝那個字按下去，機器就夾住這個反體字，用彈簧的力量夾打在色帶上，滾筒上的白紙就出現一個正面字。熟練者的速度甚至比手寫快。常用字放在第一層的字盤裡，罕用字放在第二層。若有怪字，那就要另外鉛鑄，每個新字大約三元。

現有鍵盤打字效率差

現在回來談正題：請看一下你的鍵盤，為什麼第一排左上方的順序是 QWERTY 而不是 ABCDEF？道理很簡單：如果依 ABCD 排列，打字速度就會變慢；因為在英文詞彙裡，最常出現的字母並不是依 ABCD 排列。也就是說，若要追求打字速度極大化，就要把最常出現的字母放在最靈巧的手指位置上，也就是在食指和中指最容易按鍵的地方。

根據語言專家統計，英文詞彙裡有 70% 是由 DHIATENSOR 這10 個字母組成，應該放在手指最靈巧的位置上。但這卻不可行，因為把最常出現的字母集合在一起，會產生另一項無法解決的困擾：在打字機的時代，這 10 個字母的打擊桿如果位置太集中，先快速連打DHIAT 這 5 個字母，字桿的彈簧還沒來得及彈回，又快速打 ENSOR這 5 個字母時，這 10 個字桿很容易糾結在一起，速度反而變慢了。

那怎麼辦？打字機製造商各自研擬不同的字母排列方式。經過市場的競爭、選擇、淘汰，最多人採用的是雷明頓公司 1873 年推出的4 行鍵盤，最上行是以 QWERTY 順序排列。如果你注意看這一行字鍵，可以看出這行內隱藏著幾個字母：TYPE WRITER（打字機）。

QWERTY 鍵盤一旦在市場成為主流，就會出版許多練習這種規格的教材，用來訓練新進打字員。幾年內，透過滾雪球效應，原本不採用 QWERTY 鍵盤的生產商，在「西瓜靠大邊」的原理下，都改用 QWERTY 系統。即使有人提出能增強打字速度的鍵盤排列方式（有些宣稱可增快 20% 至 40%），也沒人敢用了，QWERTY 系統因而獨霸天下。

經過一個世紀，到 1980 年代個人電腦鍵盤問世時，字桿會糾纏的問題已不存在，照理應該改採速度較快的 DHIATENSOR 排列方式。但是電腦生產商關心的並不是打字速度更快，而是記憶體容量與中央處理器的速度。就算你能證明 DHIAT 系統比 QWERTY 系統有效率，我打賭沒有電腦鍵盤製造商會採納。所以不是最好的東西就能存活得最好，達爾文的適者生存（survival of the fittest）、天擇原理（natural selection）在工商業界還是適用。

1980 年代中期，臺灣出現好幾套中文輸入法，有倉頡、大易、行列、嘸蝦米，有人說這是「萬碼奔騰」。它們的共同特色就是要在英文鍵盤的框架內拆解中文的方塊字。現在流行的自然輸入法、漢音輸入法不必拆解，較受人歡迎。注音符號只有 37 個，在 4 行英文鍵盤內還放得下。

現在請你看一下鍵盤，竟然是以ㄅㄆㄇㄈ的方式斜排下來，這等於是英文鍵盤以 ABCD 排列一樣不合理。但是你有更好的ㄅㄆㄇㄈ排列方式嗎？你有統計證據能反證ㄅㄆㄇㄈ的排列會對打字速度造成明顯困擾嗎？相對於倉頡輸入法要在大腦中一邊拆解方塊字，同時要找到正確字在鍵盤上的位置才能打字，ㄅㄆㄇㄈ的不合理排列，根本算不上是個問題。

倉頡碼受限於英文鍵盤的容量，必然有許多方塊字無法拆解，所以你看一下「X」這個字鍵上會有個「難」字，就是供倉頡碼碰到不易拆解時用的。我一直無法理解倉頡碼如何拆解「凹凸」這兩個字。倉頡法是 1980 年代人氣最高的輸入法，最早一代的電腦打字員就是學倉頡法。

路徑依賴

保羅・大衛（Paul David）在 1985 年談 QWERTY 的 5 頁短文已成為這類議題的開山之作，至今仍不可忽略。在 QWERTY 這個簡明的故事裡，他要傳達哪些重要訊息？首先，經濟現象和其他社會現象一樣，都會受到從前軌跡的影響，而非只受到當前條件的左右（這稱為「路徑依賴」〔path-dependent〕），會受到遙遠過去中某些突發事件的影響，「歷史的偶然」不可忽略：即使只是過渡性的改變，都會產生長遠的效果。他引用托爾斯泰《戰爭與和平》（第 9 篇第 1 章）的名言：「他們的每項行動雖然看起來都是自由意志，其實從歷史的角度來看，都不是完全自由的，而是全然受到之前歷史的束縛。」道格拉斯・帕非德（Douglas Puffert）2003 年的論文是解說完整的綜述性文章，文末附有討論 QWERTY 問題的詳細書目。在這種途徑依賴的過程中，歷史是重要的：即使只是過渡性的改變，都會產生長遠的效果。

第二，要注意產品在技術上的相互關聯性（technical interrelatedness）。例如 QWERTY 的排列方式，主要是考慮打字機的擊桿糾結問題，而不是因為 QWERTY 的打字速度最快。所以要注意軟體和硬體的搭配，要考慮用戶的人體工學、使用習慣、文化偏好。

第三，要注意系統的規模經濟（system scale economies）：QWERTY 和倉頡輸入法一旦成為主流，深入市場與人心（locked in），就會造成滾雪球效應。

第四，或許是最重要的一點，就是「準不可逆性」（quasi-irreversibility）：現在的電腦鍵盤已無字桿糾結的問題，但仍使用1873

年的QWERTY排列法，而不使用較具效率的DHIATENSOR排列法。

路徑依賴簡化來看就是三個概念：有根源、沒效率、改不掉（積非成是）。接下來用「為什麼國際標準軌距是143.5公分？」，佐證路徑依賴的普遍性。

鐵軌的寬度各地不同

我讀初高中時，住家離臺糖小火車鐵道很近，每天看到同學從各鄉鎮搭火車通學，半世紀後仍歷歷在目。這種火車的主要功能，是把在各地區契約耕作的甘蔗，採集後運到糖廠加工成各種正產品（各式各樣的糖）和副產品（例如健素糖、蔗板）。這種白色製糖用的甘蔗和市場的黑色甘蔗不同：黑蔗的甜度低、皮薄、肉脆（可口嚼或榨汁），白蔗相反。1960年代國際糖價高，鐵路沿途有不少人偷白蔗。蔗農把15至20根甘蔗綁成一大捆，放在運貨的平臺車廂上。如果最下層是南北置放，上一層就東西置放，再上一層又換成南北向，讓甘蔗之間的摩擦力互相牽制，只要速度不太快就不會在途中掉落。

因為甘蔗的長短不一，有幾根會較突出。較有力氣的青少年不難從慢速行駛的火車抽下甘蔗。一次沒抽出來也沒關係，他們約間隔15至20公尺站列，前面沒抽下的下一位繼續，經過3至5人一定抽下來。第二種方法更狠：用尼龍繩（這是當時的高檔貨）綁上鐵鉤，拋向最上層的甘蔗整捆拖下來。臺糖受不了這種損失，就在車廂之間不規則地穿插空車，裡面坐人拿著催淚槍，朝這些偷甘蔗的青少年發射。我沒有上場的資格，但和其他人被催淚槍射過，還記得淚涕縱橫的滋味。

我那時知道臺糖火車的車廂比臺鐵的小，鐵軌也較窄。聽人說臺糖火車叫做五分車，但不明白什麼意思。讀大學時常坐平快車，縱貫鐵路是日據時期修造的，聽說這叫做七分車，也不明白什麼意思。後來在電影《東方快車謀殺案》（*Murder on the Orient Express*）看到火車竟然有包廂，廂外有通道，覺得寬敞許多。到巴黎第一次坐有包廂的火車，感覺臺灣火車還真窄。

我從維基百科查「軌距」，得到許多具體的數字，摘述如下。1937 年制定的國際標準軌（143.5 公分＝ 4 呎 8 吋半）是英國提出的。歐洲大部分國家都使用標準軌，例外的國家有：愛爾蘭與北愛爾蘭（160 公分）、西班牙（167.4 公分，正在改為標準軌）、葡萄牙（166.5 公分）。阿根廷與智利的軌距是 167.6 公分；俄羅斯及鄰近國家，以及蒙古、芬蘭都是 152 公分。

日本的軌距是 106.7 公分（3 呎 6 吋），臺灣的軌距也是 106.7 公分，這是國際標準軌（143.5 公分）的 74%，稱為七分車。臺糖業鐵路是 76.2 公分的窄軌，是 143.5 公分的 53%，簡稱五分車。日本在 1960 年代修建新幹線（高速鐵路）時，採用國際寬軌（143.5 公分）提高行駛穩定性。臺灣高鐵、臺北和高雄的捷運，都用 143.5 公分的標準軌。清朝末年中國的鐵道，由英國和比利時承建，採用 143.5 公分標準軌。

我在想：現在以電力帶動的火車頭，牽引力比 20 世紀初期的蒸汽機火車頭強大許多，為何不把軌距擴大為 200 公分，不是更寬敞，又可載更多貨物嗎？維基百科說：以現代的角度來看，第一，寬軌車不一定可以載得更重更多，速度也不見得比較快。第二，建造標準軌與建造窄軌的成本相差不大。加上窄軌也可以達到和標準軌一樣的負載量，因此採用寬軌不見得是比較好的選項。我覺得奇怪，不明白為什麼會這樣。

1937 年制定的國際標準軌距並非英國提出，而是沿用美國 1835 年就存在的規格。帕費特的論文就是要分析，為什麼 143.5 公分的軌距會在諸多規格的激烈競爭中脫穎而出。那篇文章的主題，可說是美國軌距的發展與競爭史。

1835 至 1890 年間，北美（美國與加拿大）至少有 9 種軌道：3 呎（91.4 公分）、3 呎 6 吋（106.7 公分）、4 呎 8 吋半（143.5 公分）、4 呎 9 吋（144.8 公分）、4 呎 10 吋（147.3 公分）、5 呎（152.4 公分）、5 呎 4 英吋（162.6 公分）、5 呎 6 吋（167.6 公分）、6 呎（182.9 公分）。

為什麼會這麼複雜？第一，各地區修築鐵路時，工程師的技術來源與傳承不一，有些採英國體系，有些則否。第二，故意不相容，阻擋其他地區的農工業產品進入。第三，各地區的地形地勢不一，對軌道的需求自然不同。

為什麼後來會統一使用 143.5 公分，1937 年之後成為國際標準？只是政治與經濟角力後一步步發展的結局，這正是典型的路徑依賴問題（依發展途徑而異、受到隨機性的因素干擾）。市場機能、競爭、效率、最適化這類的觀念，在這個議題上無法發揮功能，因而稱為市場失靈。

軌距標準化

美國最早的鐵道是承襲英國的 4 英呎 8 英吋（142.2 公分），這是 18 世紀末在英國礦區發展的原初型鐵路，在英格蘭東北部紐卡斯爾（Newcastle）地區最通行。有位名叫喬治·史蒂文生（George Stephenson）的工程師，在斯托克頓（Stockton）和達靈頓（Darlington）之間建造一條運煤鐵道。1826 至 1830 年間，他被任命在利物浦（Liverpool）和曼徹斯特（Manchester）之間建造鐵路，特點是用蒸汽機推動火車頭。

圖 1.2　1830 年啟用的利物浦到曼徹斯特的鐵路

　　這是第一條靠蒸汽機推動的鐵路，也是第一條完全依靠載運乘客與貨運的鐵路，更是第一條與礦冶完全無關的鐵路，在鐵道史上有顯著的開創地位。不知什麼原因，史蒂文生把鐵軌加寬半英吋（1.3 公分），成為 4 呎 8 吋半（143.5 公分），這就是日後國際標準軌的規格。1826 年史蒂文生在競爭利物浦到曼徹斯特段的鐵路時，他的對手刻意提出 5 呎 6 吋（167.6 公分）的寬軌（加大 24.1 公分），但沒被採用。

　　喬治·史蒂文生的兒子羅伯特（Robert）後來在國會的委員會上說：143.5 公分軌距也不是他父親訂的，而是從家鄉地區的系統承襲來的。塞繆爾·斯邁爾斯（Samuel Smiles）是史蒂文生的朋友與早期傳記的作者，他說 143.5 公分的軌距，「沒有任何科學理論上的依據，純粹是因為已經有人在用了」。（Puffert，2000：939，注 11）。

美國早期的鐵路建造者，參觀利物浦到曼徹斯特與其他地區的鐵道，認為利物浦到曼徹斯特的鐵道規格較適合，就把整套工程技術搬回美國。另有一批工程師在 1829 年參觀英國鐵路，回國後在巴爾的摩（Baltimore）與俄亥俄（Ohio）之間築了另一條鐵路，把原本的 4 呎 6 吋軌距改為 4 呎 8 吋半，目的是要和利物浦到曼徹斯特系統的車廂接軌。但有幾批工程師另有盤算，有些採用 3 呎 5 吋，有些認為 5 呎較易使用（整數較簡潔），有些人用 4 呎 9 吋（何必用 8 吋「半」這麼奇怪的規格？），有人堅持 4 呎 10 吋也不錯。簡言之，在最複雜的時候，美國有過 9 種軌距並存。

現在回過頭來看鐵道的發源國（英國）。他們在建築大西部鐵路（Great Western Railways，GWR）時，把軌距擴大為 7 呎（沒錯！213.4 公分），幾條較短的路線用 5 呎或 5 呎 6 吋。有些美國工程師看到鐵路老大改為寬軌，為了迎頭超越，就把紐約與愛力（Erie）之間的鐵路建為 6 呎寬（182.9 公分），希望能達到最高速、最舒適和最低成本三個目的。但事與願違，有些人認為 5 呎 6 吋就夠了。幾經實驗，19 世紀中葉的美國鐵道工程師考慮火車頭的拉牽力後，覺得還是以 5 呎至 5 呎 6 吋較合適。加拿大的鐵路學者也有同感，而這正是英國當時採用的軌距。

1860 年之後，又有人感覺寬軌太耗動能，對蒸汽機的負擔過重，還是老規格（4 呎 8 吋半）較合適。在地勢變化較大的地區，其實 3 呎 6 吋更合用，因為較容易轉彎。在多山的地區，若用 3 呎寬的鐵軌，就不必挖太寬的隧道，省下不少成本：3 呎的鐵路成本，比 4 呎 8 吋半的建造費用便宜三分之一（枕木、石塊、人工、管理都較省）。

建造鐵路時，美國政府只負責土地與公共事務，對具體的投資、興建、技術規範都不插手。如果你是第一位在某個區域的鐵道投資者，只要考慮自己喜歡哪種軌距；第二位投資者，或許也可以自由選擇軌距；但第三位投資者就必須考慮接軌問題，沒有多大選擇空間。在這種機制下，美國的鐵道系統就出現一項特質：地區性的軌寬整合度很高，但全國性的相似度很低。

簡言之，美國的軌距是由民間工程師決定，而這又受到他們之前的經驗影響：或是向英國某個地區學來的，或是依所購買的火車頭帶動力來決定軌距。為什麼 4 呎 8 吋半最後會成為主流？因為採用者最多，滾雪球效應最大。換個角度來問：政府為何不居間協調？南北戰爭之前，有誰能預期日後會建造出全國性的鐵路網？那時投資鐵路的人只想載運貨物和非乘客的人員，從河運搶些生意做，占住某個地區的地盤。他們甚至不想和其他區域的鐵路接軌，基本的心態是互不侵擾地盤。加拿大也不希望美國火車駛入，鐵道的規格因而形成割據。現在美加兩國的鐵路、電話號碼、電壓、影印紙規格都已統一化，那是很後來的事了。

其實加拿大國會很早就知道軌距標準化的重要性：1851 年主張採用 5 呎 6 吋（167.6 公分），他們的大西部鐵路在 1854 年營運時，就是依這個規格。美國國會把橫跨大陸的軌距選擇權授予林肯總統，他決定採用 5 呎寬（152.4 公分）。但是中西部的鐵道業者不願接受，就和東部的同行結盟，遊說國會採用最老式的英國軌距（4 呎 8 吋半，143.5 公分）。某些較貧困的地區資本不夠，希望採用窄軌，就在 1872 年另組一個「國家窄軌聯盟」：之後全美國各地的窄軌有 95% 採用 3 呎（91.4 公分）規格。在這種「地區性整合度高、全國性整合度低」的結構下，美國的鐵道系統怎麼可能在 20 年內（1866 ～ 1886）就完成規格統一？4 呎 8 吋半的規格獲勝，是因為它有特殊的優越性？

市場需求推動標準軌距

1860 年代時，誰也不知道 4 呎 8 吋半會成為日後的國際標準，當時存在 9 種規格，工程師並無明顯的偏好。為何會有統一化的認知呢？主要是各地區的經濟發展後，運輸量大幅增加，東西岸的產品與人員相互運送，無法透過受地域性限制的水運。當時東西橫向的鐵路大都採用 4 呎 8 吋半，產生大者恆大的雪球效應，市場占有率愈來愈高。各地區的鐵路公司在利益的考慮下，合作愈來愈密切：發展跨區的鐵道系統，共同管理相互協助，這是推動鐵道標準化的重要因素。

把原來不是 4 呎 8 吋半的軌距，不論是拉寬或縮窄，轉換的成本不是很高昂嗎？是的，費用看起來是不小，但相對於鐵道的總價值，占比並不高。主要的花費是整修路基，尤其是在擴寬軌道時。如果只是把軌道稍微拉寬或縮小，這屬於「移軌」問題，成本並不高。較貴的部分是更換為 4 呎 8 吋半的車廂和火車頭（機頭）。

1871 年時，俄亥俄州和密西西比州的鐵路，從 6 呎縮為 4 呎 8 吋半，成本是每哩 1,066 美金，再加上價值 5,060 美金的新車頭。到了 1885 ～ 1886 年間，這些成本更低了：更動南方軌道與設備的成本，每哩約只需 150 美金。把窄軌拉寬的成本，每哩約 7,500 美金。對軌距接近 4 呎 8 吋半的軌道（例如 4 呎 10 吋），就建造可以調整輪子寬度的車體相互通車。一旦整合的意願明確化，確知每哩的更動成本占鐵道總價值的比例不高後，很快就在 20 年內整合完成。4 呎 8 吋半成為美加的標準規格，1937 年成為國際標準，沿用到今日。

美國軌距的故事告訴我們：第一，市場需求是規格統一的重要推手。第二，1880 年代統一的 4 呎 8 吋半軌距，以今日車頭的牽動能力而言，並不是最具能源效率的規格，但這已是國際標準，改動不了。第三，4 呎 8 吋半軌距能一統天下，並不在於規格上的優越性，而是歷史的偶然造成。第四，並不是最有效率、最具優勢的東西，就能存活得最好。第五，這種路徑依賴（歷史偶然）的現象，在度量衡上最常見。聽說 1 呎的定義，就是某位國王鼻尖和手指之間的距離。

　　鍵盤和軌寬的故事告訴我們：透過社會與經濟的路徑依賴，不效率者生存的現象反而普遍存在。這類例子多不勝數，例如為何不是 1 月開學而是 9 月？會計年度和學期年度不搭配，讓我們時常寫錯學期的年度。為何英國和日本堅持靠左走？倫敦的馬路總是要提醒路人向左看（Look Left），免得習慣靠右走的外國人出車禍。

參考書目

David, Paul (1985): "Clio and the economics of QWERTY", *American Economic Review* (Papers and Proceedings), 75(2):332-37.

David, Paul (1986): "Understanding the economics of QWERTY: the necessity of history", in W.N. Parker, ed., *Economic History and the Modern Economist*, Oxford: Oxford University Press.

Puffert, Douglas (2000): "The standardization of track gauge on North American railways, 1830-1890", *Journal of Economic History*, 60(4):933-60.

Puffert, Douglas (2003): "Path dependence" (http://eh.net/encyclopedia/).

Puffert, Douglas (2009): *Tracks across Continents, Paths through History: The Economic Dynamics of Standardization in Railway Gauge*, University of Chicago Press.

2

漢人為何不吃牛肉？

　　蒙古、新疆等地回蒙族的糧食，基本上是以肉食為主，因為那些地帶不適合農耕，行游牧逐水草而居，畜肉產量比農產品豐富，是主要的卡路里來源。漢族以平原和丘陵地農耕為主，這種形態較容易養活人口。秦漢以後的中國，只要維持上百年沒有戰爭或水旱災，人口很快就激增到土地生產力不勝負荷的程度。人口一達到飽和點，土地就會極度開發運用：與河道爭地、圍湖耕作。

　　土地過度開發的結果，是「開山開到頂，殺人血滿井」。因為已經達到土地運用的極點，人口所需要的糧食，超過土地所能供養的程度，自然會有饑饉。強悍者起而聚眾成匪，殺燒擄掠。若壓得下就罷，壓不下就改朝換代，朱元璋不就是從饑餓小和尚搶殺出天下的？

　　糧食產量跟不上人口增加量，一旦超過負荷，就靠天災人禍來平衡。靠農業技術突破來增加糧食當然是解決的方式，但總是跟不上承平時期人口的激增。在這個基本限制下，只好在既定的農技水準下，讓每個單位（畝或甲）的土地生產最大數量的卡路里。若以精耕方式種稻，每畝地生產的卡路里，一定高於以同面積土地種牧草養牛羊的肉類卡路里。牛羊需要活動面積，也不能一年兩熟，要獲取十萬卡路里，種稻米要比養牛羊省地。在龐大的糧食壓力下，種稻麥尚且不足以養活眾生，哪有餘地養牲畜當作食物？

在稻麥與畜牧爭地的情況下，漢民族自然缺乏肉類蛋白質，只能靠植物性的蛋白質補充，包括豆類及豆漿、豆腐等加工品。但肉類還是人體所需，必然會去開發不占耕地的肉類資源，像是雞、鴨與豬。雞鴨養在屋院，吃五穀與田地的蟲螺；豬養在房舍邊的圈內，利用人類剩餘的糧食。簡言之，雞鴨豬和人類是共生關係：我們以剩餘的糧食和不占耕地的空間飼養，牠們以動物蛋白質回報。

以這種形態生產的肉量，當然不足以供應家庭每人每天所需，就會去開發另一類不占耕地的肉類來源，例如蛇、蛙、鼠、魚、蝦。可是魚蝦也不是各地都有的天賜糧食，要有河湖才行。胡適《四十自述》說，安徽績溪的平常家庭一年吃不到幾次肉，有人用木頭雕成魚形放在菜盤內，挾菜時順便碰一下木魚，表示沾到肉類。不知實情如何，但已淒慘顯示強烈的肉類饑渴症。

雖然說因畜穀爭地使得肉類缺乏，富有家庭還是有能力消費，以不與五穀爭地的雞鴨豬魚為主。如果富室嗜吃牛肉，承平時期會引起社會性的示範效果，中等家庭也仿效的話，就會有一部分的耕地被挪作畜養肉食用的牛羊。一旦發生水旱災（這是常有的事），糧食供應必缺，要把養牛羊的耕地轉種五穀已來不及。所以這不是市場供需的問題，而是維持長期社會均衡的必要禁忌。

若民間有吃牛肉的習慣，一旦遇到糧食欠缺，無隔宿之糧的人就會餓死。所以就用更根本的道德性要求，切斷民間對牛肉的需求：牛耕田養活我們，不可忘恩負義吃牠。這種道德要求納入宗教後，有效地壓抑對牛肉的需求。富有家庭就算有能力，也不敢輕易吃牛肉免遭議論。這樣的文化禁忌，能有效阻擋畜穀爭地的後果。

文化禁忌的威力

我是從肉穀爭地的角度來看漢民族不吃牛肉的原因，這讓我聯想起為什麼清教徒不吃豬肉。《舊約聖經》的〈利未記〉與〈申命記〉裡，耶和華神提到信徒只能吃「有分蹄，而且會反芻的」。「豬，因為是分蹄卻不倒嚼，就與你們不潔淨。這些獸的肉你們不可吃，死的也不可摸。」

我對不吃豬肉有另一種見解，曾經和人類學者討論過，但他們不同意我的猜測。1984 年左右，我到北非突尼西亞旅行一周，體會到沙漠生活的困難，也理解為什麼阿拉伯人不吃豬肉，以及為何會容許多妻制。沙漠裡最缺的是水與樹林，燃料必然稀少。我們都知道牛肉生食對人體無害（牛排館供應半生的牛排），而豬肉若不煮熟很容易致病（醫學上很容易解說）。游牧民族最珍惜的資源是水和燃料，沙漠缺水、少樹、燃料貴，全家一年吃牛羊肉所需的燃料必然比吃豬肉少。而在燃料缺乏的地區，以阿拉伯人的烹調習慣（肉類很少切丁切片），豬肉大概引起過不少麻煩。

一方面豬肉容易致病，所以被歸類為骯髒的動物，二方面則是因為游牧民族需要逐水草遷徙，遷徙時不會養雞鴨鵝作為肉類來源，因為兩腳禽類不易遷移，不容易長途跋涉，沿路四散根本管不住。四腳畜類中，牛羊驢都容易管理，豬太聰明，合群性低，你能帶 300 隻豬遷居嗎？

豬對游牧民族有三大缺點：耗燃料、容易致病、不易遷移。這些道理對古代游牧民族不易解說清楚，乾脆就在宗教經典上禁止，說豬是分蹄動物但「不倒嚼」、「不潔淨」，「豬的肉你們不可以吃，死的也不可以摸」。相對地，豬在西洋文化的觀念裡，則是可愛的動物，卡通造型也從未醜化過它們。

另一項也是旅行時的領悟，也不擬與人爭辯的議題是：為什麼阿拉伯社會容許多妻制？聽說現在法律已經禁止，但它的社會根源是什麼？我的看法是：這是游牧民族的必要設計，道理很簡單。大家都知道女性的平均壽命比男性長，男孩的夭折率大於女孩，所以自然人口中的女性會稍多於男性（約 105 比 100）。游牧民族碰到戰爭，男性的死亡率通常高於女性，死傷的通常是中壯年男子，男女比例更是失衡。支撐族群的壯丁若突然減少，老弱婦孺由誰負責？我猜測多妻制的起源，並不是鼓勵齊人之福，而是男子有義務要負擔一位以上婦女及其子女的生計。

　　再回來談中國的糧食問題。春秋之前的戰爭，是貴族性的（百姓無資格參軍），以制服對方為目的。戰國中後期，商鞅在西方的秦國提倡軍功，尤重首功（殺敵取首級），之後在幾次東征中採取殲滅型戰爭。以長平或馬陵之戰為例，都是殺人無數、血流漂杵的消滅性戰爭。為什麼會改變形態？從前的戰俘可以當奴隸，而現在秦國的農業已相當發達，不缺乏勞動力，戰俘成為消耗糧食的負擔，自然沒必要保留。況且消滅敵國的壯丁，是接收該國最簡潔的方式。

　　現在牛排館到處可見，我們對牛肉的觀點改變了。有人說那是澳洲牛，也不幫我們耕田，不必有心理負擔。這些都是解除文化禁忌的說辭，我認為最根本的原因，是這些牛肉和我們的基本糧食來源，沒有競爭性的關係。文化禁忌通常可以找到約制條件的歷史根據，當這些限制解除後，文化禁忌就跟著鬆弛。

印度為何崇尚聖牛？

　　漢人對牛肉的禁忌絕非特例，印度、伊斯蘭教、日本也有類似的情形。有位美國人類學者一直不明白，他們的主要肉類來源，為什麼在印度會成為聖牛。他實地調查當然沒看到牛肉店，但看到許多牛皮製品，確定應該有宰殺，可是牛肉到哪去了？印度缺糧，怎會拋棄高卡路里的牛肉？印度有種姓制，社會階層粗分為婆羅門、剎帝利、吠舍、首陀羅，有人說牛肉被賤民階層吃掉了。他帶著翻譯去查訪，總是得不到答案。他改變策略，對當地人說美國人如何吃牛肉，和他們交心分享牛肉的烹調美味。賤民階層沒想到高貴的白種人竟然也吃聖牛，看他說得這麼真切應該不假，就和他分享如何用咖哩烹煮牛肉最可口，他終於確定牛肉並沒有浪費掉。

但他還是不明白為什麼牛會被神聖化，當地人也說不出個好道理。後來他體認到一個道理：印度位於東亞季風區（範圍包括北印度洋和孟加拉沿岸），夏季季風強而穩定，有大量對流活動；在固定的雨季有急驟暴雨，之後雨量銳減。如果平時就缺糧的百姓，在難忍饑餓時把牛吃了，雨季來臨時如何耕田種地？如果無法得到應有的農穫，日後餓死的人必然更多。

漢人禁吃牛肉是用道德要求（牛幫我們耕田），印度禁吃牛肉的方式更絕妙：把牛神聖化，吃牛肉是褻瀆神明的事，從動機上禁絕了對牛肉的需求。其實目的完全相同：不要因為吃牛肉而降減穀物產量，這對地窄人稠的農耕社會，是養活更多人口的必要禁忌。印度把牛神聖化來禁吃牛肉，因為牛能幫忙耕地；游牧民族把豬汙穢化，則是因為豬不易遷移、容易致病。

日本為何好吃生魚片？

接下來看日本為何吃生魚片。日本作家深澤七郎的《楢山節考》（1956）兩次翻拍成電影（1958、1983）。深澤作一首〈楢山節〉曲子貫穿整個故事，因而取此書名。我看的是 1983 年版，敘述日本古代信州寒村山林內的棄老傳說：老人家到了 70 歲，就由家人背到深山野嶺等死。電影中 69 歲的阿玲婆為了讓孫子多吃一口飯，到井邊把一口雪白健康的牙齒敲掉。

日本列島位在火山帶上，地震多溫泉多，山多耕地少缺燃料，怎麼可能養活這麼密集的人口？解決的方式很簡單：這個島國四面環海，肉類蛋白質的來源全部由大海與河流提供，和中國的雞鴨魚蝦蟹鱔一樣，完全不占耕地，避開肉穀爭地的困擾。山多、樹少、燃料貴，那就生食活海產，既好吃又省火。

日本有過不吃四腳動物的禁忌。兩腳動物（人類之外）基本上是雞鴨禽類，不會爭奪耕地。四腳動物（野獸之外）基本上是牛羊馬畜類，牠們吃的牧草會爭奪耕地。日本人口稠密耕地稀少，不吃四腳動物的禁忌，與漢人不吃牛肉的禁忌，都是畜穀爭地這個概念的表現。

3

中國為何沒有長弓部隊？

在中世紀的歐洲戰場，約有百年期間長弓猶如今日的飛彈。奇怪的是：只見英格蘭擁有長弓部隊，蘇格蘭與法國明知長弓的優勢，而且屢戰屢敗，卻仍執著地用強弩（或十字弓）對抗。同樣地，春秋戰國就有強弩部隊，甚至延用到明朝，但為何中國一直沒有長弓部隊？

弓與弩是早就嫻熟的武器，《戰國策·西周策》有百步穿楊之說（楚有養由基者，善射，去柳葉百步而射之，百發百中）。但中國和法國、蘇格蘭類似，都沒有

圖 3.1　明朝《軍器圖說·輪流發弩》

發展出大規模的長弓部隊，這當然不是技術的約制，而是有意選擇不用。沒有長弓部隊，遇到蒙古騎兵自然不是對手，因為車兵與步兵的

移動速度不如騎兵，又不能用長弓遠距殺敵，結果就是元朝入主。

　　歐洲史學者對此現象困惑已久。道格拉斯・艾倫（Douglas Allen）和彼得・利森（Peter Leeson）兩位經濟學者提出一種解答，或許可用來探討為何中國史上有歐式的強弩與火槍部隊，卻少見英式長弓部隊。艾倫與利森的假說是：這是制度性的選擇，而非技術上的障礙，理由很簡單。長弓的技術門檻不高，比起強弩所需的機械原理容易許多，成本也更低廉，英格蘭因而擅用長弓部隊。但法國為何不師夷長技以制夷，反而用更貴更不易打勝的強弩？那是因為法國的政局不穩，若不禁用長弓，地方諸侯容易集結民兵，訓練戰力強大的長弓部隊，執政者擔心無法有效壓制。

　　十字弓（弩）這種武器就像槍枝容易學習，優點是操作標準化，射程遠過長弓。但十字弓有個大缺點：如圖 3.1 所示，必須首排發弩（射擊），次排進弩（預備），末排上弩（裝填）。長弓則無此缺點：熟練者每分鐘可瞄準射出 6 箭；若不瞄準，可射出 10 箭，製造箭如雨下的優勢，對騎兵尤其有殺傷力。

　　再者，長弓兵可集結成陣，也可依地形山川河流各自移動，尋找掩護狙擊，攻守皆便。但長弓部隊要密集發射才有克敵效益，養成訓練期長（2 ～ 3 年），更需時常操練，培訓成本較高。換言之，長弓部隊必須培養大批弓手，整體成本較高。

　　我們可以得出一個概念：法國與蘇格蘭統治者明知長弓優勢，但也擔心內部反叛，所以面臨選擇的難題（trade-off）：若不禁長弓，就容易內部叛變；若禁長弓，就只能用弩，容易被外敵（英國）打敗。外患壓力（攘夷）的成本若低於內部叛亂（安內）的壓力，就會選擇明知的劣勢武器（十字弓）。

英軍靠長弓部隊獲勝

1333 年 7 月 19 日，蘇格蘭第二次獨立戰爭時，阿奇伯爾德・道格拉斯（Archibald Douglas）率領 1.5 萬雄兵集結哈利頓丘（Halidon Hill），敵方是英王愛德華三世（Edward III），只有 8,000 人。英軍居高臨下，把部隊分成三股，前有長弓破敵。蘇格蘭從山腳仰攻，英軍箭如雨下，對方不支潰散，英方騎兵追擊，至夜方休。蘇方死傷數以千計，英方只損傷 14 人。

英法百年戰爭期間有一場重大的克雷西戰役（Battle of Crécy）。圖 3.2 中有長弓者是英方，弩兵是法方。圖 3.3 的戰場布陣圖中，左上方深色標記是英方，右下淺色是法方。英方的摺線箭頭就是長弓部隊。法方前列是熱內亞的十字弓隊（弩軍），後面的方陣是 5,000 名騎兵。英方總共 1.4 萬人，其中有 5,000 長弓手。法方 2 至 3 萬人，其中有 6,000 弩兵。法方弩兵發起十多次衝鋒，英軍長弓手以「左射右、右射左」交叉火網迅速打敗法軍。法方損失 1,500 至 4,000 武裝兵，步兵死傷無計。英方損失 100 至 300 人，再度驗證長弓的威力。

道格拉斯・艾倫和彼得・利森整理 1298 至 1453 年間的 25 場戰役，其中英軍有四個對手：法國、蘇格蘭、蘭卡斯特家族（Lancaster）、波西（Percy）。這 25 場中英軍勝 16 場：1327 年之前敗了 4 場，主因是尚無長弓部隊，有長弓部隊後共敗 5 場。只要出動長弓部隊，且規模上千，幾乎無戰不勝。英格蘭在 200 年內，要面對四方敵人，能有此戰績已很不容易。讓人困惑的是：長弓部隊的優勢有目共睹，為何只有英格蘭採用？

圖 3.2　克雷西戰役，1346 年 8 月 26 日

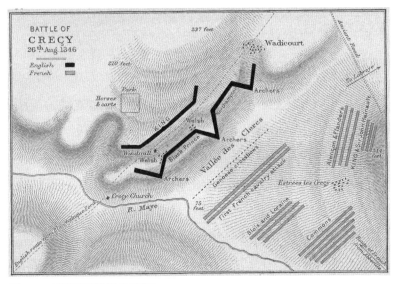

圖 3.3　克雷西戰役布陣圖

安內比壤外優先

　　長弓的高度與射手相近，滿拉時弦可到耳邊。中世紀長弓的製作材料以單片紫杉木為主，長約 2 米，拉力約 120 磅，箭長約 1 米，射程約百米。傳統短弓的拉距約 0.7 米，拉力約 40 磅，一般成年人的拉力約 40 至 60 磅。大型十字弓（強弩）的製作成本，約是長弓的 6 倍。英格蘭的自由農民需服兵役，因而提供豐富的長弓兵源。經過兩三年培訓，熟練者每分鐘可射 6 箭，而強弩每箭約需 1 分鐘。當時的火槍填裝射擊的間距可能更久，長弓有高速連發的密集優勢，也較能隨地形地勢調整隊形。

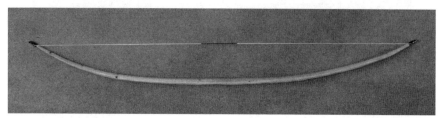

圖 3.4　英格蘭長弓

　　英方部署以長弓兵為核心，佐以長矛手和騎兵保護。若每人每分鐘射 6 箭，3,000 長弓兵可在 1 分鐘同時射出 1.8 萬支箭，箭雨遮蔽藍天，銳利聲響呼嘯如雨下，猶如今日的機槍部隊掃射。這在戰場上很有震撼力，對騎兵與步兵也很有殺傷力。長弓的製作成本不高，殺敵效果明顯，屢戰屢勝，史例昭昭。為何不採用本小利高的優勢武器？必有不得已的考慮。

　　有人認為英方時常得勝，未必是長弓之功，而是戰略與戰術優越。以英法百年戰爭（1337 ～ 1453）為例，失敗方有很寬裕的時間檢討敵方優勢，改善缺失。英方的主要對手是法國、蘇格蘭，心知肚明長弓厲害，要模仿也沒多大困難，卻一直沒成立，必另有隱情。另有一說：長弓起源於威爾斯，獵人慣用長弓在林中狩獵，開闊的蘇格蘭高地與法國平原則無此傳統，所以不慣用長弓。其實英法地理上的差異有限，經濟行為也接近，但選用武器的型態卻明顯反差，且明知優劣仍長期穩定不變。

還有一項制度性因素在日本和法國都顯現過。火槍傳入日本後，比起傳統武士道所重視的武器（騎、射、刀）優勢明顯。但軍隊的傳統是武士道，需要長期鍛鍊才能取得尊重。引入火槍後，短時間就能熟悉武器，更能遙取修練多年的武士性命。此事嚴重破壞武士道價值觀，所以正統武士做出現在看來不理性的選擇：鄙視可輕易上手、百步外殺人的洋槍，否則傳統的武士道將如何自處？

同樣的道理，法國騎士有長久的自傲（職業與地位），但戰場上敵不過長弓殺人於遠距。所以明知長弓優勢，也必須抗拒這種優勢武器，否則如何維護騎士的傳統尊嚴與榮耀？這項假說看似有理，但長期吃敗仗的代價，遠高過尊嚴的收益。騎士被長弓大量屠殺，又失去大片領土，實在完全沒理由不改用長弓。幕府時代結束後，明治維新後就迅速改走船堅砲利路線。但為何法國特別頑固？必然有制度性的約束。

法國的政局有多不穩：圖 3.5 是 1086～1422 年間的狀況。黑色是統治者實際掌控區：每百年的範圍都不同，甚至連區域都有大變化。網狀區是屬於法國，但不承認皇家的治理權。斜線區是英國掌控。若我是 11 至 15 世紀的法王，豈敢在國內發展長弓部隊？

現在把視角轉過來，審視長弓的特點。

1. 長弓部隊需要很多人，才能發揮箭如雨下、左右交射的效果。
   這和百步穿楊的效果不同：不靠個人獨特技巧，靠的是團隊發揮震撼效果。

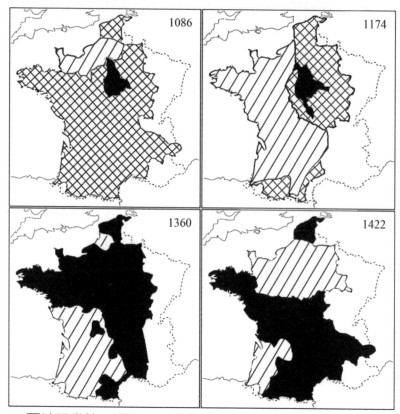

圖3.5　1086～1422年的法國勢力分布

■法國掌控　▨不承認法國皇家治理權　▨英國掌控

2. 統治者要掌控優勢性的長弓部隊，必須長期設置配套措施：舉
辦射箭比賽、頒發獎金吸引高手、制定法律優惠長弓手。例如
1363年頒布的「長弓法」：禁止長弓手出國境、禁用十字弓
（弩）、星期日不能做長弓以外的運動。這就像荷蘭為了發展
航海，規定星期五晚餐必須吃魚，支持漁業與遠洋活動。兩百
年後（1595年）長弓法才廢除，主因是火槍已興起，遠射型
的熱兵器（火藥推動）已經取代人力與機械原理的冷兵器。

3. 長弓製作成本低，民間可迅速大量製造，也因而容易聚眾成軍。若統治者長期培養長弓軍事文化，必然引誘領主諸侯仿效。對統治者而言，這是嚴重的潛在威脅：發展長弓部隊是養虎貽患。英國敢發展長弓部隊，主因是因政局穩定，叛亂傾向低（家無惡犬）。法國與蘇格蘭不具備這項條件，因為家有惡狼。

簡言之，長弓軍有幾項缺點：易培養、易聚眾、易滋事、易失控。對統治者而言，武器的優勢次要，政權的穩固優先：若失去治理權，打勝仗何益？在「安內永遠比攘外優先」的考慮下，統治者的理性選擇，是強弩而非長弓。

長弓與十字弓各有優劣

長弓的戰鬥力有多強？試舉三例。拉羅克代爾里安之役（Battle of La Roche-Derrien），雙方人數是 6.29（法）比 1（英）。杜普林荒原之役（Battle of Dupplin Moor），人數是 5（蘇格蘭）比 1（英）。阿金克特之役（Battle of Agincourt），人數是 4（法）比 1（英）。這三戰英軍皆大勝，絕非只是戰術或戰略的優勢，「飛彈」（長弓）扮演重要角色。火砲興起前，長弓在海戰中也有遠距殺敵的效果。以 1340 年的斯勒伊斯海戰（Battle of Sluys）為例，法方用強弩，英方用長弓，結果法方 213 艘軍艦損失 190 艘，陣亡約 1.6 至 1.8 萬人。

長弓與十字弓各有優缺點：

1. 十字弓射程較遠，但裝填慢，每分鐘的射出量至少差 6 倍。
2. 十字弓射程較遠，但必須用列陣才能集中火力，無法產生箭如雨下的震撼效果。
3. 十字弓要用鋼製才能射遠，這比長弓更高成本、更高難度。

4. 天寒地凍，手腳僵硬，強勁的十字弓不易操作。天氣若太冷，鋼弓硬拉還易斷裂。

5. 長弓力道較弱，但成本低廉、可自製、簡易輕便。

6. 加強版的長弓，拉力超過 150 磅，就能穿透輕裝甲。若拉力超過 160 磅，射程可達 300 碼（1 碼約 0.9 米）。15 世紀的十字弓，最遠可射 375 碼，相差約 20%。

7. 歐式盔甲要到 1380 年代才興起，十字弓力道可穿透盔甲。長弓無此優勢，在英法百年戰爭（1337 ～ 1453）前期，長弓仍能主導戰局。

8. 在開闊大戰場上，長弓手可靈活調動。若勢均力敵，通常是長弓這種殺人機器勝出。

9. 訓練成熟的弓箭手較耗時耗成本，一旦損失較難補充。

10. 運用長弓也需要各種條件。第一，政權中央化，能培養出長弓所需的社會條件與文化。第二，政權穩定，不怕內部叛變。

採用十字弓（強弩）的政權，其實是選擇既貴又慢又不便的武器。若真的有內亂，統治者就沒有優勢武器（長弓）鎮壓。長期採用強弩，若遇到長弓的外患，就要吃大虧。政局的穩定性，是選擇武器的重要因素。制度性的因素，反而優先於技術性的考慮。

參考書目

Allen, Douglas and Peter Leeson (2015): "Institutionally constrained technology adoption: resolving the longbow puzzle", *Journal of Law and Economics*, 58:683-715.

"Battle of Crécy", *Wikipedia*.

"English longbow", *Wikipedia*.

4

守寡有理？

　　現在說起來奇怪，但在 1970 年代初期我上大學時，臺灣社會好像認為婦女守寡比較受尊敬。時代變化很快，一方面是女性主義的覺醒，二方面是經濟能獨立自主，三方面是社會風氣開放，以及大量吸收西洋觀念，現代人幾乎沒有這樣的想法。

　　寡婦守節不嫁叫做節婦，自殺殉節的叫做烈婦。魯迅在〈我之節烈觀〉（1918）有尖銳的觀察：「女子自己願意節烈麼？答道：不願……節烈很難很苦，既不利人，又不利己……然而仍舊牢不可破……可是無論何人，都怕這節烈。怕它釘到自己和親骨肉的身上。」

圖 4.1　節婦旌表

元代之前，寡婦通常會再嫁，守節是例外。到了元代（1271～1368），蒙古統治者把游牧民族的婚姻制度，強加在農耕的漢人社會，使得原本屬於婦女的人身權、子女權、財產權，全都轉移到夫家。這項制度上的轉折，讓元明清的喪夫婦女被迫選擇守寡，因為這麼做最符合她們的利益。從另一方面來說，社會、人文、（尤其是）經濟的轉變，讓明清婦女更容易守節。換言之，明清的守節風氣，是漢人的婚姻制度被外力扭曲後，婦女無奈之下的理性選擇，也可說是蒙古與漢人婚姻制度的混血產物。到了民國初年，一方面受到西洋風氣影響，二方面有魯迅這類的見解，才引發廢止守寡的聲音。

舉幾個例子就可說明元代之前寡婦再嫁並非例外，而是常態。宋太祖把寡妹嫁給名將高懷德、程頤贊成寡侄媳再嫁、南宋名將張俊把寡媳嫁給部將、魏了翁因嫁寡女而擺不平眾多競爭者。還有許多寡婦再嫁的例子，都可看出到宋末並無節婦與烈婦的觀念。蒙古統治漢人之前，如果女兒婚姻不美滿或女婿死亡，原生父母或祖父母可以替她安排再婚，或讓女兒回家居住（歸宗）。換言之，元代之前婦女的人身權，基本上屬於本家或自己。

蒙古收繼婚制的引進

蒙古人引入的婚姻制度，對元明清產生強烈的影響，主要表現在三方面。第一，婦女的孝順對象從本生父母轉為丈夫的父母（公婆）：寡婦在夫家守節，而不在本生家。換言之，元明清婦女的人身權，已從本家轉到夫家，寡媳有孝養公婆的義務。第二，宋代婦女的財產權不會因結婚而受損。元明清的婦女已無財產繼承權，若寡婦要再嫁，財產必須留在夫家。換言之，婦女結婚後就把財產權轉渡給夫家，失去財產的支配權。但寡婦只要留在夫家，就可以保有嫁妝與從夫家得到的財產。第三，宋代喪偶婦女再嫁時，有權帶走子女，元明清的婦女必須把子女留在夫家，子女權屬於夫家，而非母親。簡言之，元代的新婚姻制度讓婦女失去人身權、財產權、子女權。

為什麼會這樣？蒙古與漢人的婚姻制度有三項差異。第一，蒙古採一夫多妻制，漢人採一夫一妻制。漢人可以有妾，但妻妾的身分有嫡庶之分；蒙古人的多妻制下，諸妻的地位一樣，可以贈妻或賣妻。第二，蒙古講究對女方的聘禮，但女方無嫁妝；漢人的聘禮較象徵性，但講究嫁妝。蒙古婚俗重聘禮，這是買婚習俗的延續，用以補償女方家庭的損失。漢人重嫁妝，等於是從父母那裡提前繼承財產；帶去夫家的嫁妝，也有保障基本生活的用意。第三，蒙古人行收繼婚（例如兄終弟及），漢人視之為亂倫。

為什麼蒙古行收繼婚？婦女結婚後被視為夫家財產，丈夫身故後不能離開，要由夫家的成員接收為妻子，稱為收繼婚。收繼者通常是丈夫的兄弟，或丈夫與其他妻子所生的兒子，或是其他親戚；兒子甚至可以收亡父之妻，只要非生母即可。這是上自皇室貴族，下迄貧民一體風行的習俗。好處有三：一、家族繼續保有這位女性（活財產）；二、收繼者可接收寡婦財產；三、解決寡婦的生活與扶養問題。

1276 年蒙古人消滅宋朝，在一世紀的統治期間引入收繼婚制，漢人經過長期的抗爭磨合，轉變成明代的婚姻制度，清朝承續此制直到民國初年，過程如下。1303 年元成宗下聖旨，明示女性的再婚規定：「今後應嫁婦人，不問生前離異，夫死寡居，但欲再適他人，其隨嫁妝奩原財產等物，一聽前夫之家為主，並不許似前搬取隨身。」這是中國史上首次明確剝奪寡婦和失婚婦女的財產權。這是蒙古人的價值觀：婦女的財產權完全操在夫家。1369 年明太祖頒布相同的規定，清朝的法律仿效明朝。同樣地，在這種概念下，子女權也屬於丈夫家族，甚至連人身權都失去了。

亂倫的擔憂

再舉一例說明蒙漢的觀念差異。漢人對血親與姻親的性禁忌非常嚴格，犯禁就是亂倫。明清時期對四等親以上的亂倫視為「內亂」，最重可處絞死或斬首，但對親族外的不倫（外亂）懲罰較輕。在這種觀念下，收繼婚對漢人而言是最嚴重的內亂，完全無法接受。

蒙古人的觀念相反：對內亂的懲罰輕微，或甚至不懲罰；但與外族人的不倫（外亂），則視為家族的嚴重損失，懲罰十分嚴厲，甚至引起兩族間的仇殺。族內的不倫雖然也是犯罪，但因為沒有家族財產損失，所以內亂罪較輕。換個觀點來看，游牧民族的收繼婚是有效率地使用族內共同財產（婦女）；但對農耕定居的漢人，收繼婚是最嚴重的亂倫大忌。

漢人在元朝的統治下，必須接受蒙古的婚姻規定。經過衝突磨合，漢人調整出兼顧理想與現實的均衡點：丈夫死後寡婦不願依法律被收繼，又想保留財產權、子女權、人身權，最好的辦法就是守寡不嫁。蒙古法律並未強制寡婦必須再嫁，只要「出具守志不改嫁結文狀」，寡婦就不必被收繼。

元朝統治者面對漢人的抵抗，也在調整法律的施用規定，大體而言有幾個階段性的變化：在 1271 年之前，蒙古人與漢人的法律分開適用。1271 至 1276 年間，法律全面蒙古化。1276 至 1294 年間，逐漸寬鬆地執行蒙古法律。1294 至 1330 年間，蒙古法律逐漸漢化。1330 年下令取消漢人的收繼婚：「諸漢人、南人，父歿，子收其庶母，兄歿，弟收其嫂者，禁之。諸姑表兄弟叔嫂不相收，收者以奸論。」

守寡是蒙漢妥協的結果

取消漢人的收繼婚，接受新的守寡方式，是蒙漢妥協的結果：蒙古的寡婦本來就留在夫家，漢人接受這一點，讓寡婦在夫家守節。對漢人而言，只要不強制收繼婚，在夫家守寡是可以接受的替代方案。對蒙古統治者來說，漢人寡婦不外嫁，基本上就符合蒙古法律，統治者就可以不強制收繼婚。從寡婦的立場來說，可以免除被收繼的恐懼，保住部分的自主權（人身權）。但為何不易再嫁？財產權和子女權早已移轉夫家，寡婦若要再嫁，必須放棄這兩項，意願自然減弱。再者，從婚姻市場的觀點來看，寡婦的價值比新婦低，新夫又不能得到寡婦的財產，再嫁的機會就減少了。

整體而言，1330 年之前漢人寡婦選擇守節，主要的考慮是「收繼婚的亂倫恐懼」；1330 年之後選擇守節，主要考慮是財產權與子女權已移轉到夫家，再嫁就會失去這兩項重要依靠。還有兩項社會條件的搭配因素：政府表揚守寡者，以及工商業的發展，讓寡婦較有自食其力的機會。分述如下。

蒙元朝廷明白，不易強制漢人行收繼婚，就退而求其次，表揚婦女不再嫁。1304 年頒布表揚守節的政令：「今後舉節婦者，若三十以前夫亡守志，五十以後晚節不易，貞正著明者……申呈省部，依例旌表。」1368 年朱元璋頒布類似的詔書：「民間寡婦，三十以前夫亡守志，五十以後不改節者，旌表門閭，免除本家差役。」清朝跟隨這個概念，在 1723 年規定：「節婦年逾四十而身故，計其守節已逾十五載以上，亦應酌量旌獎。」旌表的方式，原本是朝廷給匾額，張掛在節婦家門上。到了明朝嘉靖，政府撥款 30 兩銀給個別節婦建造牌坊。具體方式隨時間地點而異，但獎勵節婦的精神，在元明清是延續的。

政府雖然表揚守節，但對貧困寡婦並無特定的救濟。元代的清寒寡婦，雖然有意守節，但迫於生計只好「死一夫易一夫」。明清時期市場經濟的發展，提供寡婦較多謀生機會，其中最主要的是棉紡織業。為何不是麻織或絲織？因為麻織品普遍，附加價值低；絲織品較具技術性，市場價值高，逐漸向城鎮轉移，由男性手工匠掌握，鄉間或弱勢婦女不易參與。

明代後期棉花成為主要紡織原料，棉織品逐漸普及化，適合婦女參與生產：每兩件棉衣就有一件是從婦女織造的棉布製作的，稱為棉花革命。婦女從棉紡業的所得，高於在田地工作的報酬；棉紡業可以養活自己，也可以扶養小孩。換言之，市場經濟的發展提供寡婦獨立機會，守節的可能性因而增加。

參考書目

張彬村（1999），〈明清時期寡婦守節的風氣：理性選擇（rational choice）的問題〉，《新史學》，10(2):29~76。

5

海難時，最先沉沒的是騎士精神

　　鐵達尼號（RMS *Titanic*）註冊為皇家郵輪船運（Royal Mail Ship，RMS），1912 年 4 月 10 日從英格蘭南方的南安普敦港（Southampton Port）首航到美國紐約，這是當時搭載旅客最大型的郵輪。四天後，4 月 14 日 23 時 40 分，在大西洋海域撞上冰山，翌日凌晨 2 時 20 分沉沒，造成 1,501 人死亡，約是船上總人數 2,207 人的 2/3，是和平時期最嚴重的海難。

　　此船隸屬白星航運公司（White Star Line），實際掌控者是美國摩根集團掌門人約翰・皮爾龐特・摩根（John Pierpont Morgan Sr）。1908 年 7 月 31 日下單打造，建造地點是愛爾蘭貝爾法斯特（Belfast）地區的哈蘭德與沃爾夫造船廠（Harland &Wolff shipyard）。1909 年 5 月 31 日下水，1912 年 3 月 31 日完工，4 月 10 日首航。船重 4 萬

圖 5.1　鐵達尼號

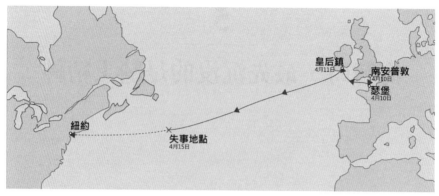

圖 5.2　鐵達尼號航線圖

6,328 噸，排水 5 萬 2,310 噸，全長 269.1 米，高度 53.3 米，吃水深
10.5 米，極速 24 節，約每小時 44 公里，滿載 3,547 人，船員 892 人。
房間數 840 間，其中頭等艙 416 間、二等艙 162 間、三等艙 262 間。

　　撞上冰山到完全沉沒約有 2 小時 40 分鐘可撤離。但救生艇不夠
用，導致 1,500 多人無法拯救。1997 年的同名電影由李奧納多主演，
總製作經費 2 億美元，全球賣座 22 億美元，獲得奧斯卡 14 項提名，
得到 11 座金像人。影片中的逃生場面溫馨感人：老弱婦孺優先上救
生艇，心知無望者在甲板優雅等待，樂隊奏起莊嚴肅穆的曲目，船長
堅守到最後與郵輪共存亡。

　　百年後科學家重新審視，這場有史以來最嚴重的海難，得到完全
不同的形象。以下從三個角度摘述三項研究成果：

　　1. 以鐵達尼號為研究主體，分析人群在極端狀況下的行為模式。

　　2. 把樣本擴大，分析 1852 ～ 2011 年間，在各海域發生的 18 場
　　　沉船，總載客量大於 1.5 萬人，超過 30 個國籍。

　　3. 海難後在 1912 ～ 1959 年間，對罹難家屬的社會救濟。

　　這三項研究都指向同一結果：鐵達尼號的美麗傳說在真實世界並
不存在。真相是：大難來時各自逃生、社會對受災家屬迅速遺忘。

災難當頭，會出現利他行為嗎？

圖 5.3　傳說中與郵輪相撞的冰山，1912 年 4 月 15 日晨攝影

　　以下先介紹布魯諾‧法雷（Bruno Frey）、大衛‧薩維奇（David Savage）和布魯諾‧托格勒（Benno Torgler）2011 年發表的研究。此文刊在美國經濟學會期刊上，對人類的社會行為相當有啟發。這三位經濟學家把重點放在 5 項議題。

　　1. 身體的強壯度（男性、壯年）或社會地位（頭等與二艙乘客）
　　　　會提高生存率嗎？

　　2. 有伴同行者較易存活，還是單獨旅行者？

　　3. 船上的角色（船員或旅客）會影響存活率嗎？

　　4. 社會規範（老弱婦孺優先）有作用嗎？

　　5. 國籍會影響存活率嗎？

　　只用鐵達尼號的例子容易以偏概全，他們以 1915 年沉沒的盧西塔尼號（Lusitania）當作對照組。此船被魚雷擊中後，18 分鐘就沉沒

圖 5.4　頭等艙生還者傑克・賽耶描繪沉沒過程的示意圖

（鐵達尼號 2 小時 40 分）。這樣的對比可以更理解，在不同狀況下沉船，人類的逃生模式是否各異。換言之，這三位作者要檢視一項假說：在緊急危難下，利他行為還會運作嗎？

　　先看鐵達尼的個案。上船人數總共 2,207 人（乘客加船員），死亡 1,501 人（68%）。三位作者只能找到倖存乘客中 15.2%（有效樣本，參見表 5.1）的訊息來研究。2,207 人中只有 21 位（4 位船員與 17 位乘客）知道確切年齡。扣除這 21 人後，剩餘的 2,186 人中有 1,300 位是乘客，886 位是船員。

表 5.1 鐵達尼號的統計摘要

	占船上人員的比例	存活比例
倖存者	0.320	---
女性	0.220	0.724
男性	0.780	0.206
無孩童女性	0.203	0.705
有孩童女性	0.017	0.947
小於 16 歲	0.052	0.478
16 ～ 50 歲	0.891	0.309
頭等艙旅客	0.147	0.617
二等艙旅客	0.129	0.404
三等艙旅客	0.321	0.253
船員	0.403	0.238
獨自旅行	0.217	0.240
有伴共行	0.380	0.342
英國籍	0.527	0.253
愛爾蘭籍	0.052	0.342
瑞典籍	0.148	0.255
美國籍	0.192	0.491
其他國籍	0.181	0.346

單位：％

表 5.1 告訴我們幾項明確答案：

1. 女性人數（占 0.220％）和存活率（0.724％）明顯相反，確實有婦女優先的逃生順序。

2. 相反地，男性乘客占 0.780％，存活率只有 0.206％。

3. 有孩童的婦女占 0.017％，存活率 0.947％，確實有婦孺優先權。

4. 16 歲以下未成年人占 0.052％，存活率 0.478％，與上述觀察同。

圖 5.5　鐵達尼號的救生艇，兩側帆布可拉壓，減少存放空間

5. 頭等艙的存活率 0.617％，遠超過人數比例 0.147％。

6. 二等艙的存活率 0.404％，遠超過人數比例 0.129％。

7. 三等艙存活率 0.253，低於人數比例 0.321％。綜合 5、6、7 點顯示：有錢人明顯較容易倖存（優先搶到救生艇）。

8. 若以國籍看，美國人只占 0.192％，存活率卻高達 0.491％。可能的原因是，美籍乘客搭頭等艙的比例較高。

接下來對比 1915 年 5 月 17 日被魚雷擊沉的盧西塔尼號。一戰初期德國潛艇在公海攻擊過往船隻，若掛英國旗很容易出事。美國政府已公開警告此事，但盧西塔尼號自認為是中立的美國船，又非戰艦，乘客以平民百姓為主，應該沒事。被魚雷攻擊後 18 分鐘沉沒，場面必然亂成一團。此時也會有婦孺優先的情景？

表 5.2　Lusitania 號與鐵達尼號的對比

變數	盧西塔尼號		鐵達尼號	
	平均數	存活比例	平均數	存活比例
存活率	0.326	---	0.320	---
女性	0.261	0.280	0.220	0.724
男性	0.739	0.343	0.780	0.206
年齡	31.57	---	30.04	---
頭等艙旅客	0.149	0.193	0.147	0.617
二等艙旅客	0.307	0.295	0.129	0.404
三等艙旅客	0.189	0.325	0.321	0.253

單位：%

表 5.2 顯示現象完全相反：

1. 整體而言，兩者的存活率類似（0.326％與 0.320％）。

2. 女性存活率明顯落差：迅速沉沒時，顧不到性別與婦孺。

3. 頭等艙與二等艙乘客沒有優勢，緊急時三等艙的窮壯者反而最能存活（0.325％，幾乎是頭等艙 0.193％的兩倍）。

4. 表 5.2 未顯示的訊息是，被魚雷攻擊時，船員的存活率較乘客高、國籍沒有優勢。

　　從表 5.1 與表 5.2 得到的結論是：若沉沒時間較從容，利他與婦孺優先的行為會出現。若迅速沉沒時，就轉為各自逃生。

各自逃命才是常態

　　瑞典經濟學者麥克‧埃林德爾（Mikael Elinder）和奧斯卡‧埃林克森（Oscar Erixson）在 2012 年發表的研究，把船難的樣本擴大到 18 次，總受難人數超過 1.5 萬人，跨越 30 多個國籍，遍及全球各海域。主要結論是：

1. 男性比女性有明顯的生存優勢。也就是說，婦孺優先這種社會規範，只在少數狀況出現，可稱為「鐵達尼號的美麗傳說」。

2. 更嚴重的是：船長與船員的存活率，顯著高於乘客。

3. 船長確實有權力執行婦孺優先的社會規範，但還是抵不過各自逃生的基本人性。

4. 婦女比男性存活率差，這項差距在一次大戰後縮小。

5. 英國籍船隻有難時，婦女的劣勢更明顯，紳士風度受到嚴重考驗。

6. 整體而言，較大規模的船難研究告訴我們：各自求生逃命（every man for himself），才是難以直視的真相。

圖 5.6 是這 18 個樣本的整體情況，與鐵達尼號做對比。淡色是 18 個樣本的總結果，深色的是鐵達尼號個案。很明顯可看出：船員的存活率很高（60%），船長的存活率也不低（40%）、男性存活率約是女性的兩倍（鐵達尼號相反：女性是男性兩倍）、孩童的情況類似。

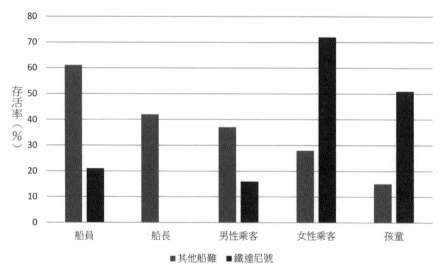

圖 5.6　鐵達尼號與其他船難的存活率

參考書目

Frey, Bruno, David Savage and Benno Torgler (2011): "Behavior under extreme conditions: the Titanic disaster", *Journal of Economic Perspectives*, 25(1):209-22.

Elinder, Mikael and Oscar Erixon (2012): "Gender, social norms, and survival in maritime disasters", *Proceedings of the National Academy of Sciences*, 109(33):13220-4.

"RMS Titanic", *Wikipedia*.

6

說不得的殺女嬰習俗

聽到某位孕婦流產，我們會替她感到惋惜。聽到新生兒夭折，那還得了：沒來得及喜悅就遭逢變故，辛苦孕育前功盡棄。其實還有更可怕的事：受迫於糧食或各種原因，必須狠心結束幼年骨肉。這些事古今中外都有，缺糧時期尤其容易發生，中國史上較特殊的現象是殺女嬰。宋朝蘇軾寫過這類的事：饑饉時若家裡已有男孩，父母會在冬天冷水裡，閉緊雙眼溺殺女兒，增加男孩的生存機會。

8 歲前夭折者（因病或人為死亡），通常不行葬禮，未婚女性過世者不列入族譜，背後原因可能是為了掩飾殺女嬰的慘事。知情者避談，又無統計數字可分析，雖然知道民間有此習俗，研究者如何取得可靠證據？

黃河在山東西南部，1935 年發生嚴重水患，省主席韓復榘展開大規模救災，其中最重要的是廣設難民收容所，據以編寫 2 冊《山東黃河水災救濟報告書》，內含兩項重要統計資料：

1. 1935 年 9 至 12 月間，在難民營死亡的 10,296 人，他們的基本資料：姓名、性別、年齡、原籍、死亡日期與地點。

2. 同一時期出生的 3,392 位新生兒：父母姓名、母親年齡、嬰兒性別、出生地點、日期、父母籍貫。

養育過子女的人大概有個共同經驗：平均而言，男嬰較易病痛看醫生。就人類的自然出生比例來說，通常是 105（男）比 100（女）；就平均壽命來說，女性的預期壽命高於男性。然而山東難民營的統計告訴我們相反的答案：夭折的嬰幼兒中，女性明顯大於男性。雖然沒有殺女嬰的直接證據，但統計分析讓我們從間接證據中承認一個推論：在衣食無缺的難民營中，女嬰異常高的死亡率，恐怕是人為成分居多。現在能用電腦分析大樣本，間接證實殺女嬰的習俗。

1935 年水患調查

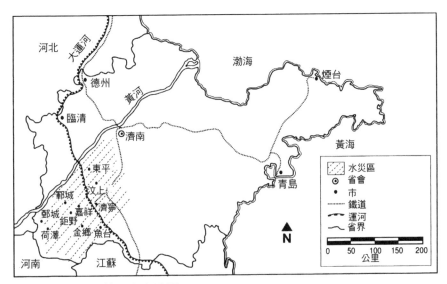

圖 6.1　1935 年黃河水患地區

　　1935 年的水災始於 7 月中旬大雨，山東西南部靠近大運河的鄆城和荷澤淹了大水。一星期後大運河決堤，淹沒濟寧地區。7 月 28 日已有 40 萬災民，露宿運河堤防上。到了 8 月中旬，大水淹沒的地區有 22 萬災民，湧向濟寧火車站附近的收容所。此次受大水影響的還有江蘇、河北、河南三省，但山東最嚴重。災民湧入鄰近的河南，對鐵路和城市造成很大困擾，中外人士積極捐獻救助。

依據 9 月初統計，山東的濟寧、嘉祥、鉅野、鄆城、荷澤、魚台這十個地方總人口約 360 多萬，其中有 230 多萬是災民（64.62%）。到了 9 月下旬，外送到各地收容所或難民營的災民只有 27.17 萬（11.68%），另有 2.85 萬人因老弱殘疾無法離開，住在當地的收容所，還有 187 萬人（80.62%）需要協助（無人照管）。

這次水災影響 4 省，國家的救助杯水車薪，必須靠中外各界捐款。災民送抵救助站後，先分送到學校與公共建築安頓。基本的原則是男女分住，百人到千人編成一個大單位，家人可定時會見，食物每日配給兩次，成年人每月可領 1.8 元，每日有 2 餐供應醫療還提供娛樂節目，目的是和當時提倡的「新生活運動」、「農村重建」配合，希望災民返鄉後能改變舊習俗：剪辮子、放纏足、識寫字。

韓復榘省主席領導幾項重要作為，包括用鐵路運災民；提供災民教育機會，要求講究衛生；蒐集災民資料，出版兩冊救濟報告書，一

山東黃河水災救濟報告書　第四編　救濟

姓名	性別	年齡	籍貫	日期
常娥玉	女	二	濟寧	十二月廿六日
趙小香	女	三	仝上	仝上
商永茂	男	一〇	鄆城	仝上
張小香	女	五	濟寧	仝上
嗡木徐女	女	一五	鄆城	十二月廿七日
		三	章邱	
劉臭妮	女	三	濟寧	九月十六日
小板妮	女	二	仝上	仝上
趙鶴立	男	三	仝上	九月十七日
任劉氏	女	六九	嘉祥	九月十八日
王小妮	女	六	嘉祥	九月十九日
車玉香	女	五	仝上	仝上
田二妮	女	二	仝上	九月二十日
張二妮	女	三	鉅野	九月廿一日
馬連運	男	二	嘉祥	仝上
宗小妮	女	二	鉅野	仝上
張連貴	男	六九	濟寧	仝上
王小文	男	八	嘉祥	九月廿二日

圖 6.2　水災救濟報告書的災民清單

方面向外界宣傳山東政績，二方面提供日後各省救災參考。

這兩本救災報告顯示幾項基本統計：

1. 災民來自 78 個縣。

2. 在有照料的難民營內，1935 年 9 ～ 12 月間竟然有 1 萬 296 人死亡，未得到照料者死亡比例必然更高。

3. 各縣的死亡率相當平均，大都小於 2%，只有省會濟南的死亡率高於 9%。

4. 上述十大受災縣的死亡率特別高，前三名是：濟寧（26.5%）、嘉祥（19.3%）、鉅野（17.9%）。

5. 以月份來說，1935 年 9 月的死亡率 17.5%，10 月 40%，11 月 26.5%，12 月 15.9%。

6. 死者中以幼童占大多數：11 歲以下的 80%，5 歲以下 63.5%。

7. 女性死亡率 51.4%，男性 47.6%。

8. 這 3 個月內共有 3,392 名新生兒，籍貫遍及 78 個縣，各縣的

圖 6.3　災民營的住所與老弱居民

出生人數相當平均：9 月份的新生兒有 259 人，10 月 922 人，11 月 1,040 人，12 月 1,146 人。

女嬰死亡率高得不正常

以下把重點放在嬰幼童的死亡比例，以及母親的歲數。從各項統計表格得到兩項主要推論：一、愈年輕的母親，愈有消除女嬰的傾向，因為她們要把生育的資源與機會留在日後生男嬰。二、同時有男女嬰的母親，逃難時較傾向保留男嬰。主要的佐證資料如下。

1. 先從年齡與性別看，1935 年 9 至 12 月間死亡 10,296 人的統計分布。在沒有申報年齡的死者中（應該是剛出生者），女嬰的死亡率是 66.7%，男嬰 33.3%，這違反日常經驗。同樣地，在 2 ～ 7 歲的幼童中，女童死亡率都超過 50%，男童低於 48%，這也違反常識。15 ～ 20 歲的性別死亡率就正常了：男大於女。

2. 有母親身分的女性中，30 歲以下的人數有 50%，表示年輕人占逃難者多數，老弱殘疾者較不願或無力遠離家園。

3. 正常社會的男女比例約是 105：100，但難民營嬰兒的整體男女比例，竟然高達 150：100。更奇怪的是，如果依母親的年齡組別看嬰兒性別比例，就會看到 20 歲以下的母親中，男女嬰的比率高達 188：100，表示年輕母親對性別的選擇偏好非常明顯。換句話說，20 歲以下的母親最有可能不保留女嬰。這個比例隨母親的年齡組增高而下降：21 ～ 25 歲母親的男女嬰比例是 167：100；26 ～ 30 歲組降到 137：100；46 歲以上者只有 123：100。

4. 在難民總人口內，7 歲以下的只占 13.7%，正常社會裡大約是 44 ～ 48%，表示難民營內不帶小孩逃難；或是放棄 7 歲以下的小孩，尤其是女孩。

5. 以濟南地區為例，5 歲以下的死亡率高達 64.7%，6 ～ 10 歲死亡率約 17%，但 51 ～ 60 歲死亡率只有 1.9%，61 ～ 70 歲 2.5%，70 歲以上 2.9%。這是違反常識的數字，因為在衣食藥品無缺的難民營內，70 歲以上的死亡率不可能只有 2.9%，而 5 歲以下者竟然高達 64.7%。這表示 5 歲以下的死亡是人為選擇的結果。

6. 在正常社會裡，20 ～ 24 歲群組的女性應該有 27% 具母親身分，但在難民營中只有 17%。這表示 24 歲以下的年輕婦女有放棄母親身分的傾向。也就是說，如果放棄幼嬰，就顯示不出她們是母親。為什麼這麼做？因為她們還年輕，日後還容易受孕。相對地，25 歲以上的婦女具有母親身分的百分比，在正常社會和難民營中並無顯著差別。這表示年齡較高的母親，子女歲數較大，已無法放棄子女。她們日後的生育機會減少，不會輕易拋棄子女。

7. 1 歲男嬰死亡率約 30%，1 歲女嬰死亡率高達 70%，相差太大。2 ～ 7 歲男嬰死亡率約 45 ～ 48%，2 ～ 7 歲女嬰死亡率 53 ～ 50%，兩者相當接近。這表示 1 歲以下的女嬰被犧牲的傾向非常明顯。

8. 若以 1935 年山東洪水的死亡率，和 1943 年孟加拉饑荒的死亡率對比，更可看出漢人的選擇偏好。在 1 ～ 5 歲組中，孟加拉的死亡率是 9.2%，山東高達 60.6%。在 6 ～ 10 歲組中，孟加拉 18%，山東 17.3%，雙方接近。在 20 ～ 30 歲組中，孟加拉 12.3%（表示這些青壯年人真的是餓死），而山東只有 1.5%（表示並無生存危機）。這 3 個例子就足夠說明，山東在衣食無缺的狀態下，幼兒死亡率高達 60.6%，竟然比缺糧的孟加拉

（9.2%）高 6 倍以上，這完全是人為選擇的結果。

殺嬰是做得說不得的事，知情者掩鼻避談。幸好有這兩本水災救濟報告書，讓研究者從間接證據推論年輕女性的殺嬰傾向。重男輕女不是傳說，而是血淚的殘酷事實。不必譴責這些年輕女性，因為背後有幾股文化力量逼迫她們必須這麼做。真正的凶手可以是社會習俗，可以是公婆，更可以是丈夫。

參考書目

Li, Lillian (1991): "Life and death in a Chinese famine: infanticide as a demographic consequence of the 1935 Yellow River flood", *Comparative Studies in Society and History*, 33(3):466-510.

7

為什麼江南的佃農特別多？

　　1937 年在金陵大學（現今南京農業大學）任教的卜凱（John Loosing Buck，1890 ～ 1975），發表一套重要的農業調查報告《中國的土地利用》。這是他在 1929 至 1933 年間組織的大規模農戶調查，涵蓋 22 個省、168 個樣本點、38,256 家農戶。這是二次大戰前最完整的農業普查，至今仍是不可或缺的資料。卜凱的夫人賽珍珠（Pearl Buck，1892 ～ 1973）是 1938 年的諾貝爾文學獎得主，代表作《大地》得過普利茲獎。

　　調查資料中第六章的地圖 3 是各省縣的佃農比例（圖 7.1）。整體而言，長江以北各省的佃農比例大約 10% ～ 20%，但在江南，除了雲貴的 27%，都在 40 ～ 50% 之間。為什麼偏遠的西北省區佃農比例只有 8%，而較富庶的四川有 49%、江浙湖廣有 42%、兩廣有 47%？不是較窮的農民才佃耕嗎？為什麼和常識相反？

　　非萬不得已誰願意當佃農？最常見的說法是「貧迫賣地說」（debt-sales）：生活窮困的農民被迫賣地，轉向地主承租耕作。其實影響租佃率高低的因素很多，例如景氣好壞、湖泊或海埔新生地的開發、跨省際的移民、農業經營模式的改變。貧迫賣地說其實只是地權變化的次要因素。再說，大江南北各省的地理、人文、經濟條件差異很大，若只用貧迫說來解釋租佃的差異，反而會忽略更重要的因素。

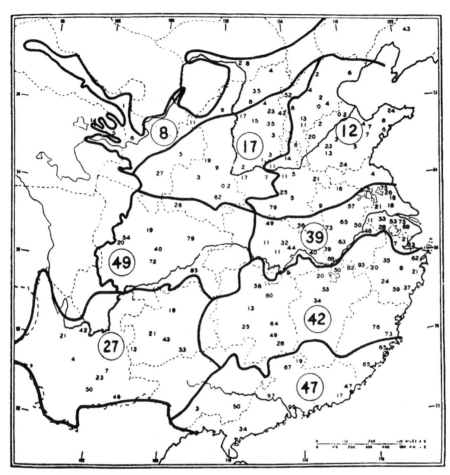

圖 7.1 　卜凱調查資料裡的各省縣佃農比例

　　大體而言，江南與華北有幾項較明顯的對比：

1. 江南較富裕，人口較稠密，單位面積的農產量約比華北高1/5。

2. 江南氣候較穩定，華北天災（旱、洪）人禍（戰爭）較頻繁。

3. 江南水路網較發達，運送農作物較低廉方便，而華北只有幾條
　 東西向大河和一些人工河渠，運輸以陸路為主。

4. 江南的富庶與運輸效率，有益工商業的繁榮，華北相對地樸
　 實。

貧迫賣地說只適用在華北

貧迫說為什麼會占上風？因為從生活的觀察與報章訊息，大都描述可憐的農戶受到高稅壓迫，產品賣不到好價格，父親留下的地被諸子均分，每人只得到幾畝小地，又常碰到水旱天災與戰爭人禍，賣地賣身的事時有所聞。尤其作家與社會學家常舉實例，深刻描述農民賣地典妻鬻子，更讓貧迫說深入人心。

有人反駁說，江南與其他較富庶的地方，因商業發達而造就不少富商，衣錦返鄉後通常大買農地保值。但他們不住農村也不耕作，因而造成租佃比例增高。相對地，華北與偏遠地區的商業較不繁榮，資金較缺乏，不容易像江南一樣購地出租。大部分的土地所有者都親自耕種，只有真正貧困的人才去當佃農，佃戶比例自然較低。華北的商業機會少，資金不足，土地不容易買賣換手流通。簡言之，貧迫說在華北與偏遠地區是合理的解說，但對江南富庶區就不適用。

為什麼江南的農地出租率較高？對那些「不在地的地主」（有錢的城市人在農村買地）來說，雇工耕種不如佃租出去，年底收租反而省事。江南以稻米為主，很難大規模耕作，屬於勞動密集型的農業，不在地的地主因而有較高的動機把耕地佃出。從另一個角度來說，農民租佃土地可以擴大耕作規模，並非因貧困才被迫承租。相對地，華北以自耕為主，租佃市場較小，土地商業化的程度較低，經濟不夠活絡，農民生活較苦，無餘力外租土地擴大耕作規模。

此外還有幾項外在環境的變化。明初到清末間，人口大約增 4 倍，但耕地只增 3 倍，平均可耕地的面積縮減。除了澇旱蝗之類的天災，還有太平天國之類的人禍，造成明清時期「超省際」的大量人口流動（移民潮）。各地生活困難的人口，必然往富庶的四川和江南遷移。例如湖廣填四川，是指元末到明洪武年間、清代順治到乾隆年間，兩次大規模的拓墾移民潮：湖廣省（今湖北與湖南全境、廣東北部等）的居民遷到四川各地；江西、福建、廣西等十幾省也有遷到四川。湖廣填四川後，因人口減少而有江西填湖廣之事。

　　大量的外來移民，初到的幾年間很難購地自耕，通常是先租地佃作。富庶區的租佃比例必然較高，猶如紐約、東京、臺北的房屋市場，租賃率必然高於農業地區和偏遠地方。為什麼江南會有這麼大的移民吸納力？有一項重要手法：圍湖創造新生地。例如洞庭湖的面積就因大幅度圍湖而縮減，降減了調節長江水位的重要功能。有了新生地，自然產生大量可出租的耕地。圍地活人是華北不具備的條件，而這是江南佃戶大增的主因。另一項吸引力則是江南的灌溉率較高：農地平均有 70%，而華北平均少於 15%。

　　另一項觀察是繁榮時期江南商人賺錢買地，此時的租佃率會大幅提升。如果貧迫說成立，情況應該相反：景氣低迷生活困難時，農民被迫賣地轉為佃農，造成租佃率提升。同樣的道理，景氣繁榮，江南的地權會更集中，不一定要從窮人手中收購，富人投資新生地的開發，速度快、成本更低、還更省事。

　　民間的印象是佃農較自耕農困苦，在華北這或許常見，但華南的情況正好相反：華南佃農的生活，平均好過華北自耕農。如果我欠銀行很多錢，房子也是租來的，千萬不要以為我很可憐。其實是要相當富有，才能有機會欠銀行錢、才有資格破產。2009 年 8 月，臺北某富商欠國稅局 3 億，但他名下無財產，房子也是租來的。他生活奢華還有幾房夫人，一點也沒貧迫的樣子。江南的佃戶中也有不少富人呢！

參考書目

Shepherd, John (1988): "Rethinking tenancy: explaining spatial and temporal variation in late Imperial and Republican China", *Comparative Studies in Society and History*, 30(3):403-31.

第 2 篇

習見與事實

8

為什麼歐洲要獵巫？

13至19世紀間，歐洲約有100萬人被控施行巫術罪。主要的審判與行刑集中在16和17世紀，以德國的某鄉鎮為例，一天內有400人被處死。受害者主要是女性，基本上都是窮人，寡婦的比例高得有點奇怪。施刑者的分布很廣：宗教法庭和民間法庭都有，天主教和基督教都做。地理分布很平均：歐洲各地都有，西南歐比北歐和東歐更早開始，也更早結束；美洲也有類似的事情，尤其以麻州的賽勒姆城（Salem）最為人知。

歐美地區審判巫師的情況在18世紀已經看不到，但今日仍有許多國家（尤其在開發中地區）還有指控巫師與獵巫的事。例如非洲南撒哈拉沙漠地區，就指控巫師散布愛滋病毒使人病亡。崇信巫師與殘殺巫師是古今中外的普同現象。

研究歐美巫師的文獻非常豐富，只要在亞馬遜書店（Amazon.com）打入witchcraft（巫師），就可以找到讀不完的著作。孔復禮（Philip Kuhn）的名著《叫魂》（Soulstealers，1990）研究乾隆盛世的妖術大恐慌。歐洲現在較可追溯的事件是13世紀由宗教機構（尤其是天主教法庭）執行的巫師審判，但到了中世紀晚期，就少見到教會介入，審判巫師的事件減少許多。有人提出不同的解釋，說明為何巫師人數會減少，其中一種說法是：專業男性醫師出現後，女助產士和女性民俗療者（女巫）的活動空間就少了。

景氣愈差，獵巫愈盛

大多數對巫師的研究，都屬於某個地區的某些案例或某類行為，屬於微觀層面的分析。哈佛經濟系的女博士生艾蜜莉‧奧斯特（Emily Oster）2004 年發表一篇宏觀性、跨地區性的報告，檢討為什麼文藝復興時期的歐洲會出現大規模的巫師審判。奧斯特採取不同的切入點，認為主要是經濟性的因素：氣候轉入小冰期，農穫減少，在糧食短缺的壓力下，必須去除生產力最低的窮人、老人、寡婦，這些邊際人口的罪名就是巫師。

為什麼會有這種奇特的見解？因為審判巫師活動最盛的時期，正好都是平均氣溫較低的階段，也就是氣象史上的小冰期。這會導致農作物歉收，海水太冷也會影響漁獲，這對歐洲北部的食物供應產生嚴重衝擊。巫師審判增加、氣候變冷、經濟成長下滑，這三者間應該不是單純的相關，而是有因果關聯。

為什麼要用指控巫師的方式來消除邊際人口？因為巫師的陰森形象，最容易引起民眾驚恐排斥。歐洲的宗教勢力龐大，擁有現成的教會組織網路，方便利用制度殺人。以天主教為例，驅魔是教廷正式許可的作為，教宗保祿二世曾替少女驅魔但未成功。如果 21 世紀初期的歐洲尚能接受教宗驅魔，我們對文藝復興時期的獵巫就不必驚訝了。幾乎所有的宗教都會提到魔鬼，《舊約聖經‧出埃及記》第 22 章 18 節說：「行邪術的女人，不可容她存活。」天主教和基督教的獵巫史久遠，道教和佛教對這方面的記載更不少。

大致說來，文藝復興時期歐洲的獵巫在 15 世紀初期相當明顯，15 世紀末到 16 世紀之間暫時平息。16 世紀中葉到 18 世紀末是最嚴重的階段，這也是本章探討的時期。歐洲自中世紀以來就有許多記載巫師的文獻。以 1486 年出版的《女巫之槌》（ *Malleus Maleficarum* ）為例，這本類似巫術大全的書，對各式各樣的巫術信仰、巫師的法力與作為都有詳盡記載。也提供完整的引導，要如何審訊嫌疑巫師，使她（他）們認罪；解說巫師如何呼風喚雨、破壞農作、興風作浪、打閃電、引發海嘯。這些都是非人力所能及的自然現象，卻硬要巫師代罪。這本書教導獵巫的方法，以及法官如何識別巫術、對女巫施酷刑。

氣溫變化才是獵巫的主因

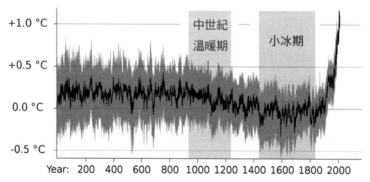

圖 8.1 　兩千年來的溫度變化

從氣象史的角度來看，10 ～ 13 世紀之間的平均氣溫是 400 年的中世紀溫暖期。14 世紀起氣溫開始下降，直到 19 世紀初期回暖。在這段小冰期，最寒冷的是 1590 年代，以及 1680 ～ 1730 年之間，平均溫度約比之前的世紀低華氏 2 度。數字看起來好像很小，但已足夠讓接近北極圈的冰島被冰塊包圍，倫敦的泰晤士河和荷蘭的運河結凍。平均氣溫降低華氏 2 度對農作物有何影響？如果今天冷明天暖後

圖 8.2　1608 年阿姆斯特丹的冬季景觀

天熱，全年的總積溫不變，短暫的溫度失調對農作物沒有影響。但如果整年平均低華氏 2 度，365 天總積溫降低 730 度，那就嚴重了。

　　英國著名的經濟學者史丹利・傑文斯（Stanley Jevons，1835 ～ 1882）研究過太陽黑子活動對農業歉收的影響，也有人研究印尼火山爆發對全球氣溫變化的影響。現在奧斯特要用具體的數字來觀察，氣溫變化和獵巫在統計上是否顯著相關。研究歐洲獵巫的學者，早就把氣候極端化當作控訴巫師的重要因素。奧斯特想用計量工具證實這項假說，她得到的答案很明確：Yes。

　　資料取自歐洲 11 個地區的檔案，包括瑞士的巴賽爾（Basel）、愛沙尼亞、英國的埃瑟克斯（Essex）、芬蘭、法國東部的法蘭琪－康提（Franche-Comté）、日內瓦、英國的荷姆巡迴法院區（Home Circuit）、匈牙利、瑞士西邊與法國交界的納沙泰爾（Neuchâtel）、巴黎、蘇格蘭。這些資料可以畫出兩條線：一條是溫度變化趨勢，另一條是獵巫人數的起伏線。很明顯地，1520 至 1770 年期間只要氣候變暖，獵巫人數就下降；氣溫一下降，獵巫就上升。從統計分析來看，答案都是顯著負相關：氣溫下降會引發更多的審判案。

有人會說，以這麼寬廣的地區，用這麼長的年份做迴歸分析，雖然統計上很顯著，但也應該用個知名的城市為例，看這種負相關是否還成立？奧斯特用日內瓦的資料，再度明確顯示：氣溫降得愈低，控訴巫師的案例就明顯增加。她引述歷史學界的研究，說各國內戰發生的時間通常是在景氣衰退時期。內戰和獵巫的表象雖然不同，但本質類似。

2003 年有人發表一項研究，說近代非洲坦尚尼亞仍有獵巫，被指控為巫師而受害的人通常是年老女性。在降雨量極少或極多時，被殺的巫師人數都會增加。奧斯特說，其實現代的坦尚尼亞和文藝復興時期的歐洲一樣，在面臨糧食短缺的壓力時，會選擇清除最不具生產力的分子，而老婦、寡婦、窮人都沒有自我保護能力。指控這些人是否為巫師其實不是要點，重點是那個社會用哪種罪名最方便，或最順理成章。在宗教性濃厚的歐洲，巫師是最好的罪名。

陳良佐寫過兩篇深厚扎實的論文，探討春秋到兩漢時期的氣候變遷。他的基本結論是：「戰國到文景時代的氣候是溫暖期……武帝時期是氣候溫暖期轉入小冰期的過渡期……到了元帝時期正式進入小冰期。王莽時代低溫和災害達到高峰。東漢初期的氣候是西漢小冰期的延續……桓靈時代氣候惡劣的程度不下於王莽時期。」（1996：323）

這項結論告訴我們：西漢末期的社會動盪和氣候有密切關係；王莽雖然力挽頹勢，積極改革也徒然無功，漢朝的滅亡和氣候變遷脫離不了干係。過去的歷史解釋大都把責任歸在帝王的英明與否。怎麼能把翻船的責任全算在船長頭上，而不考慮當時海象與風浪的惡劣程度？

研究獵巫的文獻非常豐富，觀點雜駁，各自有理自成一說。例如彼得‧利森（Peter Leeson）和雅各‧羅斯（Jacob Russ）在 2018 年發表的論文認為，天主教與新教競爭地盤（市場占有率），才是歐洲獵巫的主因。兩位作者分析 21 個國家 4 萬 3 千件審判案，時間跨越 550 年，天主教與新教之間的衝突，爭端樣本超過 400 件。他們分析後提出兩項新觀點：第一，宗教地盤競爭愈激烈，巫師審判案件就愈密集，兩者的統計相關性非常顯著。第二，量化分析也反駁其他學者的見解：氣候變遷、景氣衰退、國力興衰，這些常被指涉的因素，其實都不成立。學界似乎還要對獵巫這個古老題材，各自從爭議性極高的角度，繼續激烈爭辯下去。

參考書目

Kuhn, Philip (1990): *Soulstealers: the Chinese Sorcery Scare of 1768*, Harvard University Press. 孔複禮（Philip Kuhn）原著，陳兼、劉昶譯（2000）：《叫魂：乾隆盛世的妖術大恐慌》，臺北：時英出版社。

Leeson, Peter and Jacob Russ (2018): "Witch trials", *Economic Journal*, 128:2066-105.

Miguel, Edward (2005): "Poverty and witch killing", *Review of Economic Studies*, 72(4):1153-72.

Oster, Emily (2004): "Witchcraft, weather and economic growth in Renaissance Europe", *Journal of Economic Perspectives*, 18(1):215-28.

陳良佐（1991）〈從春秋到兩漢我國古代的氣候變遷：兼論《管子‧輕重》著作的年代〉，《新史學》，2(1):1-49。

陳良佐（1996）〈再探戰國到兩漢的氣候變遷〉，《中央研究院歷史語言研究所集刊》，67(2):323-81。

9

為什麼《共產黨宣言》
對英國影響不大？

很多人聽說過《共產黨宣言》（*Manifest der Kommunistischen Partei*，英譯為 *Manifesto of the Communist Party*，或 *The Communist Manifesto*），知道這是馬克思與恩格斯合著的書，1848 年 2 月 21 日出版。但很少人知道，這本 100 頁不到的名著有哪些主要訴求。實際上，它有十項主要目標，前五項分別是：

1. 廢止土地財產權，把所有地租用在公共目的上。

2. 累進所得稅。

3. 廢止繼承權。

4. 沒收移居外國者和反叛者的財產。

5. 把金融信用集中在國家手中，以國家資本創辦國家銀行，行使金融獨占權。

如果我是 19 世紀西歐的良心公民，怎麼不被《共產黨宣言》吸引？

很多人看過馬克思的相片，一副革命家的樣子，皮膚黝黑，眼睛深陷，碩大結實，蓄著威儀逼人的大鬍子。實際生活裡，他衣著散亂、舉止遲鈍、拘泥細節、幾近於病態的完美主義。相對地，恩格斯是個資產階級，高瘦貌美文雅，喜歡賽馬、比劍、狩獵，曾經在威悉

圖 9.1　馬克思（1875 年）　　　圖 9.2　恩格斯（1868 年）

河（Weser River）兩岸間游了 4 趟。他風趣機敏，心智靈巧敏銳，結結巴巴地可以說 20 種語言。為了貫徹革命熱情，他特地在無產階級中找愛人。恩格斯只被阿拉伯語的 4,000 種動詞字根難倒，而馬克思學了 20 年英文，還改不掉生硬的條頓口音。恩格斯犀利而具廣度，馬克思睿智而具深度。

　　康乃爾大學的喬治・鮑伊爾（George Boyer）教授 1998 年發表一篇讓人耳目一新的論文，探討馬恩合寫《宣言》時的英國經濟狀況。也就是說，他要重構《宣言》的經濟史背景。鮑伊爾的論文闡明，馬克思寫此書時，未必了解當時的產業界實況，他過度接受恩格斯的「二手傳播」；也把恩格斯在 1845 年出版的《英國勞工階級的狀況》摘錄到《宣言》的第一部分內。

　　具體的分析是重新檢討 1830 至 1840 年代，棉紡織業重鎮曼徹斯特的經濟、社會、政治情勢，重估這段期間的勞工生活狀況。同時也回顧《宣言》出版後英國經濟的變化，說明為何《宣言》沒有得到勞工的支持，反而是到了 1910 年代才在俄國得到熱烈迴響。

馬恩合寫《宣言》時，兩人都還不到 30 歲。馬克思因為政府關閉他編輯的報紙，1843 年從普魯士搬到巴黎，1845 年被法國驅逐出境。恩格斯當時住在巴黎，他父親經營棉紡業，在德國與英國的曼徹斯特有分公司。1842 年他們在巴黎結識，合寫過兩本書：《神聖家族》（*The Holy Family*，1845）和《德意志意識形態》（*The German Ideology*，1846）。

1847 年 11 月，他們去倫敦參加共產黨聯盟（Communist League）大會，馬克思在會中大放異彩。會議結束時，有人邀約他們寫一項「宣言」來陳述聯盟的主張。馬克思在 1847 年 12 月至 1848 年元月間迅速完稿，2 月在倫敦出版，正好趕上歐洲各地的革命熱潮，但《宣言》對革命似乎沒有影響。

《宣言》最廣為人知的是第一部分〈資產階級與無產階級〉。兩位作者描述產業資本主義的發展，預測它日後不可避免的命運。他們一開始就宣稱：「所有社會的歷史，就是一部階級鬥爭史。」他們把資產階級形容為「無憐憫心、赤裸裸的自私自利、無恥、直接、粗暴的剝削」。資產階級製造了無產階級，這些可憐的勞工把自己一塊塊地賣給資本家，只有在找到工作時才能生存，而且只有在能用勞工來增加資本時才找得到工作。

工人成為機械的附屬品，像士兵一樣組織起來。隨著工人階級生活條件的惡化，資產階級愈來愈不適合治理社會；社會內部會產生動亂，爆發為公開的革命，推翻資產階級，摧毀私人財產。資產階級的所作所為其實都是在自掘墳墓，因此「無產階級除了手銬和腳鐐之外，沒什麼好損失的，他們可以贏得整個世界。世界各國的勞動者，聯合起來吧！」

勞工真的那麼悲慘？

　　以上是眾所熟知的「思想」，現在來看當時產業界的「實況」。1840 年英國成年男性勞動力中，47.3% 在產業界工作；1900 年之前，西歐沒有任何國家有這麼高的工人比例。這 47.3% 的工人並非全都在與機械、技術相關的部門。1861 年之前，整個英國還稱不上是「一座工廠」，大型的工廠很少（大都是棉紡廠）。這些棉紡廠位於中西部蘭開夏地區，集中在此區東南方的曼徹斯特。

　　我們從《宣言》得到的印象是：只要是勞工，就被資產階級剝削得很悲慘。其實《宣言》過度渲染這種情況：大部分工人還是在傳統小型工廠就業，真正有系統型剝削的大棉紡廠很少。以撰寫《美國的民主》聞名的法國政治思想家托克維爾（Alexis de Tocqueville，1805 ～ 1859），1835 年參觀曼徹斯特與伯明罕（1840 年代第二大工業城）。他說曼徹斯特「有一些大資本家，幾千個窮苦工人，和少數中產階級。工廠內的工人數以千計，每個工廠有兩三千人」。而伯明罕「有少數大產業，有許多小工業。工人在自己家裡工作，或在小型工廠內和老闆一起工作。工人看起來較健康，生活較好，較有秩序，也較有道德」。

　　問題出在哪裡？因為恩格斯的家族在曼徹斯特有棉紡工廠，他沒在伯明罕住過。他把曼徹斯特的狀況過度化約為全英國的普遍情形。貧困的馬克思家庭負擔那麼重，根本沒錢去倫敦之外的地方旅行，他對勞工階級的知識，泰半靠恩格斯轉述，或從報章雜誌斷章取義。革命的熱情加上「聯盟」的委託，這兩個人在 30 歲不到的階段，在見聞有限的認知裡，渲染了勞工階級被剝削的慘狀。外國和後世的讀者缺少第一手實況的理解，很容易被《宣言》的動人言詞激起無限情懷。

圖 9.3　1840 年曼徹斯特滿布工廠煙囪

　　為什麼恩格斯在曼徹斯特時會觀察到工人的悲慘生活？《宣言》的解釋是：因為他們被資本家無情地剝削。現代的經濟史學者有另一種解釋：因為那時的英國正處於「1840 年代的饑荒」（hungry '40s）。恩格斯對曼徹斯特的悲慘印象，和托克維爾、查爾斯·狄更斯（Charles Dickens）、查爾斯·奈皮爾爵士（Sir Charles Napier）等人的觀察類似。有人說每個時代都有一座讓人震驚的城市（the shock city），曼徹斯特就是 1840 年代令人震驚的城市。它吸引各國人士來參觀，把社會與政府束手無策的問題，以及富人與窮人之間的階級問題，都浮在檯面上讓大家看得一清二楚。

　　1841 年普查 128 家曼徹斯特的工廠，顯示有 32% 的棉花工人在規模大於 500 個工人的工廠就業。城裡的街道狹窄，路面沒鋪設，到處是淤泥、排泄物、噁心的臭味，骯髒的環境讓傳染病迅速散布。勞工、機械工的平均死亡年齡是 17 歲。相對地，在鄉村地區的拉特蘭

（Rutland），平均死亡年齡 38 歲；曼徹斯特的孩童中，57% 在 5 歲之前死亡。為什麼工人還要住在曼徹斯特？因為工資是拉特蘭的 2 倍。

1842 年秋恩格斯到曼徹斯特參觀，正是「饑餓的 40 年代」初期：景氣大幅下滑，棉紡業陷入困境，資本家破產。失業率在 1841 年已經有 15%，1848 年高達 18.6%。雖然有社會救濟，但那是杯水車薪。以 1842 年夏季為例，每天要供應 3,000 人熱湯（無食物），「很多人已經到絕對饑餓的狀態」。在這種高度壓力下，整個社會與工人階級已經出現暴動的傾向（rioting propensities）。

1842 年 8 月 7 日有一萬名工人發動罷工，要求「合理的工作與合理的工資」（a fair day's wage for a fair day's work）。罷工者拔掉工廠的動力設備，破壞生產工具，軍隊介入逮捕帶頭者。罷工事件三個月後，也就是 1842 年的秋季，恩格斯才來到曼徹斯特，他見到的是罷工後的殘破景象。

《共產黨宣言》生不逢時

現在要爭辯的是：你認為這是社會性的事件，還是經濟性的罷工？前面說過，工人要的是「合理的工作與合理的工資」，目的在養家活口，屬於「經濟衰退型的民權運動」。恩格斯把曼徹斯特的見聞轉告馬克思，15 個月後《宣言》出版時，罷工運動早已結束，氣氛消失。如果《宣言》提早 6 年出版，說不定會有火上加油的效果。1842 年大罷工時，有人預測會出現革命，但沒發生，原因很明白：工人要生活，生活不下去才暴動。

1848 年 2 月《宣言》出版後，歐洲各地掀起革命浪潮：從巴黎開始迅速傳到奧地利、德國、義大利。為什麼沒傳到英國？這是資產階級和工人階級明顯對立的時期，是勞資鬥爭最好的戰場，是馬克思、恩格斯、共產黨聯盟最期盼發生革命的國家，為什麼反而一片寧靜？因為 1848 年之後不久，英國進入 1850 至 1860 年代的「維多利亞繁榮期」（Victorian boom）。

1856 至 1873 年間，英國工人每小時的生產力每年成長 1.3%，這項成長率直到 1951 至 1973 年間才被超越。也就是說，《宣言》裡的預測（隨著資本主義的發展，工資會下降）完全錯了。工人的生活水準在這段繁榮時期大幅提高，實質工資在 1851 至 1873 年間增加 26%，1851 至 1881 年間增加 38%。經濟好轉後工人組織全國性的工會，保障工人的福利，不必依靠國家救助。

工人生活安定後，對鬥爭的興趣就不大了，《宣言》預測的革命也就無從發生。《宣言》所傳達的訊息以現代的眼光來看，顯然是從一個較短的事件時間，對單一產業（棉紡）與單一城市（曼徹斯特）做了較狹隘的觀察，提出過度悲觀的結論（資本制度必亡），也高估無產階級革命的可能性與可行性。

英國經濟好轉後，《宣言》的兩位作者仍未死心，期盼著下一波危機會再帶來革命熱潮。歷史顯然讓這兩位 30 多歲的作者失望了。失望之餘他們轉而批評勞工階級，是在向資本家（壓迫者）搖尾乞憐。恩格斯去世前一年（1894 年）說：「我們對英國工人實在失望……他們的思想與觀點基本上是資本主義式的，他們只有實際傾向的狹隘心態。」恩格斯去世 22 年後（1917 年），共產黨的革命才在俄國發生。

菲利浦・馬格內斯（Phillip Magness）和麥可・馬柯維（Michael Makovi）在 2023 年發表的研究顯示，俄國革命與馬克思的主流化有重要關聯。兩位作者認為 1917 年的俄國革命，將馬克思的名聲和知識分子的追隨，提升超越同時代的競爭對手。運用綜合控制方法和 Google N 元語法顯示器（Google Ngram Viewer）的數據，兩位作者構建一個馬克思的引文模式進行反事實模擬，據以判斷：如果沒有發生俄國革命，馬克思被引用的頻率會有什麼差異。結果顯示俄國十月革命的勝利，顯著帶動馬克思的論著主流化。

參考書目

Boyer, George (1998): "The historical background of the Communist Manifesto", *Journal of Economic Perspectives*, 12(4):151-74.

Magness, Phillip and Michael Makovi (2023): "The mainstreaming of Marx: measuring the effect of the Russian Revolution on Karl Marx's influence", *Journal of Political Economy*.

10

蒸汽機真的推動英國的產業革命？

　　什麼？我們從小學就知道，蒸汽機對產業革命的絕對重要性，這是全世界的普遍認知，難道過去兩百多年間，那麼確定的事竟然是錯的？英國的著名經濟史教授尼可拉斯・克拉夫茲（Nichlas Crafts）2004 年在皇家經濟學會刊物《經濟期刊》（*Economic Journal*）發表簡明易懂的翻案文章，要說服讀者說：英國如果沒有蒸汽機，17 至18 世紀的產業革命還是會發生。

　　這個議題有點像羅伯特・佛爾格在 1962 年發表的論文，要證明美國在 19 世紀時如果沒有鐵路，經濟發展與成長不會受到影響。克拉夫茲和佛爾格要告訴我們：知識界長期以來的看法是錯的，早期的蒸汽機和鐵路對英美經濟幫助不大。克拉夫茲認為在 1830 年之前，蒸汽機對英國的成長貢獻微小，直到 1850 年改良出高壓蒸汽機，經濟貢獻才達到頂峰，距離瓦特 1769 年研發新型蒸汽機已經是 80 年後的事了。

　　蒸汽機和電力一樣，屬於一般目的型的科技（general purpose technologies，GPT）。以蒸汽機為例，剛發明時只有少數人使用，效益不明顯；需要幾十年的改良推廣，才普遍化為日常生活的基本需求。克拉夫茲的文章要回答三個問題：

　　1. 蒸汽機對生產力成長的貢獻，何時達到最高峰？

2. 19 世紀的蒸汽機，和 20 世紀末的資訊科技（如電腦、網路、電子郵件），兩者的貢獻度能相比擬嗎？

3. 蒸汽機對生產力的貢獻，和整體經濟的成長可以相呼應嗎？

蒸汽機的運用方式大約有三種：一種是靜態式引擎，例如設在工廠內的蒸汽機；另一種是帶動火車頭的蒸汽機；最後一種則是鐵達尼號這類大型郵輪內的蒸汽機。經由瓦特改良的蒸汽機在 1769 年取得專利權，60 年後的 1830 年代，全英國蒸汽機動力的總和才 16 萬 5,000 馬力，大約是全國動力來源的 1.5%，重要性很低。

也不是和一般人想像的，說蒸汽機發明後立刻有許多工廠、火車、輪船投下大量資本運用這種科技。甚至到了 1870 年代，蒸汽機所產生的馬力幾乎有一半是用在開礦和棉紡業。相對於當時的農業和服務業，蒸汽機對英國的 GNP 幾乎沒有貢獻。

這種情形在美國也一樣：要到 1850 年代蒸汽機產生一馬力的成本，才低於水力產生一馬力的成本，製造業才轉而大量使用蒸汽機。為什麼要在瓦特改良蒸汽機之後將近一世紀，蒸汽機才比水力有成本的優勢？原因很簡單：1850 年之前的蒸汽機壓力不夠，要燃耗過多的煤，才能產生所需的推動力。1850 年之後改良出新式渦爐，能提供高壓動力、降低煤的消耗、提升馬力效率，才在產業界具有競爭力。

具體地說，在瓦特之前的湯瑪斯・紐科門（Thomas Newcomen）蒸汽機，若每小時要產生一馬力，需燃耗 30 磅煤。改良型的瓦特蒸汽機只耗 12.5 磅，到 19 世紀中葉只耗 5 磅，20 世紀初期 2 磅。換個方式來表達：1760 年時若要用蒸汽機產生一馬力，每年的成本需要 33.5 英鎊（以 1760 年的幣值計算），1800 年降到 20.4 鎊；1870 年 8 鎊，1910 年 4 鎊。也就是說，在 1760 至 1910 的 150 年間，一馬力的年度成本相差 8 倍以上。如果計入這 150 年間的物價上漲，應該超過 10 倍。

蒸汽機花了 80 年才普及

生產每馬力的耗煤量大幅減低還有許多好處，試舉一例。鐵達尼號在 1912 年首航時，只需要更少的空間載運燃煤，就可從英國航行到美國，船上可供旅客使用的空間更大，載客數量更多，船費就可以很低廉。1850 年之後的跨洋郵輪業務能蓬勃發展，蒸汽機的燃料下降、馬力效率的增長是關鍵。

同樣的道理，鐵路網也才能迅速發展。利物浦和曼徹斯特之間的鐵路在 1830 年初次通車，20 年後英國已鋪設 7,000 哩的鐵路網，後來發展到 2 萬哩，鐵路是非常重要的投資。1855 年時，與鐵路相關的總資本存量約占國內生產毛額的 30%。1850 年代初期英國火車每年總共約行駛 6,000 萬哩，1870 年代中期時每年約 2 億哩，1910 年超過 4 億哩，這種神速的進步當然是蒸汽機能源效率之賜。

現在換個角度，看蒸汽機對其他行業的貢獻。以工廠內的靜態式蒸汽機來說，它對勞動者生產力的貢獻多大？從兩個角度來看，一是占 GNP 的比例：1760 至 1850 期間，蒸汽機的產值只占 GNP 的 0.1 ～ 0.5%；1850 至 1870 年間約 1.2%，1870 至 1910 年間 2.2%。這呼應前面的說法：1850 之前的蒸汽機對 GNP 幾乎沒有什麼影響。

第二個角度是看給社會帶來多少利益，也就是佛爾格提出的「社會節省」。得到的答案相似：1760 至 1850 年間，蒸汽機的社會節省約占 GNP 的 0.2 ～ 0.3%；1850 至 1870 年占 1.0%，1870 至 1910 年占 1.8%。結論和前面一樣：1850 年之前的蒸汽機社會意義有限，1850 之後才超過 1%，比過去的印象少很多。

蒸汽機早就發明，為什麼要 1850 年之後才對有 GNP 有影響？主因是燃料轉換動力的效率不夠理想，導致每馬力的生產成本過高；加上機械設計不良，產生的馬力不足，因而功能有限。試想在 1850 之前，若每部火車都要載幾車箱的煤才能行駛 100 哩，時速會多快？越洋郵輪的肚子裡要裝幾百噸煤才可以航行到紐約？剩下多少空間給旅客？旅客數量不足，旅費就貴。火車、輪船、飛機、5G 都一樣，價格必須降低到能使一般民眾受益，產業才會快速發展。

以鐵路為例，1830 至 1850 年間的每年盈餘只占英國 GNP 的 0.6%，1850 至 1870 年間快速成長到 2.1%，1870 至 1910 年是 2.7%。鐵路的產值在 1830 至 1850 年間只占 GNP 的 1%；1850 至 1870 年增到 4%，1870 至 1910 年是 6%。輪船業的效果更差：1850 至 1870 年利潤占 GNP 的 0.2%，1870 至 1910 年激增到 1.1%。同樣地，輪船業的產值在 1850 至 1870 年間只占 GNP 的 0.7%，1870 至 1910 年飛躍到 3.4%。鐵路和輪船都是靠蒸汽機推動的運輸業，也是蒸汽機最能展現功能的行業，上面的證據顯示：1850 之前蒸汽機對 GNP 並沒有顯著影響。

是不是這類一般目的型的科技（GPT）都類似？電力發明 40 年後，一般民眾才能普遍受惠。瓦特在 1796 年改良蒸汽機，要等 80 年才普及到影響商業發展。若以 1927 年林白（Charles Lindbergh）單人無停靠飛越大西洋為起算點，飛航器也要 40 年後才影響商業和 GNP。IBM 在 1950 年代製造大型電腦主機，雖然很快就有工業和科學上的用途，但必須在 40 年後才對日常生活有深刻影響，個人電腦才成為占 GNP 比重較大的產業。

克里夫茲（2004）告訴我們三項重點。

1. 蒸汽機有經濟意義要到 19 世紀下半葉之後；過去認為它對產業革命的貢獻不可磨滅，這種見解恐怕不成立。

2. 瓦特在 1769 年改良蒸汽機，到能讓百姓普遍受益，約需 80 年的漫長等待。20 世紀發明的電力、飛機、電腦，所需的成熟時間較短（分別是 50 年、40 年、30 年），就能產生比蒸汽機更大的 GNP 百分比產值。

3. 我們對歷史的認知大都建構在印象上；現在有更好的分析工具，有更多的統計數字，可以推翻愈來愈多的錯誤認知。

英國產業並非樣樣領先

提到產業革命，大多數的反應是：蒸汽機、在英國、17 世紀至 19 世紀。德國慕尼克大學經濟史教授約翰・克姆洛斯（John Komlos）告訴我們三項不同的觀念：

1. 產業革命和政治革命很不同的一點，就是沒有明確的起訖年。產業革命是長久累積的緩慢變動過程，界定出確切的年代純粹是教學與考試的方便，沒有真正的經濟意義。

2. 過度強調英國的龍頭地位，或是英國強盛、歐陸弱慢的錯誤形象，其實法德都有行業比英國更先進。

3. 過度強調某些關鍵產業，例如棉紡、毛紡、蒸汽機，其實同時期還有許多行業都有重要的發展，需要更全面深入的分析。

在所謂的產業革命期間，英國並不是一枝獨秀地發展，歐洲各地都有平行的成長，例如法國的亞爾薩斯、捷克的波希米亞、比利時與荷蘭的法蘭德斯、德國的漢堡、義大利的隆巴第、法國北部、瑞士的蘇黎世。以捷克的波希米亞和莫拉維亞為例，1760 至 1800 年間產業勞動力的年成長率約 4%，比英國還高。以平均國民所得來說，法國在 18 世紀的成果和英國一樣亮麗。當時就有人說，產業革命其實是 1799 年從法國開始的。

英國在棉紡、鋼鐵、蒸汽機這幾個項目上確實領先各國。但不要忘了，倫敦的造紙廠很想學到法國、荷蘭、義大利同行的優良祕密，英國並不是樣樣領先。再以金融業為例，阿姆斯特丹的銀行、證券、融資，組織上和規模上都遙遙領先倫敦。古典經濟學派的大師大衛·李嘉圖就是從荷蘭的金融界轉到英國，用他的專業知識發了大財。簡言之，歐陸諸國在軟體與硬體上都不是英國的跟隨者。

以最著名的棉紡業為例，英國在印度掌控原料的優勢，加上成熟的生產技術與積極的海外行銷能力，在這個產業上確實超越各國。但這也只限於產業革命的初期，而且領先的期間也不長。因為新大陸美國的棉花產量，在黑奴的協助下很快就比英國的品質更好、價格更低、機械化得更快。再就棉紡技術來說，瑞士與亞爾薩斯的棉紡業者在 1830 年就超越英國了。

對產業革命的五個誤解

以上的論點是要更正一項觀念：產業革命不只在英國發生，而是在歐陸諸國與北美同時發展。英國最著名的棉紡業其實也只集中在幾個地區，例如曼徹斯特、蘭開夏地區，並非全國都是棉紡業。再說，英國諸多城市中也有許多與產業無關，牛津、劍橋這些學術城不說，東英格蘭（East Anglia）、威斯特摩爾蘭（Westmoreland）、康瓦爾（Cornwall）這些城市就與工業無關。

第二項要更正的觀念是：並不是在產業革命時期才有機械化的能力；其實在更早的時期工廠就知道要運用機械了。以動力來說，大家以為蒸汽機是產業革命的關鍵，其實蒸汽機在國民所得上有所貢獻是在 1830 年之後的事。在此之前，蒸汽機的產業貢獻未必比水力推動的機械來得大。

以英國為例，西元 1066 年時已有 6,000 座水力磨坊，這些水力磨坊對 13 世紀的產業貢獻，未必比蒸汽機對 18 至 19 世紀的 GNP 貢獻小。再以煤礦為例，1550 到 1680 年間的年產量從 20 萬公噸激增到 300 萬公噸。這些簡單的數據說明，17 至 18 世紀機械化與蒸汽機的發明，並沒有我們想像的那麼重要。替代性的動能早已存在，而且在 19 世紀之前甚至比蒸汽機還有效率。

第三項要更正的觀念是：要判斷一個社會的進步，不能只看它的產業成果。像蒸汽機這類的技術突破當然很引人注目，但社會結構與經濟組織的改變也很重要，例如教育的普及程度、對專利權的法律保護、社會制度的合理化、金融體系的發展、貨幣制度的流暢化、運輸網路的興建、公共衛生的普及。也就是說，社會、政治、經濟各方面都能同步成長才有意義，不能只看重產業的單點成果。就這點而言，歐陸諸國的成就並不比英國差，英國並沒有領先列強的優勢。

第四項要更正的觀念是：早在 17 世紀就出現大規模的染料廠、玻璃廠、鼓風爐，僱用員工的人數早已上百，有些工廠還超過千人。簡言之，機械化的大型工廠並非在工業革命時期才出現。工業革命是延續性的演化發展，是根基於之前幾百年來的成就，而不是突然出現；也沒有明顯的「時代斷裂性」，讓我們明確看出工業革命「之前和之後的差別」。

經濟成長率在 1760 年之後，確實有過明顯的上揚。但不要忘記，英國在 1840 年時是「飢餓的 40 年代」，也不要忘記馬爾薩斯的《人口論》（強調食物以等差級數成長，人口以等比級數成長）是 1798 年出版的。這兩件事指出：在傳統認知的產業革命時期，英國經濟也有非常困難的階段，生活未必比產業革命之前好。就算產業革命時期經濟快速成長，很快就被更快的人口成長率消耗掉了。

第五項要修正的觀念是：並不是在產業革命時期，所有的行業都煥然一新，欣欣向榮。事實是：各行各業的狀況很不平均，機械化的過程很緩慢，老舊機器與過時的生產模式也不是幾十年間就能汰舊更新。到了 1830 年代，針織業、織布業、皮革業、造車業、建築業、食品業還都是用傳統的方式生產。以棉紡業來說，它是個鑽石般閃亮的行業，但並不是工業的火車頭，更不是產業革命成功不可或缺的關鍵。當時前四大就業部門（僱用人數最多的行業）中，有三項與工業無關，分別是農業、家庭服務業、建築業。

有一項對英國產業發展很重要，但一直被人輕忽的因素，那就是內河航行網的完成。1750 年時，可航行的水道增加一倍，使得物料、商品、人員的運送成本大幅下降，這是比機械化和蒸汽機更重要的基礎建設。

整體而言，產業革命是個多面向的現象，不單是由蒸汽機和棉紡業組成。也不只是生產技術的發明與進步，軟體（教育、衛生、金融、貨幣、法律）也必須同時發展才有意義。歐洲的產業革命是幾世紀來長期累積的現象，是一種百花齊放的狀態，不是英國獨有的特殊成就，也不是單用蒸汽機就能描述。產業革命是 18 世紀時，歐洲與北美的景氣上揚現象，是跨國性的，是演化與進化式的，不是突然的與革命式的，是長期緩慢的，不是短暫激烈的。

參考書目

Crafts, Nicolas (2004): "Steam as a general purpose technology: a growth accounting perspective", *Economic Journal*, 114:338-51.

Komlos, John (2000): "The Industrial Revolution as the escape from the Malthusian trap", *Journal of European Economic History*, 29(2-3):307-31.

11

鐵路對美國早期的經濟發展 幫助很大？

　　建造鐵路是重大型投資，以 2000 年代初期的臺灣高鐵為例，不知經過多少年的籌畫，召募多少金主，歷經幾任財政部長與交通部長。歐洲與日本的鐵道系統為了爭取這筆大生意，不知牽扯多少政治人物；有多少立法委員積極爭取，要高鐵在自己的選區停靠，有多少地皮因開發而暴漲。

　　19 世紀在美國築一條鐵路，資金募集的困難度、建築技術的障礙，不知要比今日麻煩多少倍。這麼龐大的投資對鐵路公司而言，基

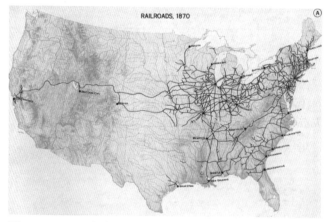

圖 11.1　1870 年代美國鐵路網

本目的就是賺錢；對政府而言，是要能降低運輸成本、流通農工業產品、促進經濟發展。然而羅伯特‧佛爾格卻告訴我們相反的答案：19世紀的鐵路對經濟發展幫助不大，對 GNP（國民所得）的貢獻度不超過 2%。

佛爾格有三項獨特貢獻。第一，在研究方法論上，他把反事實推論法（counterfactual analysis）成功運用在鐵路分析上，證明這種研究方法的可行性，以及可能產生的意外結論。第二，在具體操作的層次上，他提出社會節省（social savings）的概念，估算鐵路能帶來多少貢獻。第三，他得到一項驚奇的結論：鐵路對 19 世紀的社會節省貢獻不多，甚至遠比不上河運，鐵路對經濟的幫助遠小於專家與社會的認知。

佛爾格的研究是量化史學早期的里程碑，讓經濟史學界從泥濘路看到寬闊的高速路。經濟史不再是抄抄寫寫、說個半真半假的故事，而是有命題、有觀點、有概念、有分析、有對比、有精確計算的科學分析；因而有了基本尊嚴，可以和其他經濟學門平起平坐。學者把這種方法運用來分析俄國、墨西哥、巴西、英國、蘇格蘭鐵路的貢獻。

這麼昂貴重要的鐵道體系，經濟效益真的那麼次要？19 世紀美國的工業產值，有哪一項產業比鐵路重要？如果鐵路的幫助不大，哪些產業才真正重要？鐵路的重要性，是它在經濟起飛時期扮演火車頭角色，透過運送原料、產品、人員，對農工商業產生配置效果。

佛爾格透過「商品產量」的資料，發現鐵路對工業產品的重分配效果「非常小」。以鐵礦業來說，鐵路在 19 世紀末的最佳狀況下，最多只有 17% 的產值貢獻度。對煤業的貢獻度不到 5%；對木材業勉強有 5%；對機械業小於 1%。對運輸設備的貢獻度最大（25%），但也只有「用牲畜拉動運輸」貢獻度（50%）的一半。對整體製造業，鐵路的貢獻度小於總產值變動的3%，完全沒有「火車頭產業」的功能。

水運比陸運影響更大

現在談他的另一項估算：鐵路給農業產品帶來多少「社會節省」？他的估算分兩方面：鐵路在區域之間（interregional，例如從中西部的主要市場，把農產品送到東部與南部）與區域之內（intraregional，例如中西部諸城鎮之間）。換句話說，如果沒有鐵路，農產品在區域間與區域內的運送會因而較無效率，或成本會因而較高昂？

他發現在區域之內運送農產品時，鐵路取代水路的速度，會比在區域之間來得快。也就是說，在區域之內運送時較容易捨水路而選擇鐵路；但在區域之間運送時，不會那麼快捨水路而就鐵路。換言之，鐵路在區域之內會有較佳的社會節省。經過複雜的計算，他認為鐵路對運送農產品的貢獻不超過 GNP 的 2.5 至 2.8%。

最主要的運輸體系是什麼？河道水運。佛爾格估算美國土地總價值 76% 的地方都有水運可到。假如真的沒鐵路，某些部分的土地會失去價值。因為沒有鐵路而損失的土地價值，有 75% 集中在伊利諾、愛荷華、內布拉斯加、堪薩斯這四州。也就是說，假如沒有鐵路，美國大部分地區的土地價值並不會受到嚴重損失。就算有損失問題也不大：這些因為沒有鐵路而失去價值的土地，只要把既有的運河網路稍微延伸，這些土地還是可以用來從事生產。

他的結論是：因為沒有鐵路而損失的可耕地價值，約占 GNP 的 1.8%；若再把因而衍伸出來的間接損失算入，約占 GNP 的 2.1%。東部與西部之間，把城市和城市之間的道路總加起來，大約有 825 條。他估算四項主要農產品（小麥、玉米、牛肉、豬肉，約農業總產值的 42%）的最低運送成本，比較有鐵路和無鐵路時的成本差異，得到更驚異的結論：區域之間由於有鐵路的創新，所獲得的社會節省大約占

圖 11.2　1860 年美國可航行水道

GNP 的 0.6%；如果更誇張地假設鐵路運費為零（完全免費），鐵路的社會節省大概只占 GNP 的 1.3%。

時空背景讓人錯估

　　我和大多數讀者一樣，很難接受這麼違反常識的結論：鐵路真的這麼沒有貢獻？後來逐漸覺得或許有可能，有三項原因：

1. 大家對鐵路會有好印象，是因為大都會的居民在交通上、工作上、生活上、商品上，長期享受鐵路的便利與效率，報紙與其他媒體時常傳達鐵路的不可或缺性。但內戰之前的鐵路網並不夠密集，還是有相當多的地區、相當高比例的人口沒享受到鐵路的利益。也就是說：1960 年代的讀者以自己的時代觀點，高估了鐵路在 19 世紀的實際貢獻。

2. 有不少大河穿越過好幾大洲，這些大河的運輸量很大，運費便宜很多。以五大湖區為例，運河和湖泊的運輸既方便又便宜，鐵路在大河流域和湖泊區的競爭未必有優勢。19 世紀的產出中，以農產品和笨重的礦冶、機械為大宗，水運較有競爭力。但鐵路有另一種優勢，例如可以橫向溝通東西部，也可以縱向溝通南北。

3. 若以 19 世紀的發展需求來看，鐵路未必那麼關鍵，反而是傳統的河運和湖泊體系才是產生高額社會節省的工具。光靠 19 世紀的稀鬆鐵路網，恐怕不足以支撐起經濟發展。20 世紀鐵路網逐漸形成，產生規模經濟優勢，運費大幅下跌，創造的社會節省才有 GNP 意義。

換個角度來看，其實佛爾格的結論也不意外。英國最早有鐵道系統，要到 19 世紀下半葉鐵路網形成後，運費降到工商業與百姓能廣受好處，才會有顯著社會節省。初期鐵路對英國發展的貢獻度，遠遠比不上密布的內河航運。同樣地，美國鐵路要到 20 世紀初構成有效運輸網，普遍嘉惠工商業與民間才產生重要貢獻。

同樣的道理，1940 年代美國已能製造 B52 長程轟炸機，但飛機對 GNP 的貢獻要等到 1960 年代成為運輸工具，才有顯著的產業意義。1960 年代的讀者早已接受鐵路的不可或缺性，看到佛爾格說鐵路對美國早期的意義不大，一下子轉不過來，還懷疑他的估算偏低。

1993 年讀佛爾格在 1964 年發表的著作時，我的感受非常深刻；2006 年寫此文時重讀還是覺得很了不起。第 1 章導論寫得尤其好，把相關議題清晰呈現，從各種角度對比不同見解，說明過去的研究有哪些命題上的謬誤、受到哪些視野上的限制、理論上與計算上有哪些方法缺失。讀這章導論的強烈感覺，聯想到錢穆〈劉向歆父子年譜〉（《燕京學報》1930 年第 7 期）的導言，內分 28 點，力駁康有為《新學偽經考》的謬誤。

同樣令人印象深刻的是第 3 章，探討農產品在區域之間的配送問題。佛爾格先提出估算的理論架構，寫一些方程式、定義各項變數的內容，然後用許多統計數字、說明圖、地圖進行各種估算。這一章有可能是 1965 年之前最細密的計量史學代表作。這類的詳細估算在第 4、5 章也一再出現。在計算器與電腦不方便的時代，這是驚人的成果。

　　1979 年佛爾格在哈佛經濟系任教時，擔任美國經濟史學會的會長。他在《經濟史期刊》發表一篇 54 頁的長文，對社會節省這個觀念的爭議，提出更完整的說明與證據，內容更是令人歎為觀止。佛爾格能獲得 1993 年諾貝爾獎，我認為實至名歸。他不只在鐵路問題上震撼了學界，他對奴隸問題的深入研究，以及長期探討新領域的耕耘，是經濟學界的典範。

　　和佛爾格同時代探討鐵路問題的學者很多，其中以艾伯特・菲希洛（Albert Fishlow）最有名。佛爾格的書問世後一年，菲希洛在 1965 年出版《美國鐵路與南北戰爭之前經濟的轉變》。這兩本幾乎同時出版的書，對鐵路的經濟貢獻有截然相反的論點。

　　鐵路對美國早期的發展幫助是否顯著，是可以繼續爭辯的問題，例如戴夫・唐納森（Dave Donaldson）和理查・霍恩貝克（Richard Hornbeck）在 2016 年發表的論文就是一篇新範例。我感覺佛爾格在概念與分析的穿透力上，比菲希洛更有感染性。經濟史學界受佛爾格影響最深的是他的研究方法（反事實推論法），以及他創用的社會節省概念。他在經濟史領域半世紀的辛勤耕耘，帶領出好幾代生力軍，恢復了這個行業應有的尊嚴。

參考書目

Donaldson and Hornbeck (2016): "Railroad and American economic growth: a 'market access approach'", *Quarterly Journal of Economics*, 131(2):799-858.

Fishlow, Albert (1965): *American Railroads and the Transformation of the Ante-Bellum Economy*, Harvard University Press. (Reviewed by John Majewski, September 2006, http://eh.net/bookreviews/library/Majewski.shtml).

Fogel, Robert (1964): *Railroads and American Economic Growth: Essays in Econometric History*, Baltimore: Johns Hopkins University Press. (Reviewed by Lance Davies, May 2000, http://eh.net/bookreviews/library/davis.shtml).

Fogel, Robert (1979): "Notes on the social saving controversy", *Journal of Economic History*, 39(1):1-54 (Presidential address of the Economic History Association).

12

晚清鴉片問題重探

大多數人談到鴉片會有幾項共同認知：

1. 這是二次大戰前最具代表性的毒品，上癮者輕則形銷骨立、臉色臘黃、枯槁不堪，重則傾家蕩產萬劫不復。毒癮和賭癮是敗壞個人、家庭、社會、國家的兩大毒瘤，必須掃蕩滅除。

2. 這是英國人喪盡天良，賺走華人大筆白銀、發動兩次鴉片戰爭、開放五口通商的民族傷心物，鴉片是帝國主義亡國滅種的陰狠手段。

3. 幸好有林則徐燒毀鴉片、日本據臺時禁絕鴉片，否則有多少人多少錢要毀在鴉片槍裡。

先看幾個改變眾人理解的數字。1879 年從外國進口的鴉片，總量約 9 萬 8,535 擔（1 擔＝ 133.3 磅）。調製後轉換成可吸食的鴉片，總共 21 萬 3,624 擔。引人注意的數字是：同一年中國境內的鴉片總產量是 24 萬 1,440 擔，大約是進口量的 2.5 倍。所以第一個要打破的印象，是 1840 年鴉片戰爭後的 40 年間，國內的鴉片產量迅速超過進口量。主要產自何處？四川最高（14 萬擔）；其次是雲南（2.7 萬）、貴州（1.5 萬）、浙江（1 萬）、河南（8,000）。國內外的總供應量是 33 萬 9,975 擔（約 2.5 萬公噸）。鴉片抽過後可以回收再抽（據說口感更佳），這些回收數量約 20 萬 9,612 擔。全部加起來，

1879 年的總吸食量是 42 萬 3,236 擔。

大約 30 年後（1906 年），進口量大減到 5 萬 4,117 擔（幾乎是 1879 年的一半），國內供應量大增一倍（58 萬 4,800 擔），國內外合計 61 萬 3,917 擔。經過調製後，加上二次回收部分，全國的可吸食量是 81 萬 3,990 擔，幾乎是 1879 年的一倍。1906 年的鴉片供應特色，是國外供給大減，國內供給大增，前五名是：四川（23.8 萬擔）、雲南（7.8 萬）、陝西（5 萬）、貴州（4.8 萬）、甘肅（3.4 萬）。1879 年的數字是英國的統計，1906 年的數字是中國官方的。諷刺的是，1906 年是禁菸年，也是中英商約禁止鴉片貿易的前一年。還有一件背景性的變化：1906 年的人口比 1879 年約增 5,000 萬。

以上兩項數字說明一件難堪的事：1840 年鴉片戰爭之前，歐洲人為了賺黑心錢，不顧道德毀了華人健康，吸走大量白銀。1840 年之後雖然有林則徐這類的抵制，但吸食鴉片已蔚為風潮，高利潤吸引華人把進口轉為自產，繼續自我殘害。

圖 12.1　英國東印度公司的鴉片倉庫

重度吸食鴉片的人並不多

接下來的兩項統計數字還是 1879 年與 1906 年，主題從供給面轉到需求面，看看哪些人在哪些用途上消費了多少鴉片。

表 12.1　1879 年中國鴉片總消費量估算

	人口中的 %	總人數（百萬）	每人吸食的兩數（1 兩 = 3.78 公克）	全國總吸食量（擔）（1 擔 = 133.3 磅 = 1.6 萬兩）
1. 醫療用途			以每人每年吸食 4 兩計算	25,000
男	50	60		
女	30	30		
2. 節慶日			以每人每年 1 兩計	5,625
男	50	60		
女	25	30		
3. 女性個人吸食（偶爾低量）	4	4.8	以每人 3 天吸食 1/3 兩計	12,166
4. 中度的男性經常吸食者	0.5	0.6	以每人每日 1 兩計	13,687
輕度偶吸食者	15	18	以每人每 3 日 2/5 兩計	54,720
5. 中度經常性吸食者	6	7.2	以每人每日 2/5 兩計	43,800
		4.8	每人每日 1 兩計	27,375
		1.2	每人每日 2 兩計	54,750
6. 重度經常性吸食者	1	0.7	每人每日 5 兩計	79,844
		0.5	每人每日 8 兩計	91,150
總計				408,217 擔

表 12.1 是推估數字，先不論各項數字的精確度。以這種方式估算的總消費量是 40 萬 8,217 擔，比之前說過 1879 年的總供應量 42 萬 3,236 擔大約少了 1.5 萬擔。在這麼大的國家與人口下，1.5 萬擔的推估差距可以接受。接下來對比 1906 年的資料，也是推估數字。

表 12.2　1906 年中國鴉片總消費量估算

	人口中的%	總人數（百萬）	每人吸食的兩數	全國總吸食量
1. 醫療用途			每人每年 4 兩計	33,750
男	60	81		
女	40	54		
2. 節慶日			每人每年 2 兩計	20,250
男	70	94.5		
女	50	67.5		
3. 女性個人吸食（偶爾低量）	8	10.8	每 3 日 1/3 兩計	27,375
4. 中度的男性經常吸食者	2	2.7	每人每日 1 兩計	61,594
輕度偶吸食者	20	27	每 3 日 2/5 兩計	82,080
5. 中度經常性吸食者	12	12.6	每人每日 2/5 兩計	114,975
		1.8	每日 1 兩計	41,063
		1.8	每日 2 兩計	82,125
6. 重度經常性吸食者	1.8	1.4	每日 5 兩計	159,687
		1.1	每日 8 兩計	182,500
總計				805,399 擔

　　1906 年總消費量約 80 萬 5,399 擔，比 1906 年的總供應量 81 萬 3,990 擔少了約 8,500 擔，推估的準確度可以接受。表 12.2 和表 12.1 有幾個主要差異：一、總人口增加約 0.5 億；二、女性吸食人口大幅增加；三、總吸食量大約增加 1 倍。以上數字告訴我們，每年不知花多少錢在鴉片上，換來的是臉龐凹陷、步伐蹣跚、瘦弱無力、眼神呆滯。在物競天擇優勝劣敗的法則下，若不鐵腕禁絕必然自掘墳墓。這些是我們常聽到的說法，但有人提出不同見解。

　　1. 不要低估鴉片的醫療功能，表 12.1、12.2 內每年的需求是 2.5 萬到 3.37 萬噸。鴉片對止痛退燒很有幫助，尤其對偏僻鄉村的老病幼兒更不可少。現代社會提供的癌症止痛和各種止痛劑，每年不知要消耗多少噸。20 世紀之前鴉片是方便、普遍、相對廉價的重要醫療物，通稱土藥。

2. 表 12.1 與表 12.2 也可以看到，真正的重度吸食者，以人口數來看當然有好幾百萬，但在 4 億人口中的比例並沒想像的高。現代社會藥物上癮的人口比例，應該不會低於 20 世紀之前的鴉片癮者。

3. 表 12.1 與表 12.2 的總消費量中，有一大半是用在非重度上癮者的偶爾吸食，並非人人皆是鴉片鬼，從早到晚鴉片槍不離手的人間地獄。有許多負面形象，是為了禁絕而做的渲染。

4. 重慶的傳教士做過調查，300 位建築工人、木匠、體力工作者中，只有 5 ～ 6 人吸鴉片。1883 ～ 1893 年間，上海警察局的男性犯人有 21% 吸鴉片，女犯人 8%，表示吸食的普遍度沒印象中高。真正重度的上癮者，人口比例不超過 2%。

5. 國內大幅種植鴉片，主要因素是財政性的：地方政府可以增加稅收，各地軍閥靠種植與販賣，籌措軍費與行政費用。

參考書目

Newman, R.K. (1995): "Opium smoking in late Imperial China", *Modern Asian Studies*, 29(4):765-94.

第 3 篇

大國的崛起

13

為什麼英國會衰落，美國會興起？

經濟史學界大致認同英國在 1800 年代進入產業革命，成為世界的工廠。大約百年後龍首就被美國取代了，更糟的是英國開始進入長期性的衰退。學界時常從科技、結構、生產力，來解釋上述現象。另有些學者從成長理論的角度來分析，有兩個主要派別：

1. 傳統的新古典成長模型，特點是成長的動力來自外部力量，例如土地、資本、勞動的增加。這個理論背後假設的是技術會持續進步，資本累積會規模報酬遞減。更重要的是各國間的成長差距會愈來愈縮減，貧窮落後的國家會逐漸追上先進國，但不會取而代之。這個理論可以很好解釋為何英國不能永遠當龍頭老大。但這個理論不易解釋為什麼英國在 1800 年左右會成為龍頭，以及為什麼美國會在一世紀後超越。

2. 另一種理論稱為內生成長模型，從較個體（微觀）基礎來分析，例如新科技的發明、人力資源的培養，都是成長的來源。甚至品質的改善、激勵性的制度、有利的法律規定、研發（R&D）、教育投資，都是成長的來源。上列因素在各國的狀況不一，所以就能解釋為何英國會是成長龍頭，為何非洲不易短期內強大，為何美國在 20 世紀初期能取代英國。

從經濟史的觀點，英國之所以能成為龍頭，還有些重要因素是這兩項理論捕捉不到的。例如規模的效果、無法轉移的科技、海外殖民地與資源的發現。現在要回答的第一個問題是：哪些重要因素讓英國在 1800 年代成為龍頭。

若你以為 1800 年代進入產業革命後，各行各業就以相似的速度向上飛揚，有可能是棉紡業的亮麗表現，讓人誤以為這是集體現象。英國從 1780 年代起跑，到 1850 年的頂峰之間，國內生產毛額（GDP）平均成長率約 2.5%，這的確是了不起的成就。但就產業部門來說，只有幾項行業表現特別傑出，大部分行業還是傳統性的緩慢，以下是幾項代表性數字：

1. 若用 1990 年的美元幣值表示，1780 年英國的平均所得約 1,787 美元，1820 年約 2,099 美元，1870 年約 3,263 美元（比同時期第二富裕的荷蘭高 20%，比法國和德國高 70%，比美國多 1/3），1913 年約 5,032 美元，確實很亮眼。

2. 平均壽命 1780 年時約 34.7 歲，1820 年 39.2 歲，1870 年 41.3 歲，1913 年 53.4 歲，進步明顯。

3. 識字率也大幅進步：同一時期分別是 50%、54%、76%、96%！

4. 農業部門就業人口明顯下滑：同一時期分別是 45%、35%、22.7%、11.8%，表示非農業部門迅速成長。

英國缺少後發超車優勢

但有一項警惕性的訊息：美國製造業生產力迅速追趕，1820 年已經是英國的 1.49 倍，1870 年 2.04 倍，1913 年 2.13 倍。為什麼這麼快就被追過？

1. 英國的科技進步雖然快，但在各部門的分布很不平均。以服務業（如商店、銀行）來說，就業人口約占 40% 但技術進步相當不顯著。

2. 大家誤以為關鍵性的科技（例如蒸汽機）必然有非常大的產業效果。但蒸汽機帶來的社會節省（節約成本的效果）在 1800 年代只占 GDP 的 0.2%。原因是蒸汽機並未立刻被廣泛使用：1800 年總共只有 3.5 萬匹馬力的動能。蒸汽機的重要性要到 1850 年之後才顯著，例如 1870 年增到 200 萬匹馬力，此時就有顯著的社會節省，約占 GDP 的 3.5%。

3. 美國的生產力為什麼追得這麼快？就英國這方面來說，工廠的組織形態傳統都是中小型企業，不易發揮規模經濟效果。以棉紡業中心曼徹斯特為例，中型工廠的僱用人數在 1841 年只有 174 人，只比最低效率規模的 150 人稍高。相對地，美國地廣人稀，沒有沉重的歷史包袱，一開始就朝大規模作業、生產線的設計，工廠規模平均比英國高許多，雙方的生產效率與規模經濟效果高低立判。

4. 1800 ～ 1900 年間，英國的科學與技術領先世界，是科技的淨輸出國。這當然很榮耀，但賺到的面子大於裡子：落後國家進口英國技術後，運用較便宜的人力與較豐富的資源，很快就追上來。反過來說，英國很少從其他國家得到這種追趕的好處，沒有後發優勢與彎道超車效果。

美國的兩大優勢

現在把場景拉回 1800 年代，對比英法兩國，解說英國為何能勝出。法國人口較多，氣候溫和，資源豐富。但英國從 1560 年代（都鐸王朝的伊麗莎白一世）開始，積極開拓海外貿易與殖民地，尤其

1588 年打敗西班牙無敵艦隊後，海權更是快速發展：海外市場與貿易大幅增長，刺激國內產業蓬勃進展。

英國最特殊的技術是煤礦的開採、蒸汽機的廣泛運用，也就是在能源技術上領先世界。長期下來，英國工人階級內擁有技術的比例相當高。相對地，當英國重商主義快速進展時，法國還停在大陸型的農業生產形態，不像英國一樣積極發展海權與開發殖民地市場。法國人把大部分的精力耗在政治爭奪與文化活動上，輸掉了起跑點的優勢。

明白英國能在西歐領先的原因，現在轉而觀察為何美國能快速超越。把時間點拉到 20 世紀初期，對比的效果較明顯。

1. 1920 年美國的 GDP 以 1990 年的幣值計算約 5,944 億美元，英國 1913 年只有 2,145 億美元。這是島國和大陸型經濟的規模差異。

2. 同一時點，美國人口 1 億 690 萬，英國 4,260 萬，差 2.5 倍。

3. 投資額占 GDP 的比例，美國約 12.5%，英國 7.4%。

4. 研發經費占 GDP：美國約 0.25%，英國 0.02%，差 10 倍。

5. 大學生占人口比例：美國 0.56%，英國 0.07%，相差更遠。

6. 土木工程師占就業人口的比例：美國 0.13%，英國 0.05%。

7. 總合要素生產力的成長率：美國 1.7%，英國 0.45%。

這 7 項數字宣告英國的必然讓位。英國衰退的劣勢到 1929 年就明顯到無可爭辯。美國每人的 GDP 是英國的 131.4%，而在 60 年前（1870 年），美國是英國的 75.3%。1929 年美國製造業工人的生產力是英國的 250%。

再換一種指標。1913 年英國前三名產業是：鐵路與船運、紡織、鋼鐵。1929 年的前三名是鐵路與船運、菸酒、紡織。1913 年美國的前三名則是非鐵金屬、農業設備、產業設備。1929 年是農業設備、車輛與航空器、非鐵金屬。其實只要看 1929 年英國的第二大產業竟然是菸酒業，就知道有多沉淪了。

　　美國的製造業能短期內成為龍頭，關鍵是地大物博（自然資源豐富）。1940 年之前美國的優勢幾乎都是能源密集型的製造業：耗鋁、耗鐵、耗油。這表示能源價格偏低、天然物資充沛，自然走向資本密集、原料密集、節省勞力型的工業。一方面這是得天獨厚，但也在短期內使非再生性的資源快速耗竭。另一方面朝向開發人力節省型的技術：耕耘機、收割機、洗衣機、生產線。這兩項優勢吸引外國人力、資本湧入，形成雪球效果：勞動生產力、資本生產力、技術進步率、投資報酬率都遙遙領先。

　　相對地，英國早期的優勢（例如蒸汽機、煤礦能源）很快就失去光彩。英國的社會階級、菁英統治、貴族氣息、歷史包袱、制度僵硬，這些特色進入 20 世紀後成為再度興起的障礙。更糟的是英國在兩次世界大戰付出慘痛代價，戰後殖民地又逐漸獨立。而美國在兩次大戰期間本土沒受影響，反而因為軍需與武器的供應讓經濟急速興盛。

　　若以 21 世紀初的眼光來看，英國產業的競爭力有幾項嚴重缺點：缺乏生產線、規模不夠大、經營不夠多角化、水平與垂直的整合度不足、企業管理能力較弱、新科技的發明能力（如半導體）不足、科技人才外流。我們無法預測美國這些優勢還能維持多久才會被超越。

參考書目

Crafts, Nicholas (1998): "Forging ahead and falling behind: the rise and relative decline of the first industrial nation", *Journal of Economic Perspectives*, 12(2):193-210.

14

日本在二戰後成長的關鍵

　　學界過去認為資本、土地、勞動是成長的要素。1960 年代後逐漸理解到，制度面也相當重要，例如憲法是否獎勵經濟活動、專利法是否能有效保障新發明。日本在 1945 年二戰後有驚人的成長，但為何從 19 世紀末的明治維新到 1940 年之間，沒有類似的經濟表現？戰前的農業部門成長不足，幾乎是停滯的局面。主因有兩項：第一，農業部門的資源被扭曲，沒發揮應有的效率。第二，農業部門的資本累積不足，導致起飛困難。

　　如果這兩項障礙不存在，戰前平均每個工人的所得不致於只有美國的 33%，應該可以提升到 50%。接著要問：是哪項因素造成這兩項障礙？答案可能是：父權體制下的長子繼承制，迫使長子留在農業部門，不能自由轉入城市與工商部門，造成農業部門的資源無效率，以及資本的累積不足。

　　農業就業人口 1885 年時大約 1,400 萬，占全日本就業總數 64%。奇怪的是，這 1,400 萬農業就業人口一直維持到 1937 年都沒改變。雖然農村移往都市的人數在 1885 至 1937 年之間不斷增加，但為什麼從明治維新到二戰前，農業部門的就業人口這麼穩定，不隨著都市與工業部門的增長而減縮？這種奇異的穩定和其他新興國家很不相同。必然有非經濟性的因素，讓愈來愈沒效率的農業部門維持固定的就業人數。戰前的農業技術不屬於規模報酬遞增型，若一直維持 1,400 萬的就業人口，農業部門的資源必然會被扭曲而無效率。

在新興經濟裡，城鄉（或農工）兩部門的邊際產出必然不同。如果資源可以自由流動，應該會有一邊（城市的工業部門）會愈來愈壯大，另一邊（鄉村的農業部門）愈來愈萎縮。經濟體內的資源（資本、勞動、技術）會流向效率較高的城市工業部門。戰前的農村就業穩定，背後的非經濟性障礙（即自我設限）應該不是法律性的（否則政府會排除它），而是習俗性的。

長子繼承制讓務農人口維持穩定

日本民間的服從性高，有長子繼承家業的觀念。但有什麼總體證據支持戰前農業部門的特殊穩定與長子繼承制相關？有一項較間接的證據：戰後民法修正後，長子沒有承襲祖業的義務與經濟動機，農業部門的就業人口大幅下跌。不過單是這點恐怕說服力不足，以下做較全面的分析。

從平均每個工人的所得來對比，1885 年美國工人的所得約是日本的 3.4 倍，也就是說，日本工人的所得大約是美國的 1/3（或33%）。到了 1885 至 1940 年間，日本工人的收入穩定維持在美國的30 ～ 50%。戰後日本急速起飛，1947 至 1972 年間工人的所得增長 5倍；到 1990 年代初期，美日工人的所得已相差不到 20%。這些都說明 1885 ～ 1940 這半世紀間，有個奇怪因素在阻擋日本經濟。

再回到前面解說過的農業就業人口，現在用較具體的數字來表達。1885 年時稍微多過 1,400 萬，這個數字長期而言持續下降，但到1940 年也比 1,400 萬少不了多少。換言之，戰前農業就業人數非常穩定。不過在 1940 至 1950 年間，這個數字成長到將近 1,800 萬。可能是因為在戰爭期間都市人口疏散到鄉間，工業部門就業困難，農村部門糧食較充足。較特別的是 1950 年後，這條就業線以 45 角度下滑，2000 年只剩下 230 萬左右。

為什麼農村就業下跌這麼快？或者反過來問：為什麼農村就業人口的下跌要晚到 1950 年才出現？農業不是技術進步快速的部門，亞洲開發中國家的農村，邊際生產力早就小於零。這表示就業人口過多，早就該被推向都市部門、工業部門、海外。日本必然早就看出這個問題，知道經濟起飛的前提就是農村部門要減除多餘的就業人口。但為什麼沒去做，或做不到？

東京大學的林文夫（Fumio Hayashi）和 2004 年諾貝爾獎得主愛德華・普雷史考特（Edward Prescott）運用古典成長理論模型，設計反事實的計量模擬，得到下列的顯著數據。如果戰前的農民完全沒有移往都市或工業部門的障礙，那麼：

1. 所得會從原本只有美國的 1/3，激增到 1/2。
2. 每個工人的平均資本存量在 1940 年會增加 1 倍以上。
3. 農村的就業人口在 1885 年會從 64% 減到 40%，一路下滑到 1940 年少於 25%。
4. 農業部門的產值反而會提高 5% 左右，因為把多餘的就業人口推出去了，邊際生產力自然提高。
5. 農產品的價格會明顯上升，對農民的收入很有助益。但從工業部門雇主的角度來看，糧價上升對發展不利。或許就是這項考慮，政府沒有積極引導過剩的農業人口移轉到其他部門。

諸子繼承制促成工業發展

其實從江戶時期開始，百姓就可以自由遷徙，在農工部門間自由流動，官方從未禁止轉業。所以農業部門的穩定人口應該是自發性與文化性的。就像美國的阿米希族（Amish）也是希望根留原地，不願搬遷，不願運用現代化的技術，即使收入因而減少也在所不惜，這是自發性、宗教性的。日本的父權文化傾向於長子繼承家業，其餘諸子自由離家擇業。沒有兒子的家庭怎麼辦？有一套補救辦法：從親戚中過繼兒子，或在朋友、部屬、優秀人才中找尋，入贅之後改姓，稱為婿養子。

1964 至 1972 年間的首相佐藤榮作就是個顯例，他父親原本姓岸（Kishi），入贅後改姓佐藤。榮作的親兄岸信介也曾任首相。岸信介原本隨入贅的父親姓佐藤，後來被父親的本家收作養子改回本姓。1949 年諾貝爾物理獎得主湯川秀樹的父親小川琢治是地質學家，因入贅改姓湯川。這種運用過繼手法解決問題是常態。例如德川幕府末期的將軍夫人天璋院（篤姬），就是從九州薩摩藩一個分家（主掌小地區）的女兒，先過繼給藩主島津齊彬，再過繼給公卿近衛忠熙，提高身分後才嫁入幕府，當將軍的正室夫人（御台所）。

保守的農業部門在戰前奉守「長子繼承、諸子自由」規範，使得農業的總戶口數不變。但都市與工業部門因為吸納長子以下諸子的勞動力而增長。這是奇怪的現象：農業部門維持固定的體積，工業部門卻一直增胖。其他新興經濟體（如臺灣）則是農業部門萎縮，工業部門迅速增長。

為什麼二戰後農業人口會急速下降？主因是 1947 年日本採用新憲法，也重新修訂民法。最重要的是民法第 24 條，大意是：對配偶的選擇、財產權、繼承權、住所選擇權，法律應該從個人尊嚴的立場來制訂。在這項精神下繼承權有很大改變：從長子單獨繼承改為諸子平均繼承。就算父親有遺囑讓長子繼承所有家產，依據新的民法規定，長子最多只能分得一半，另一半必須分給諸子（女）。

日本農村每戶的田地通常不大，所以只能單子繼承，如果由諸子繼承大家全都不夠生活。新的民法規定讓長子最多分得一半家產，那怎麼夠生活？長子就沒意願留在農村，轉而投入薪資較高的工業部門，或生活較舒適的都市。這些農戶流失後，農業部門的生產力還能應付糧食需求嗎？沒問題，因為戰後農耕走向機械化、精緻化。如果真的不夠，還有豐富的外匯去外國買。

內需才是成長的主力

　　二次大戰後經濟發展的研究得到一項共同認知：出口是成長的引擎，貿易對新興國家的成長尤其重要。戰後成長最快速的國家是從被夷為平地後興起的日本。1950 至 1990 年間，日本在全球貿易的重要性舉世公認，外匯存底長期穩居世界第一。牛津大學經濟系的安德利亞・博爾托（Andrea Boltho）博士運用 1913 至 1990 年間的各種統計資料告訴我們：外銷並不是日本成長的引擎，真正重要的是國內市場大幅增長。換句話說：內需才是成長的主力，尤其是 1952 至 1973 這段關鍵的快速繁榮期。大家看到的優異出口表現，其實是國內市場需求成功後的必然成果。外銷對日本確實有過幫助，但並非不可或缺的原動力，而是在景氣衰退時幫助加速回升的推力。

　　1885 至 1990 年這百年間，日本只有 1885 至 1913 年（辛亥革命前）、1937 至 1952 年（中日戰爭至戰敗復原前）兩個時期的成長率較差。

　　表 14.1 是日本與先進國家（OECD）的國內生產毛額（GDP）成長率對比。顯示出日本最驚人的成長時段是 1913 ～ 1937 年、1952 ～ 1973 年、1973 ～ 1990 年。學界有兩種對立性的見解。一個看法是明治時期的出口以蠶絲為主，用高關稅保護國內產品，所以主要的競爭

表 14.1　日本與 OECD 國家的經濟成長率

	日本	OECD
1885 ～ 1913	2.7%	2.6%
1913 ～ 1937	3.7%	1.6%
1937 ～ 1952	0.7%	2.1%
1952 ～ 1973	9.0%	4.0%
1973 ～ 1990	3.9%	2.5%

者都在國內。1911 ～ 1970 年間日本對內延續關稅保護，對外積極出口，才會有這麼高的成長率。另一種看法是：高關稅保護期間的成長（1970 年代初之前），基本上是國內市場的大幅增長（擴大內需），帶動大量生產，進而提高品質降低成本，才能在 1970 年代的國際市場崛起。

這兩種見解都有研究結果支持，博爾托提出新證據，用簡潔圖表來支持第二種見解。他認為 1895 至 1990 年間日本的成長三部曲是：先進口國外先進產品，接著讓國內市場增長，最後進軍國際市場。要怎麼證明？他先做簡單的格蘭傑因果關係檢定（Granger causality test）：是出口的成長導致 GDP 成長？或是反過來，GDP 的成長帶動出口增加？他以 1913 至 1937 年、1952 至 1973 年、1973 至 1990 年三個時段做因果分析，結果很明顯：出口對 GDP 的成長沒有因果關係；相反地，GDP 的成長對出口有顯著因果。

接下來看第二項證據：出口額在二戰後大幅增長是否是因為低價競爭？博爾托對比出口品的國內批發價格變動幅度，以及國際競爭對手的出口價格變動程度。答案是：確實，日本出口品的降價幅度比國際競爭對手來得大，但差距並不明顯到足以解釋為何在同一段時間，日本的出口量會如此巨額上升。也就是說，價格競爭應該不是關鍵，產品的新穎與品質更重要。

第三項證據是出口數量的變化。1913 至 1990 年間，日本出口額的成長率都明顯高於世界的平均出口成長率。較意外的是：雖然出口成長率很驚人，但國內市場的成長率更驚人；在不同的時段都是如此，顯示內需是 GDP 快速成長的主因。

第四個要考慮的因素是：日本是否採取低匯率政策來讓日圓被低估，刻意用貶值刺激出口？1960 年代我讀初高中時一直有個印象：10 日圓等於 1 臺幣，40 臺幣等於 1 美元，也就是說 1 美元等於 400 日圓；1990 年代末期，100 日圓等於 1 美元（升值 4 倍）。博爾托提供一條趨勢圖：1949 至 1990 年間，若以 1949 年日圓與美元的匯率指數為 100，那會看到這 40 年間的日圓升值很快，從來沒跌到 100 以下，甚至一路上升，到 1988 年時指數已經突破 200。明顯的訊息是：二戰後日圓的走勢比美元強勁，日圓的實質購買力增強兩倍以上，完全沒有被低估，絕不是靠貶值刺激出口。

第五項是我認為最有力的證據，對比重要產業的三項數值：生產額、出口額、進口額。以汽車業為例，1950 年代初期就開始生產，數量增長得很快，1958 年左右才開始外銷，數量增長得很快。1950 年代初期有少量進口（工業用車為主），1958 年就幾乎不進口，1960 年代才再度進口，數量雖有增加，但遠少於出口數量。汽車業是個顯著的代表：國內市場增長之後才開始出口。這種情況在機車、鐘錶、機械工具、電視表現得更明顯：國內大幅生產的時間，與大幅出口的時間，在機車業相差 10 年，鐘錶業差 13 年，機械工具、電視都差 8 年。這幾項產業是日本在國際市場的強項，毫無例外地，都是國內比國外市場更早成長。

這種時間的落差在上述的傳統產業很明顯。1970 年代起的新興產業，國內與國際市場的時間落差明顯縮小。電子計算器、影印機、電視螢幕、傳真機這類產品都是國內興起之後兩三年內，就在國際市

圖 14.1　1960 年代日本政府推動國民所得倍增計畫，日產低價大眾車進入家庭成為中產階級象徵。

場大放異彩。新興和傳統產業有兩點相同：國內市場較早起步，國內需求大於國際需求。但有一點不同：新興產業占總出口金額的比例並不高，1970 至 1990 年間只占出口總值的 4%。上述五項證據支持大川一司（Ohkawa Kazushi）和亨利‧羅索夫斯基（HenryRosovsky）的見解：日本的出口成長率很高，是因為經濟成長率很高；而不是因為出口的成長率高，導致經濟的成長率高。

參考書目

Boltho, Andrea (1996): "Was Japanese growth export-led?", *Oxford Economic Papers*, 48:415-32.

Hayashi, Fumio and Edward Prescott (2008): "The depressing effect of agricultural institutions on the prewar Japanese economy", *Journal of Political Economy*, 116(4):573-632.

Ohkawa, K. and Henry Rosovsky (1973): *Japanese Economic Growth*, Stanford University Press.

15

普魯士和希特勒的興起

　　普魯士原本是貧窮小國，缺乏天然資源，1740 年成為歐洲第一軍事強權。以軍隊規模來說，1650 年只有 2,000 人，1713 年增至 3 萬，1755 年 13.6 萬，1786 年 19.4 萬。為什麼能迅速興起？關鍵是稅收制度：1640 ～ 1806 年間，普魯士在稅制效率上是全歐洲第一。腓特烈二世（1740 ～ 1786 年在位）一方面把普魯士變成軍事強國，二方面也明白軍事的強大，必須建立在稅制效率上。

　　1640 年之前的普魯士是由各地區領主收稅，這有三項缺點：沒效率、不公平、做不好。1640 ～ 1806 年間為什麼能有這麼大的轉變？學界對此有不同見解，其中最為人知的論點是以社會學家韋伯（Max Weber，1864 ～ 1920）為代表的詮釋：普魯士的稅制組織已經官僚化，因而比領主的無制度性稅收有效率。

　　普魯士的稅制有五項特點。

　　1. 官員有明確階層，由高職級的官員監管下一級。

　　2. 明訂官員的責任與權利義務，還有國家級的行政法律規範。

　　3. 官員的等級依才幹與考試分派，而非行政性指派。

　　4. 官員有終身職保障，不可任意解職。

　　5. 官員有固定的貨幣薪資（而非實物），退休後有養老金。

　　韋伯認為 17 世紀初期，歐洲各國的政府結構已有世襲制和官僚制混合體。普魯士的優勢在於官僚制特別突出，已有現代國家的官僚體系。有些學者反對這種說法，認為 17～18 世紀的普魯士還相當中央集權，但同時也開始發展官僚體制。觀點不盡相同，但共同的問題是：官僚化會讓稅制效率化嗎？

韋伯認為官僚化比君王領主制「有更優異的效率」，但也有人批評說，他把官僚行政過度理想化。反駁韋伯論點最有力的證據是：普魯士的官僚化在 1794 至 1810 年間完成，而在此之前稅制已經改革得相當有效率，兩者並無因果關係。稅制的效率化是在 1640 至 1786 年間以緩慢線性方式進行：1640 至 1688 年間有初步改革，1688 至 1713 年間受挫，1713 至 1740 年間重回改革軌道，這些都在行政體系官僚化之前就已完成。

更明顯的證據是 1786 年腓特烈二世逝世後，稅制效率有過激烈的衰退，而此時的官僚體系早已完成。換言之，官僚化與稅制效率並無因果。腓特烈二世時期打過幾次耗費高昂的戰爭，去世時國庫還有 5,100 萬塔勒（Thaler，舊德幣，1 塔勒 = 3 馬克），這是前任國王腓特烈一世（1713～1740 年在位）遺款的 6 倍。

普魯士的成功之道

韋伯的官僚說與史實不符，但因影響廣泛反而成為主流見解。現在大家理解官僚體系也有許多無效率，所以要解釋普魯士的稅制效率，必須回到歷史實境找尋原因。其中最簡潔有力的論點，是腓特烈二世時期發展出一套既不受官僚體系約束，又更能有效控制稅務官員的手法。為什麼普魯士能建立出獨特的效率稅制？

以經濟的結構來說，普魯士並不適合發展出效率稅制。主因是原有的封建制度根深柢固，其次是經濟比其他國家落後，第三個原因是交通與運輸條件不佳。普魯士在 17 世紀時從領土和人口來看都是個小國，但中央稅務署和各地稅務局的連絡至少要好幾天，甚至好幾星期。18 世紀時普魯士領土大幅擴張，但交通與運輸跟不上，因而在稅收上造成許多麻煩，加上各地封建勢力抵抗，稅收成本明顯增高。

過去的稅收基本上是包稅制：中央要求各省每年上繳多少金額，各省收到命令後要求各縣每年上繳多少金額，各縣再向各鄉鎮要求上繳額。各地的實際稅收額，與實際上繳額的差額，就是各層級的盈餘。普魯士稅制的一項特點是只對城鎮課稅，為何不對農村鄉間課稅？因為地主大都是有權有勢的貴族，必然會團結抗稅，所以把稅源集中在抵抗力較弱的城鎮工商業與居民。這樣的簡化有好處：大幅精簡稅務組織與人員，18 世紀有 3,000 位稅務人員就夠了，和同時期歐洲各國相較「少得驚人」。

普魯士有何祕方？這些論點較難用數字佐證，分述如下。

第一，普魯士國王對各階層的官員有直接控制權，有人稱之為王權制，也有人說這是朝廷的絕對主義。這種王權制大約始於 1640 年，終於 1794 至 1806 年間。1806 年之後是由法律條文規定的現代文官制，限制君王對官員的指揮權。在財政效率最佳的 1640 至 1806 年間，兩位國王直接控管各級官員，腓特烈二世甚至還親自處理稅務。朝廷的絕對主義需要兩項前提，一是國土面積不大，人口不太多（小國寡民）；二是國王雄才大略。為何 1806 年之後就無法發揮「絕對主義」？因為普魯士在強大軍國主義下領土擴張 3 倍，人口增加 10 倍，稅收的效率跟著下跌。

再者，稅務官員的薪資是以專業考試和業績考核為基礎，目的是避免無能冗員（降低成本），增進稅收效率。稅官的主要招募來源是退役榮民，僱用這些受過軍事訓練，尤其在戰場受傷的退役者有幾項好處：一、忠心耿耿，願意接受國王指派。二、以僱用替代免費榮民福利，公私互利。三、榮民人數眾多，容易挑選有才幹者。四、榮譽感較強，不易被賄賂腐化。五、榮民之間有軍隊的關係基礎，可相互牽制掌控。這些優點讓普魯士的稅收成本大幅下降：每收到 100 元稅的成本只要 13 元，1764 年時是全歐洲最低。

另外，組織採取階層制，各層級的官員有明確業務，同職等官員可在各地輪調。績優者往上調升，績劣者向下調配，制度靈活不僵化。

監控系統也很明確，國王與中央級官員可直接監管稅務組織，另派督察人員暗中訪察。各階層之間相互監督，目的在打破派系減少集團貪汙，以及因單一主管所造成的監控缺失。

在官僚體制內服務的優點，是有穩定的薪資與工作保障，主要的威脅是被撤職查辦。朝廷的絕對主義是懲罰稅務官員的主要手段：相當任意也相當頻繁。腓特烈二世在 1740 至 1786 年間開除過 1/4 的省級稅務長官。嚴厲的好處是貪汙率很低：在鞭長莫及的時代嚴厲是必要手段。官僚體系尚不完備的時代，官員無法有效自保，只好讓統治者為所欲為。

還有三種制裁方式：高額罰金、處死刑、沒收財產。官員有統一薪俸，整體而言待遇不錯：高階官員的年收入約有 400 到 800 塔勒，低階的有 20 到 70 塔勒（平均約 40 塔勒）。高薪的目的是養廉，否則貪汙會嚴重化。高薪的另一個風險是就業權沒保障，長官或國王有任意裁撤權。如果稅收的業績超過目標，繳庫後的剩餘還可分紅。

如果上述的做法那麼有效，為什麼 1804 年之後要改為對官員較有保障的官僚制？主要原因是客觀條件的改變：19 世紀初歐陸的交通與運輸有重大改善，從前天高皇帝遠、鞭長莫及、監督不易的狀況，已變成訊息傳遞快速。這樣就不必讓官員在各地區分紅養廉，文官職位有法律保護後，朝廷的絕對主義相對萎縮。另一項原因，是普魯士的領土擴大 3 倍，人口增加 10 倍，經濟快速成長，稅源變多、變大、變廣，人治的成分逐漸由法治取代。

希特勒因拚經濟而崛起

接下來看希特勒為何興起。二戰後希特勒成為邪惡象徵，他的自傳《我的奮鬥》1925 年出版，在德國直到 2016 年仍是禁書。從不少影片中看他得到熱烈擁戴，為什麼希特勒會得勢？答案是：兩次大戰之間德國的失業率太高，希特勒有效緩解這個困局。

一戰後凡爾賽和約強制德國付出巨額賠償，年輕的凱因斯參加英國代表團，他力陳此事的嚴重反效果。因為這種屈辱必將深烙人心，只要有機會再度強大德國必然雪恥。凱因斯人微言輕憤而辭職，寫了一本極暢銷的名著《和平的經濟後果》（1919 年出版）。二十年後德國發動二戰，凱因斯不幸言中。這二十年間德國的政治經濟有過激烈變化，其中最引人注目的就是希特勒興起。

一戰後的德國政府稱為威瑪共和（the Weimar Republic，1919 ～ 1933），那是因為在北方威瑪城召開國民會議，通過共和國憲法。威瑪政府在賠款的強大壓力下被迫提高稅率，卻遭到普遍的消極抗稅。1924 年至 1928 年由於美國資金的流入，德國以借貸償還賠款，並且有過短暫的景氣繁榮。然而過度的對外借貸、1929 年的美國大蕭條與世界性的大恐慌，讓原先已恢復的經濟遭受打擊。

全球貿易在短期內嚴重萎縮，德國的工業生產與出口因而大挫，失業率逐月上漲。政府有龐大的外債，外國資金不再流入，工商業缺乏資金。簡言之，1929 年之後的大恐慌期間，德國的問題比美國嚴重多了。外資見情況不妙抽身離開，失業人數暴增，傳統產業的競爭力較差，打擊更大。

先不談這些焦頭爛額的麻煩，以下把重點聚焦在失業問題上，因為這是引爆社會與政治動盪的關鍵因素。就失業人口來說，1924～1925年間約從200萬逐漸跌到50萬，顯示經濟已逐漸穩定。但從1925下半年起，失業人數急速增加到年底的220萬，然後緩慢下降回到1927年中的100萬。進入1929年後失業人數幾乎以40度角的爬升，1931年底時高達600萬。

這麼嚴重的失業，表示即將進入暴動狀態。威瑪政府試著讓各政黨結盟但效果不佳，試著走民主路線也沒有實質幫助。人民對政府已失去耐心，期待強力的領導者讓德國站起來。政治強人希特勒提倡國家社會主義（Nationalsozialismus，簡稱Nazi，音譯為納粹），要求把議會制改為獨裁領導制，群眾因而熱情跟隨。

希特勒的搶救失業大作戰得到熱烈迴響，他打出「麵包與工作」口號，讓民間感受到「領袖輾轉難眠苦思拯救百姓」。其實新政府剛上任時並無良策，德國景氣在1931～1932年達到谷底：這是世界性的災難，不能指望政府單手扭轉局勢。1933年8月31日在紐倫堡的黨員大會上，希特勒宣稱失業問題是頭號工作。他們把目標放在中下階層：1933年3月農業部門有23.8萬失業，1年內急減到6.6萬。同一時期，建築業的失業人數從49.3萬減到10.7萬。

還有什麼事比填飽肚皮更能得到選票？以下的簡單數字，顯示希特勒為何得勝。1933年元月全國失業501.2萬人，7月時減為496萬，12月降到375.8萬。1934年元月314.4萬，7月269.6萬，12月241.2萬。換言之，失業人數在24個月內減半，你能不投這位領導一票嗎？大海迷航時不需要大舵手嗎？

希特勒有什麼神效法寶？簡言之，在特殊時期用特殊手段，這些都是民主議會做不到的事。一、凍結薪資，讓工商業界能僱用更多人。二、凍結物價，讓民間的收入與儲蓄維持購買力。三、抑制進

圖 15.1　1933 年 9 月 23 日希特勒參加帝國高速公路奠基儀式；建造公路被當成解決失業問題的一種手段。

口，愛用國貨，擴大內需。

　　這幾項鐵腕政策成效顯著，希特勒的聲望與經濟成長同步變化。拚經濟才是硬道理，古今中外史鑑昭昭。然而歷史也一再告訴我們，得意與失意時人性最透明：翻身的人有可敬之處，也更有可怕之處。人民的眼睛對眼前的事情是雪亮的，對較長期的事情反而盲目。

參考書目

Kiser, Edgar and Joachim Schneider (1994): "Bureaucracy and efficiency: an analysis of taxation in early modern Prussia", *American Sociological Review*, 59(2):187-204.

Mares, Isabela and Didac Queralt (2020): "Fiscal innovation in nondemocratic regimes: Elites and the adoption of the Prussian income taxes of the 1890s", *Explorations in Economic History*, 77(1):62-76.

Straumann, Tobias (2019): *1931: Debt, Crisis, and the Rise of Hitler*, Oxford University Press.

van Riel, Arthur and Arthur Schram (1993): "Weimar economic decline, Nazi economic recovery, and the stabilization of political dictatorship", *Journal of Economic History*, 53(1):71-105.

Tai-kuang Ho, Ya-chi Lin, and Kuo-chun Yeh (2022): "The Borchardt hypothesis: A cliometric reassessment of Germany's debt and crisis during 1930-1932," *Journal of Economic History*, 82(3):691-726.

第 4 篇

戰爭的經濟

16

戰爭與國家的形成

　　15 世紀之後西歐會快速成長有一項重要因素，那就是國家的興起。如果沒有國家的資助，哥倫布怎麼有能力發現新大陸？如果沒有國家的力量，重商主義怎麼有可能蓬勃發展，締造日不落的大英帝國？從經濟發展的可能性來說，中世紀的莊園領主再怎麼有辦法總是地區性的。理查・比恩（Richard Bean）在 1973 年發表的論文提到，戰爭形態的改變是現代國家興起的主因。

　　14 世紀時戰爭形態出現改變，盔甲型的騎士逐漸失去優勢。到了 15 世紀中葉，攻城用的大砲逐漸成熟，城堡也失去作用。15 世紀下半葉歐洲開始出現常備軍，15 世紀末時軍隊的規模急遽擴大，主因是中央政府的稅收大增，軍隊經費大幅增加。1450 至 1550 年間，歐洲出現由中央政府掌控的民族國家（nation-state）。

　　這些事件看起來獨立無關，其實有密切因果。

1. 步兵的戰鬥效率提升後，小國寡民已不符經濟效益；中央集權化的國家，國防優勢比地方分權型的政府有利。

2. 15 世紀中葉火砲廣泛應用後，大幅提升國家的最低效益規模，減弱封建領主對抗中央政府的能力。

3. 西歐封建領主在 1500 年時幾乎已經屈從中央政府，國王因而取得完整的課稅權。

4. 到了 16 世紀初期，軍隊的規模、政府的收入、政府對軍隊的投資都大幅增長。16 世紀末時，西歐不再是由領主割據的小國，而是被幾個大型國家（英國、法國、義大利、西班牙、荷蘭、波蘭、德國）分治。

5. 這種局面能維持好幾百年，主要是因為在政治與軍事上形成新均衡。雖然各國之間大小爭戰不斷，但 1789 年法國大革命之前，主要國家的疆界很少改變。

英法等民族國家為何興起？

為什麼經濟史學者會重視民族國家的興起？因為這種權力集中化的趨勢，對歐洲日後的成長很重要：必須進入國家的層次，才有可能發展海權與帝國主義。國家大型化有四個優點：

1. 可貿易的地區變大，增進人員與物品的流通性。

2. 地大物博後，可運用的資源較充足。

3. 從前的封建領主需要負擔自己的防衛開支；軍隊國家化後，有事時由國家調兵平息即可，全國的平均國防成本因而大減。

4. 國家大型化後較不易被鄰國欺侮併吞。這四點可用個概念來掌握：國家規模經濟化之後，國防效益明顯提升。

但為什麼沒有出現統一全歐洲的超級大國？主因就是規模報酬遞減法則。國家規模愈大複雜度就大增：不同的民族、語言、宗教，都會造成管理成本大增。以 14 至 16 世紀的運輸條件來說，國家太大就會出現鞭長莫及的困擾：對遠方或邊境難以掌控，超級大國反而成為沉重包袱。超大型國家就像超大型企業，終究要分割才好治理，但國家太小又容易被併吞。所以今日英、法、義、西、德、波的大小，是長期經營後的最適規模。

1400 至 1600 年間，哪些因素決定國家的最適規模？比恩認為關鍵因素是戰爭形態改變與課稅權力集中化。中世紀是地方性的分權（封建領主），以及非現代市場性的社會（小範圍的商品交換）；主要的武力是騎兵，只要發揮防衛功能即可，不需如小國般耗費大筆資金來裝備、大量養兵備用。

　　城堡型的厚石建築已足夠防衛步兵與騎兵，如果打不進城堡，最簡單的辦法就是圍住它。有時圍城好幾年，糧食不足只好投降；但圍城者也有補給上的困難，這就成了非軍事問題，而是備戰能力的問題。到了 15 世紀中期，火砲改變這個局面。1449 至 1450 年間，法國查理七世在 369 天內攻下 60 座城堡。這種砲兵裝備需要巨額資金與專業訓練，必須在國家的層級才有辦法，封建領主的城堡因而瓦解。而要養這些昂貴的新型軍隊，必須先有能力徵用社會的剩餘資源，也就是掌控課稅的權力。

　　若以國防軍費占 GNP 的百分比來說：羅馬帝國約 6%，中世紀歐洲約 1%；16 世紀約 2%，18 世紀 6 ～ 12%，二次大戰後美國約 10%。這些高額的軍事開支，當然要靠國家的課稅能力。大體而言，15 世紀末期英法平均每人的稅負額大約加倍，西班牙約增 10 至 20 倍。

　　中世紀國王有自己的稅源：皇家土地的租金、封建領主稅和各項關稅。打仗時有錢人可以請人代役，這也是國家的收入來源。此外，英國有羊毛稅、西班牙有牧羊人稅、法國有食鹽專賣稅。這些項目在戰時都無法增加，所以國家有時被迫鑄劣幣（貶值）來賺鑄幣稅。此外還有財富稅（所得稅）、消費稅、人頭稅。如果還不夠，只好向猶太商人借；日後若還不起，就沒入猶太財產驅逐出境。

　　這些稅源太紛雜，用指數來表達較簡潔。以英國政府從每個國民所課的稅為例，若 1505 ～ 1509 年的稅收指數為 100，1422 ～ 1438 年是 59，1454 ～ 1461 年是 43，1482 ～ 1485 年是 52。一個世紀後的大變化是：1598～1603年的指數大增至123，1628年達到143，1640年增加到148。

戰爭對國家財政造成多大的負擔？英國愛德華三世時，在1369至1370年間的戰事，花在陸軍、海軍、外交、借債、賄賂、贖金的總額大約占全國支出的70%。亨利五世在1413至1422年間的戰爭花掉國家總預算的2/3，以及他個人在法國的財產收入。亨利七世時，1485至1509年間的戰爭只花掉和平時期預算的一半，這是最節省的軍費。

伊麗莎白一世執政的最後5年（1598～1603年），戰爭花掉政府總支出的3/4。西班牙哈布斯堡王朝在1572～1576年間花了預算的3/4打仗，真是大砲一響黃金萬兩。如果軍隊沒有國家化，稅權沒有集中化，上述的事就不可能發生。這是由三股繩索纏結出來的關係：戰爭開銷、國家形成、稅權集中。

明朝為何會衰敗？

我對明代北方的邊防經費（也就是九邊13鎮的糧餉開銷）做過一項研究，主要的數據與結論如下。邊鎮糧餉是明代國家財政的一大負擔，邊防與財政危機是一體的兩面。有人說明代亡於邊防，以《萬曆會計錄》卷17～29為例，13邊鎮官軍與糧餉的編制在萬曆初期（1570年代）有官軍人數近70萬，軍費高達800多萬兩。這800多萬兩是萬曆六年太倉（國庫）撥給各邊鎮年例銀總額的2.57倍左右，是同年太倉銀庫收入的2.25倍。邊鎮糧餉對國家財政的耗竭，並不亞於錢穆指出的三大項：內府、宗藩、冗官。

嘉靖27年（1548年）到萬曆45年（1617年）間，從太倉支付的軍費銀兩數，占太倉歲出銀兩數的百分比，以萬曆14年（1586

年）的 53.37% 最低。只有兩個年份低於 60%；有 3 個年份在 60% ～
70% 之間；萬曆 18 年（1590 年）之後都超過 85%，甚至高到 97.25%
（萬曆 40 年）。分析嘉靖、隆慶、萬曆年間，邊防軍費占國庫支出
的比例，我得到三項結論：一、邊鎮糧餉是國家財政危機的主因；
二、若無邊鎮的負擔，政府的財務結構應該會有明顯的改善；三、若
無北虜的侵擾，明代中後葉的經濟會有更好的榮景，朝代的壽命也能
顯著延長。

日本為何能在二戰後快速成長？

接下來換個時空背景看日本的個案。二戰期間日本大約有 300 萬
人死亡，損失全國財富的 1/4。1945 年戰爭結束時，許多西方分析家
預測日本將淪為二、三流國家。沒想到 30 年內就有驚人表現。加州
大學聖地牙哥分校歷史系教授約翰・道爾（John Dower）1990 年在
美國人文與科學院（American Academy of Arts & Sciences）發行的刊
物《戴達洛斯》（Daedalus），發表一篇引人省思的文章〈有用的戰
爭〉。

他說太平洋戰爭雖然摧毀日本，但也為日後的快速復興提供三項
重要的助力。一、剷除老邁建設，重新設計新時代的架構；二、破除
舊勢力，方便日後的民主化與土地改革；三、政府積極扶植產業成
長，發展海外市場。他的主要論點是：日本為了備戰，以及戰後的積
極復甦，刺激出日本的第二次產業革命。

昭和時期（1926 ～ 1989 年）大致可分成三個階段：第一階段是
1945 年之前的 15 年間，稱為黑谷期，特點是軍國主義與高壓政權。
第二階段是戰後美軍占領期（1945 ～ 1952 年），是去軍事化與民
主化的新日本時期。第三階段則是從 1960 年開始的高成長期，以及

1970 年代之後的經濟強國期。

道爾說日本戰後的奇蹟，其實在二次大戰之前，甚至在昭和早期，就做好扎根準備，不是戰後突然發展起來的。想想看，日本在二次大戰期間已能製造大和號、武藏號戰艦、性能優異的零式戰鬥機。這些基礎技術才是戰後產業迅速發展、在國際市場稱霸的根源。

說得更深一層，從明治維新（1868 ～ 1869 年）開始，就在人才、制度、社會基礎諸方面做長期準備，才能在 1894 ～ 1945 這半世紀間發動甲午戰爭、日俄戰爭、中日戰爭、太平洋戰爭。二戰之後有人說這是新的日本，其實都是延續過去的命脈。

以協助戰後快速發展的重要機構為例，財政部（大藏省）、中央銀行（Bank of Japan）都是戰前就有的組織。內閣規畫委員會（Cabinet Planning Board）早在 1937 年就設立。戰後舉世聞名的通商產業省（Ministry of International Trade and Industry，簡稱 MITI 或通產省），前身就是 1922 ～ 1943 年間的商工省（Ministry of Commerce and Industry）。

二戰造成多大損失？日本政府估算過，大約摧毀全國財富的 1/4，相當於 1935 至 1945 年間的全國總產值，加上海外資產的損失（約 200 億美元）。日本戰敗許多地方被夷為平地，但也提供一個全新開始，以及更上層樓的局面。重要的是，在戰前已經培養好的科技人才、教育體系、生產與設計的能力，例如戰前的商船建造能力已是世界第三。

戰後迅速興起的另一項重要原因是日本不准擁有軍隊，只有防衛性的自衛隊。政府把昂貴的軍備資源轉投入拚經濟。1945 年之後的 11 家主要汽車製造廠（如豐田、日產、五十鈴），只有本田汽車是戰後創辦的；其他 10 家車廠在戰爭期間一直都是軍需品的供應者。這些廠商在戰前就能生產戰鬥機、坦克、戰艦、精密儀器，戰後轉型為經濟戰士並無困難。

金融體系方面，世界聞名的野村證券（Nomura Securities）在1925 年創辦。最大的電器製造商日立（Hitachi）在 1910 年創辦。排在日立後面的東芝（Toshiba）電氣則是 1904 年設立。人才培養方面，1930 至 1945 年間訓練出 400 萬有現代觀念的工人。1935 至1945 年間，技術學校的總數從 11 所激增至 400 所。戰前日本全國人口中，擁有高中學歷者的比例世界最高。

戰前的大財團雖然被占領的美軍強制解散，但 1960 年代起又迅速興起。有歷史悠久的三井、三菱、住友財團，也有新的銀行團出現，如富士、第一勸業、三和。1927 年時有 1,400 家一般性的商業銀行，1931 年銳減到 683 家，戰爭末期只剩 61 家，戰後就只剩幾家超大型銀行。這些數字表示：日本金融界在戰前就開始合併化、大型化、集團化。以上的簡要說明，證實戰後的奇蹟其實不必驚訝：這是從 19 世紀末的明治維新開始，長期深耕的必然結果。

圖 16.1　1950 年代是日本第一波高度經濟成長期，引發民眾添購電視等家用品熱潮。

戰爭是必要的罪惡？

現在來看第二個問題：二戰如何幫助日本浴火重生？主要有三項：1946 至 1948 年間的土地改革、去軍事化（自衛隊化）、民主化（非天皇化）。合稱為戰後三大改革，都是由占領軍（麥克阿瑟元帥）主導，主要目的是打破舊社會勢力。為什麼這三項改革會成功？主要是占領軍的強勢推行，日本社會在戰敗的劣勢下不得不遵從。但「內應」也很重要：知識界與學術界支持革新，農村人口歡迎土地改革，美軍占領下的行政效率高，政策容易落實。簡言之，舊勢力戰後已瓦解，這些改革不是由「看不見的手」默默完成，而是由「看得見的腳」積極落實。

占領部隊由上而下的強勢作為，也為日後的行政體系設定新架構。經濟方面，政府有效掌握數額不大的外匯存底，制定新產業政策，確立經濟治國路線。一方面是計畫性、干預式的政府，另一方面採取自由市場經濟（但非自由放任），同時具有下列風格：一、新重商主義的國家路線；二、有個精明的政府規畫指導；三、各種資源（如金融、原物料）在政府整合下發揮網脈的效果。

簡言之，戰後的日本追尋明顯目標，內部又有激烈的競爭制度，屬於政府強力介入的資本主義國家：企業大型化、政治保守化、國防最小化。若不是經歷過二戰的摧毀，敗戰後被美軍占領，恐怕也不易在原有的基礎上，30 年內就創造出新局面。這是創造性的毀滅？戰爭是必要的罪惡？

參考書目

Bean, Richard (1973): "War and the birth of the nation state", *Journal of Economic History*, 33(1):203-21.

Dower, John (1990): "The useful war", *Daedalus*, 119(3):49-70.

賴建誠（2008）：《邊鎮糧餉：明代中後期的邊防經費與國家財政危機，1531 ～ 1602》，臺北：聯經（中央研究院叢書）。

17

大英帝國的長期經營合算嗎？

　　1980 年代初期我在法國某個小城，看到一個極其落寞的面孔。那是個高瘦的中年人，五官端正，拿著廉價的藍白塑膠提袋上街購物。整體而言氣質還不錯，為什麼會吸引我的目光？他的體型與面貌完全是白人，但皮膚是半黑半白的灰色。我猜他的母親是法國人，父親是殖民地的黑人，我很少看到這麼孤寂的容貌。

　　法國不只排斥外國人，從殖民地回來的本國人都難以完全融入法國社會。原本在北非阿爾及利亞生活過的法國人，回國後被稱為黑腳（pieds-noirs）：雖是白人，但在非洲住久了下半身已染黑。黑腳的口音與行為和巴黎文化有明顯差距，形成獨特的圈子。其中最有名氣的是 1957 年得諾貝爾文學獎的卡繆（Albert Camus，1913 ～ 1960），他在得獎 3 年後因車禍而逝（46 歲）。

　　除了法屬黑色大陸的諸多問題，阿爾及利亞在 1950 ～ 1960 年代獨立戰爭時期也造成嚴重死傷。帝國主義在短期內占領許多領土，掠奪無數資源，開發廣大海外市場，但逐漸衰退後殖民地的包袱就要由後代承擔。例如 1950 年代，法國在越南的奠邊府之戰傷亡慘重。倫敦也有同樣的現象：舊殖民的各色人種在各地活動，帶來財富與智慧，但也帶來各式問題。

　　這些顯見的現象讓人懷疑：如果計算利弊得失，帝國的長期經營合算嗎？換句話說：從歷史的眼光來看，帝國是資產還是債務？有可能設計出一套帝國帳，對比長期的損益嗎？持負面見解的人認為，有日不落國之稱的大英國協（Commonwealth of Nations，由 56 個主權國家組成〔2023 年〕，大多為前英國殖民地及屬地）對英國而言是個錢坑。

帝國是策略性資產

大英國協雖然有貿易上的盈餘，但也要出兵保護各屬地，整體而言賺得少負擔重。二戰後各殖民地逐漸獨立，經濟、貨幣、財政上有困難時，還是要老大哥出馬。有人認為帝國是賠本生意。經濟史學者阿福納‧奧菲爾（Avner Offer）提出具體數字與無形的收益，力辯帝國對英國是利大於弊的長期投資。這篇文章思路清晰，相當有說服力。以下分點解說主要證據。

第一，帝國的全球軍事支出確實是財政大負擔，但這也提供海外投資機會，獲利率也比國內投資高。1870 至 1913 年間，國內投資的平均報酬率約 4.6%，海外投資則有 5.7%。這 1.1 百分比的差別有多重要？1930 年代的海外財富所得約占國內生產毛額的 9%。這 1.1 百分比的利潤差額若換算成國民所得約有 2%，這不是個小數目。投資利潤高表示海外市場較不健全，風險也較國內高。

另外，對帝國最主要的批評是殖民地讓國防支出大增。1860 至 1912 年間，英國的國防比德國、法國高 2.5 倍。換個角度來看，國防支出等於是對殖民地的巨額補貼。這種補貼遠超過貿易利得，殖民是不合算的生意。如果英國的國防和德法相同，則稅賦可減少 2%，民間的課稅率可降低 12%。帝國是不理性的投資，投資人幫政府擴展帝國，更是不理性的行為。

奧菲爾提出 1870 至 1914 年間的證據，反駁上述說法。英國的國防支出占國民所得的百分比（2.95%）長期而言和德國相當（2.86%），比法國（4.52%）少 1/3。若用英鎊表示，每個國民每年約分攤 1.07 鎊軍費，德國的平均分攤額每年約 0.69 鎊，法國約 1.05 鎊（和英國相近）。

為什麼會有英國海外軍費特別高的印象？原因有二：一、法國的國防支出被低估了。二、英國雖然打贏和荷蘭在南非的波耳戰爭（Boer War，1899～1902），但也付出高額的軍費（約國民所得的 7.5%），讓世人有軍費太高的印象。其實海外的高軍費，也協助國內解決失業問題，大約吸收 3～5% 的男性勞動力。整體而言，除了波耳戰爭期間，英國的軍事負擔並不比法國高，也比德國高不多。

奧菲爾提出一個詳細表格，主要訊息如下。

1. 1909 至 1910 年帝國的總人口約 3 億 9,480 萬（包括英國、自治屬地如加拿大、澳洲、紐西蘭、南非，以及印度和各地的小殖民地）。其中軍費總支出約 5,252.2 萬鎊。平均每個子民的國防負擔約 0.13 鎊。若把海軍支出也算入，平均負擔額約 0.22 鎊，遠低於過去的認知。

2. 再看帝國圈內的貿易好處。英國輸出到殖民地與屬地的金額，1907 至 1908 年間約 5 億 2,014 萬鎊；從帝國各地的進口額約 6 億 4,961 萬鎊，進出口合計 11 億 6,975 萬鎊。英國對屬地與殖民地的海軍支出總共 3,514 萬鎊，海軍每支出 3 鎊就能在海外做 100 鎊生意，怎會不合算？

反過來從殖民地和屬地的觀點來看。加拿大海軍每支出 0.07 鎊，就可在英聯邦內做到 100 鎊生意，更是合算。這個數字在澳洲是 0.22 鎊，紐西蘭 0.27 鎊，南非 0.12 鎊，印度 0.19 鎊。換言之，只要支付低廉的軍費，就可保障國協內的巨幅貿易。帝國怎麼會是經濟上的負擔？帝國是隻金雞：屬地與殖民地幫助英國的成分，遠大於英國對屬地的付出，帝國怎麼算都賺。

簡言之，帝國的軍事成本過去被高估了，不少潛藏的好處被忽略了。英國在世界各地活動帶來的好處並不小，但不易計算。英國往海外發展，對國內有許多可見的好處：扶持造船業、促進航海技術、幫助科學發展（例如達爾文的小獵犬號大航行）。其他好處包括提升國際地位、增廣國民的視野、在各大洲的活動探險。把過剩的人口移往屬地和殖民地，把罪犯流放到澳洲。還可以和各國政府、菁英分子、商界、金融界建立長期深厚關係，發揮帝國影響力。

整體而言，英國大約支出國民所得（GNP）5% 的成本，就可享受到許多優勢與資源，國協間的貿易帶來相互繁榮。當世界大哥的美好感覺，以及因而帶來的實質利益，讓人體會到帝國非但不是負債，而是策略性資產。19 世紀締造的帝國並不是浪費資源的錯誤政策。

再舉幾個熟知的亞洲例子，來支持帝國的長期利益說。試想看看，過去的殖民地如香港、新加坡、馬來西亞、印度，每年有多少人去英國留學、學英文、旅遊。這筆重要收入就是建立在過去的帝國經營。以經濟學界來說，1979 年得諾貝爾獎的亞瑟・路易斯（Arthur Lewis，1915 ～ 1991）出生在英國中美洲的屬地聖露西亞（St. Lucia），在倫敦受教育，替英國帶來光榮。1998 年諾貝爾獎得主阿馬蒂亞・沈恩（Amartya Sen，1933 ～）在印度受完大學教育後，赴劍橋大學深造，日後也替英國帶來光彩。這類事情不勝枚舉。

加入帝國有利有弊

現在換個角度，看大英國協會員國的利益與苦惱，以澳洲為例。大英帝國在極盛時號稱日不落國，米字旗在全球飄揚。主要會員國有：加拿大、紐芬蘭、澳洲、紐西蘭、南非、印度。這些地區組成緊密團體，在軍事、政治、經濟、金融、文化各方面密切交流，成為世界最大的幫派。大樹底下好乘涼，有事時幫主會調度資金與人馬協助解決。但和幫派一樣，如果盟主勢力衰退，或對盟下諸國有不合理要求，這些幫眾怎麼辦？是要為公益而忍私利，或是要獨立自主避免諸多牽扯？要享受別人的庇蔭，就要預想到日後的麻煩。一戰後英國勢力衰減，國協會員各自有問題要解決，還要顧及盟主的利益。

1923 年左右，澳洲為了挽救經濟想恢復金本位，但英國內部一直有不同意見。此事在 1925 年 4 月圓滿落幕，但若英國決定不回金本位，就很難說這些會員國是否還願意支持盟主。以下先簡述金本位制的始末。

英國施行金銀複本位制已有好幾世紀，主要特點如下。明確規定 1 鎊的紙幣可換到多少黃金或白銀。金銀都是法定貨幣，有法定的交換比例，很長一段時間這個比例約是 15：1。英國因為貿易順差累積太多白銀，加上採礦與提煉技術的進步，導致白銀產量過多，造成銀賤金貴。1816 年英國把複本位改為金本位，廢止白銀的貨幣地位。1870 年代德、法、美諸國跟進，英格蘭銀行成為金本位的總舵手。

金本位有什麼好處？會員國的貨幣都用黃金作為發行準備，幣值都要以黃金表示。例如瑞典和智利商人交易時，雙方立刻明白對方的報價等於多少重量的黃金。另一個好處是，任何人拿著黃金俱樂部的貨幣，都可以去該國銀行兌換等值黃金。也就是說，金本位國的紙鈔都能換成黃金，多有保障啊！

這套美好的金本位制因為英、法、德相互爭戰而中止。戰後巴黎凡爾賽和約時，各國討論是否要恢復金本位，但德國敗戰後付不出賠款，英國雖然戰勝但已變窮，英格蘭銀行無法保證英鎊可以兌換黃金。回不回金本位關係到世界領導權。大英帝國已顯疲態，若要恢復金本位，必須先解決高失業與高通膨。

凱因斯這派的學者極力反對，認為打腫臉充胖子不但有害，更會誤導國際貨幣體制。但國協內有不同聲音，希望重振帝國雄風，南非和澳洲勸進尤力。當時的財政部長邱吉爾左右為難，拖了好幾年後終於在 1925 年回到金本位。此事被凱因斯不幸言中，6 年後（1931 年 9 月 21 日，日本發動 918 事變之後 3 天），英國宣布脫離金本位，德法列強跟進，半世紀來風波不斷的金本位在 1936 年法國也退出後壽終正寢。

澳洲在一戰期間雖然損失不嚴重，但戰後的經濟問題迫使政府積極想恢復金本位。然而澳洲的國際金融地位無法登高一呼或任意行事，只能不斷籲請英國帶頭。英國左右為難，澳洲在母子國的結構下，無法獨立採取有利的金融政策，又不敢強硬脫離國協。英鎊若不回金本位匯率就不容易穩定，因為無法用固定的黃金含量來表示幣值，容易引發英鎊的投機，對全球金融不利。

另一方面，瑞典在 1924 年 3 月率先宣布恢復金本位，德國也有此打算。大英國協的南非也顧不了盟主面子，1925 年元月宣告恢復金本位。澳洲當然也想這麼做。英國政府已默認這是不可迴避的趨勢，但總希望澳洲「相忍為國協」，等英國宣告之後才跟進。英國必然要恢復金本位，遲疑的主因是要選個較好的時間點。

為什麼澳洲逼英國表態？主因是擔心通膨變劇，澳幣匯率不穩熱錢流進流出投機套利，但在盟主的要求下也只能順從。英澳雙方同意恢復金本位有幾個好處：穩定匯率、減少貿易逆差、減縮通貨供給（降低通膨）。1922 至 1924 年間澳幣相對於英鎊升值 5%。羊毛是澳洲的主要出口品，價格也跟著上漲，外匯收入大增，更加重澳幣的升值壓力。但在 1924 至 1925 年間澳洲開始衰退，民間投資減少，信用體系緊縮。接著禁止黃金出口，擔心黃金存量無法支撐貨幣的發行量。

國協各國也有類似的問題，想恢復戰前的金本位，一方面控制貨幣發行量，二方面穩定各國幣值（匯率），三方面促進貿易穩定。澳洲政府態度積極有兩個原因。第一，養羊業和農業部門缺乏資金，而這是澳洲最主要的出口業（外匯來源）。第二，政府發行價值 3,800 萬英鎊的公債，但有 600 萬英鎊賣不掉。財政部請求銀行吃下 500 萬英鎊，但墨爾本的銀行不肯，因為要保留資金貸款給羊毛業者和農民。銀行只肯借錢給財政部 6 個月，其他地區的銀行也不肯配合。

　　政府面對這些金融難題，明白必須返回金本位，才有可能讓貨幣發行量、物價、利率、匯率均衡。所以一方面禁止黃金出口，二方面逼勸英國速返金本位，三方面放話說：澳幣不一定要釘住英鎊，如果英國不回金本位，澳洲也不一定要跟隨。英國極力阻擋，因為 1923 年 11 月時，英鎊與美元的兌換比例離預期的 1 英鎊 = 4.86 美元還差 12%。英鎊太弱，還不是重返金本位的時間。英國硬是不答應，澳洲再怎麼說狠話也沒用。澳洲眼前的主要困難是如何提供寬鬆的資金給廠商，而又不會引發物價上漲，更急切想重返金本位。

　　若硬逼英國，日後澳洲有困難倫敦的資本市場不會相救。澳洲的產業若不快速拯救，恐怕匯率不穩讓外銷受損。情急之下，澳洲政府把原先的「大英國協銀行」改為「中央銀行」，意思很明白：表明態度要從國協中獨立出來，避免受到國協的牽制。1925 年元月 8 日澳洲正式通知英國，他們要重返金本位。如果真有本事，片面宣布即可，何必照會英國？其實這只是逼宮，目的是要英國背書。在旁觀察的美國，也知道英國非重返金本位不可，否則國協一旦潰散對全球的衝擊非同小可，美國於是出手支持英國。保守的英國財政部門在邱吉爾的領導下還在遲疑，各方早已隱忍不住，逼問英國何時要採取決定性的步驟（definite steps）。回答是：還沒有最終的決定，但不是沒有可能（not improbable），有可能在 2 個月內決定。

澳洲政府對這種回答失去耐心，1925 年 2 月 18 日撤銷黃金出口禁令，這就把英國逼到牆角。2 月 22 日英國希望澳洲稍緩，好讓英國與國協會員國同時宣告重返金本位。澳洲不接受這種說法，因為南非在前一年（1924 年）7 月 1 日已自行宣告重返金本位，英國也無可奈何。事情拖到 3 月 6 日，澳洲內閣決意要重返金本位，但還是要和英國商議宣告的時間。3 月 20 日英國內閣終於決議重返金本位，希望在 4 月 28 日的預算報告後才宣布，澳洲只好同意。

　　事情終於落幕：英國與澳洲以及其他國協政府同時宣布重返金本位。為什麼南非能在 1924 年 7 月就宣布，而澳洲卻要一忍再忍？主因是澳洲的自有資金不足，要靠英國借資金、借黃金才夠。另一項原因是澳洲的資本市場不發達，必須靠倫敦的支援。

參考書目

Offer, Avner (1993): "The British empire, 1870-1914: a waste of money?", *Economic History Review*, 46(2):215-38.

Tsokhas, Kosmas (1994): "The Australian role in Britain's return to the gold standard", *Economic History Review*, 47(1):129-46.

18

為什麼鄭成功能趕走荷蘭人？

　　1662 年 2 月 1 日，駐守熱蘭遮堡（Zeelandia Castle）的荷蘭人被鄭成功圍城 9 個月後投降。這是臺灣史上大書特書的事，現在還可看到許多圖畫與檔案描述這個大勝利。明朝為了拉攏海盜鄭芝龍，賜他

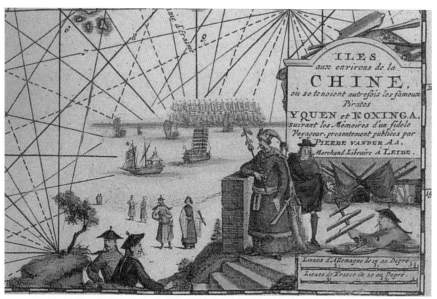

圖 18.1　荷蘭人彼得・凡・德爾繪製的〈著名海盜一官與國姓爺所據的中國沿岸島嶼〉局部圖，中央人物站立者可能為鄭芝龍（一官）或鄭成功（國姓爺），此圖反映 17 至 18 世紀部分歐洲人對中國東南沿海的認知。

姓朱（稱為國姓爺），讓他的兒子鄭成功從小住在北京（另一說是南京）。沒想到這個「內陸人」到臺灣後，竟能打敗海權強國荷蘭。

如果臺灣有金山銀山，荷蘭人會這麼輕易撤離？如果我是荷蘭東印度公司的領導人，就把船隊砲艦調集到熱蘭遮堡決一死戰。從火力優勢或其他觀點來判斷，戰勝的機率其實相當高。鄭成功能趕走荷蘭人，恐怕是以經商賺錢導向的荷蘭東印度公司，認為這個島已不值得投入砲艦，才半戰半離的。換句話說，荷蘭人本來就想走了，正好碰上鄭成功的逼迫就堅決離去了。

臺日中的三角貿易

17 世紀荷蘭東印度公司進入亞洲的主要目的，是看上日本白銀與中國絲綢。但要拿什麼東西去換日本白銀，再拿白銀去換中國絲綢，賣給日本和歐洲賺一筆呢？臺灣正好提供兩種日本需要的東西：鹿皮和糖。荷蘭人在遠東做生意的手法是內海貿易（intra-Asian trade）：拿臺灣的鹿皮與糖去換日本銀子，去中國換絲綢，再去日本和歐洲換金銀。這種貿易稱為 country trader，他們把中國海（臺日中這一圈）稱為遠東湖（Far Eastern Lake）。如果有這麼好的貿易機會，為什麼臺日中不自己做生意？主因是 17 世紀上半葉的中日都在鎖國狀態，雖然明令不准下海，但仍有民間走私或開放幾個小港口。

最早看到遠東地區貿易機會的是葡萄牙，約 1511 年就在麻六甲海峽駐紮，1557 年在澳門、1580 年在長崎設立貿易據點。1571 年西班牙人在馬尼拉設立總部，主要的生意是從南美洲運來白銀，向中國的海上貿易商人買絲綢。1596 年荷蘭人到東南亞時，中國、西班牙、葡萄牙的貿易網路早已建立運作良好。荷蘭人只好避開被葡萄牙控制的麻六甲海峽，在巴達維亞（Batavia，印尼雅加達）建立總部（1619

年）。

　　1600 年荷蘭人初抵日本，1609 年在平戶（Hirado，長崎附近的港口）建立貿易站。1624 年往廣東與福建試探建立據點，但未成功，就轉向臺灣西岸海邊設立幾個據點。明朝政府對海外領土興趣不大，臺灣就成為中日走私者的貿易點。荷蘭人來臺後建立熱蘭遮堡，1633 年建立和福建的貿易關係，拉起臺中日的三角貿易網。

　　葡西荷三國已各有據點，但相互間的混戰尚未結束。17 世紀的荷蘭本土是西班牙哈布斯堡王朝的屬地，兩國的宗教與民情大異，時常出現激烈抗爭與流血鎮壓。西荷的長期深度情結延伸到遠東：對荷蘭人來說，荷蘭東印度公司同時具有貿易和戰爭任務。荷蘭人試過要把西班牙從菲律賓趕走（1620 年），也試過要切斷馬尼拉與福建的貿易（1630 年）。沒成功的原因是：一、西班牙在呂宋島的兵力堅強，荷蘭人攻打不下。二、中國商人需要西班牙的美洲白銀，暗扯荷蘭後腿。

　　相對地，荷蘭與葡萄牙之爭就成功多了：1639 年把葡萄牙逼離長崎的出島（Dejima），搶下日本市場。1643 年葡萄牙把麻六甲讓給荷蘭，失去東南亞的據點。荷蘭控制麻六甲海峽後，成為南亞與遠東的掌控者。荷蘭的亞洲生意布局是從印度買棉紡織品，帶到印尼群島換香料。日本和歐洲對中國的絲綢需求量很大，買賣絲綢的利潤很好，但要如何從閉鎖的中國取得大量絲製品？用白銀：從日本、從歐洲運白銀，和中國商人在海上交易。

　　臺灣的地理位置對荷蘭人是良好戰略點，可以當作儲存貨物的倉庫，以及船隊的補給休息站，還是北上日本、西向福建、南向呂宋、往麻六甲海峽、印尼群島的地理中心。另外，還有鹿皮、糖可以換到日本銀子。荷蘭東印度公司在生意最旺的 1641 至 1654 年間，平均有 26 艘船在遠東海域內東買西賣，單是臺灣與日本間的航線，每年有 9 艘

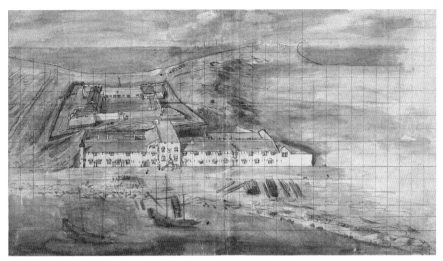

圖 18.2 《熱蘭遮城與長官官邸鳥瞰圖》（1635）

專用船南來北往。利潤多高？這鼎盛的十年間，對日貿易的利潤平均
100%。從臺灣運糖賣給日本的利潤約 25%，賣給波斯的利潤約 96%。

荷蘭東印度公司放棄遠東布局

　　為什麼 1654 年之後，荷蘭東印度公司在遠東的貿易會走下坡？
關鍵在中國的生絲市場被孟加拉（Bengal）用低價搶走了。1641 至
1654 年間，荷蘭東印度公司賣到日本的商品總價值約有 1280 萬荷蘭
盾，其中 700 萬盾（約 54%）是生絲和絲綢。到了 1650 年代中期，
孟加拉的生絲價格從 1651 年每磅 5.89 佛洛林（florin），暴跌到 1659
年每磅 2.68 佛洛林。相對地，中國絲從每磅 2.38 佛洛林漲到 4.97 佛
洛林，市場優勢完全顛倒過來。1650 至 1659 年間在中國海域航行的
荷蘭船，也從頂峰時期的 26 艘減為 20 艘。更糟的是，遠東航線的利
潤竟然減到 30% 左右。對荷蘭東印度公司來說，利潤低於 60% 就不

值得出海。接下來就是可預見的惡性循環：遠東航線的貿易船再減為13 艘，到了1660 年代末期只剩 4 艘，荷蘭東印度公司在遠東的生意快結束了。

荷蘭東印度公司的董事和巴達維亞的總督很快就有共識：不再派船到中國海。那要如何取得中國貨物？替代方案很簡單：讓中國商船進入巴達維亞，荷蘭人不必派船出海，就能得到所需的各種貨物，可以省去船隻、水手的沉重成本。1690 年代荷蘭完全放棄遠東，退守印尼群島。這個廣大的海域拱手讓給乘趁虛而入的英國人，做起鴉片和茶葉生意。

鄭成功確實打敗過安平古堡的荷蘭人，這一點不必爭論。問題是荷蘭人為什麼不調集砲艦回擊？正如圖 18.3 顯示的：1636 至 1659 年間，在臺灣的殖民利潤大都處於虧損狀態。荷蘭東印度公司從商業的觀點評估，已不值得在臺灣纏鬥下去。

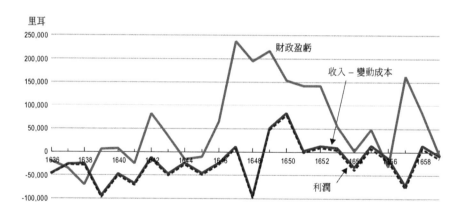

圖 18.3　1636 ～ 1659 年荷蘭在臺灣的殖民帳

參考書目

Andrade, Tonio (歐陽泰 2011): *Lost Colony: The Untold Story of China's First Great Victory over the West*, Princeton University Press.《決戰熱蘭遮：歐洲與中國的第一場戰爭》，臺北：時報出版（2012）。

Andrade, Tonio (2012): "Koxinga's conquest of Taiwan in global history: reflections on the occasion of the 350th anniversary", *Late Imperial China*, 33(1):122-40.

Blussé, Leonard (1996): "No boats to China: the Dutch East India Company and the changing pattern of the China Sea trade, 1635-1690", *Modern Asian Studies*, 30(1):51-76.

吳聰敏（2016）〈從貿易與產業發展看荷治時期臺灣殖民地經營之績效〉，《經濟論文叢刊》，44(3):379-412。

19

戰爭時期經濟學家的角色

　　1929 年世界大恐慌時，經濟學家沒提出有效的警告。這情有可原，因為那時期的經濟學界規模還小，統計數據相對欠缺，有博士學位的人不多。2008 年美國金融大恐慌時情況已完全不同：經濟博士無處不有，各種統計網路上隨手可得。但政府還是措手不及，嚴重影響各國的金融與產業，有許多人還因此放無薪假。

　　經濟學家到底在幹什麼？只會黑板經濟學，一下講台就沒用？在黑板上寫一堆嚇人的方程式，看起來很科學，怎麼連房市泡沫都解決不了？哈佛大學的約翰・高伯瑞（John Galbraith）教授說過一句名言：「經濟學最大的功能，就是創造與維持經濟學家的就業。」

　　二戰時美國有一批經濟學家，在策略分析局（Office of Strategic Services）估算敵方（德、日、義）的傷亡數，評估敵方的意圖與能力，協助戰後重建的談判。另一批在敵方目標群組（Enemy Objectives Unit），挑選適合轟炸的目標。還有一批在統計研究組（Statistical Research Group），應軍方要求評估各式問題。在物價管制局（Office of Price Administration）的協助資源配置到民間，避免通膨和投機性囤積，讓資源有效供應在歐洲的部隊與盟軍。在戰時生產局（War Production Board）的也協助民間工業生產軍需，確保有急需的軍備都能取得原物料（例如鋁礦）。

這些平民學者所做的各項分析，時常得到羅斯福總統採用，也協助聯邦儲備局和財政部籌畫各種政策。戰時貢獻過智慧的年輕學者中，日後有五位得了諾貝爾獎，包括米爾頓·傅利曼（1976 年）、特亞林·庫普曼斯（Tjalling Koopmans，1975 年）、西蒙·顧志耐（Simon Kuznets，1971 年）、瓦希里·李昂提夫（Wassily Leontief，1973 年）、喬治·史蒂格勒（George Stigler，1982 年）。還有幾位優秀分析者戰後在麻省理工、哈佛、史丹佛、耶魯任教，有 5 位日後成為經濟學會主席。

經濟學家準確分析敵軍狀態

美國本土未受二戰波及，有餘力調集這批通曉諸國語言（原籍俄、德、法、荷等）的學者加入智慧性戰場。羅斯福總統很看重這套分析，1940 年派好友威廉·唐諾文（William Donovan，一戰英雄，在紐約執業律師）親赴倫敦，分析在納粹的猛烈空襲下英國的存活機率。唐諾文和總統幕僚的判

圖 19.1　威廉·唐諾文

斷相似：日後英國有可能在空軍作戰打敗德國。

這項經驗讓美國採取一項重要決策：全力蒐集情報，由政府彙整，聘請專家做細部分析，直接對總統負責。國會圖書館與各地圖書館全力配合提供資料，創立研究分析小組。以圖書館的協助為例：提供日本、德國、義大利（這三個軸心國）的報紙、地圖、統計資料、

交通路線、橋樑、鐵路、燃料、隧道的戰地訊息。

以下舉實例說明，他們的分析如何協助軍方擬定戰略。1941 年 12 月 12 日提出的〈德國軍事與經濟現狀〉報告，經濟學家有好幾項見解和海外情報單位的結論相反。軍方情報指出德國狀況危急且嚴重缺糧，經濟學家的判斷是：從 1936 至 1937 年間起，德國前線士兵的三項重要配給品（麵粉、肉類、脂肪與食用油）一直在增加。民間對這三項配給品的消費量雖然減少，但已被 1939 年起大幅增加（約 50%）的馬鈴薯彌補過來，整體而言比一戰時好很多。

在〈西歐軸心國的營養狀況〉報告中，經濟學家說德國人的卡路里攝取量在開戰後已減少 15%，但平均每天仍有 2,784 大卡，表示短期內不會缺糧投降。戰後的研究顯示，1940 年時德國每人每天攝取 3,370 大卡，1942 年戰事吃緊後降為 2,555 大卡，1943 年增為 2,751 大卡，戰爭結束前一年還有 2,810 大卡。

這表示活命沒問題，但食物以穀類為主，相當單調。肉類與脂肪的配給狀況和英國差不多，但德國的配給制度較早實施，涵蓋的範圍較廣。戰時的卡路里雖可維生，但無法負荷粗重的體力工作。德國還能維持 2,500 大卡，主因是人口大量耗損：戰死、赴外國（尤其是俄國）打仗、戰時人口出生率大降。經濟學家的判斷比情報單位精準。

1941 年德軍入侵俄國，政府要經濟學家分析德國需要調配多少資源。剛開打時，德國很快就占領俄國十條主要鐵路，迅速運送 200 師軍隊與糧餉深入。在有限的情報下，經濟學家請教鐵路專家，了解零度以下的火車載運效能，以及各種狀態下的每日最高運送量。

經濟學家提出的〈東戰線的德軍供應問題〉報告結論是：與俄國開戰的前 6 個月內，由於德軍提早準備，各項軍需都很充裕。但也會很快就耗竭：軍隊每推進 200 公里，就需要增加 3.5 萬次卡車運輸。運送物資到前線的能力每天會減弱 1 萬公噸。這表示到 1942 年初時，德軍的戰力會明顯下降，戰後證明這項評估基本上正確。另一戰場是北非，美軍分析德國隆美爾將軍（沙漠之狐）的戰備能力，經濟學家再次展現優秀的分析。

打了幾年仗後，盟軍想了解德國境內的損傷狀況。經濟學家想到妙招：閱讀各地報紙地方版的訃聞。德國文化對訃聞相當看重，對死者的生歿年、職業、階級、服務單位、死亡地點都有詳細記載。美國透過駐瑞士（中立國）領事館蒐集德國各地的訃聞，樣本約為各地報紙總數的 1/4。分析者計算 1941 年 6 月 22 日到 1942 年 10 月 31 日各階級官兵的傷亡統計，得出一個比例：每陣亡 1 個軍官，會有 21.2 個國民死亡。

另一項推估是：德國在入侵俄國前已損失 11.4 萬名官兵，這和戰後的調查（13.4 萬）相當接近。但對入侵俄國之後的死亡數就太高估了：經濟學家估算 1941 年 6 月到 1942 年 10 月德國損失 181.3 萬官兵，戰後的估算只有 77.4 萬人。在史達林格勒（現名為 Volgograd）的戰役中，經濟學家估算 40.7 萬人陣亡，實際數字是 30.7 萬人。

以線性規畫回答最適化問題

在大西洋的另一端估算陣亡人數實在不容易，經濟學家最拿手的是軍備估算。假設擄獲和毀損的德軍輪胎占總產量的 0.3%，又假設前 5 大輪胎廠的產量超過全國總供應量的 70%，就可算出德軍消耗橡膠胎與人造胎的狀況，也可看出德國缺乏橡膠的嚴重程度。情報單位估算，德國 1943 年每月約能生產 100 萬個輪胎，但經濟學家估算只有 18.61 萬，戰後調查的數字是 17.55 萬。類似的估算法也應用在坦克、戰鬥機、槍枝、V-1 飛彈、V-2 火箭的生產。情報單位估算，1942 年 8 月的坦克產量約 1,550 輛，經濟學家說只有 327 輛，戰後的數字是 342 輛。

戰爭期間的資源有限，要精算如何以最少的耗費得到較高的效果。以轟炸為例，要反覆計算先炸哪裡、投下多少炸彈。幾位戰後在麻省理工學院經濟系任教的學者，以及一位諾貝爾得主，利用德國空照圖透過成本效益分析，發明各種計算方程式，以最小成本達到最大打擊效果。可惜戰後評估效果不佳，主因是轟炸破壞民間財產的程度，遠大於摧毀軍事設施。轟炸對士氣打擊不大，反而更激起民間團結對抗。但轟炸油庫的效果很好：德國空軍的油料產量在 1944 年 3 月高達 18 萬噸，轟炸 3 個月後剩 5.4 萬噸、6 個月後剩 1 萬噸，已失去反擊能力。

類似的故事數不清，最後舉遠東戰區日本的例子。1941 年 11 月 24 日，美國分析家就提出預言：經濟圍堵的壓力已把日本逼到無法支撐。解決之道有二：外交談判或武力解放。由於海軍的圍堵，原本資源就缺乏的日本在 1941 年 12 月進口量減少 60%，出口工業只發揮 30% 的生產力。從 1936 年起外債已增加 5 倍，1937 年起貨幣供給量增加 3 倍。電力、勞動、食物、商品都有管制與配給。

撐到 1945 年 4 月，經濟學家提出〈日本糧食狀況〉報告，說日本的食物（品質與數量）原本就比西方差，大戰後又下跌 10%。戰爭期間的平均卡路里攝取量，從 1930 年代末的 2,270 大卡降到 1944 年的 2,050 大卡。食物品質嚴重惡化，脂肪和澱粉尤其欠缺，戰後顯示這些估算相當正確。1941 至 1945 年間在都市出生的孩童，比在鄉間出生者較矮較輕，主因是糧食較不足。

除了推估俄國戰區的傷亡人數失準，經濟學家的分析基本上相當準確。為什麼會比情報單位做得好？這個由 18 個經濟學家組成的分析團隊（搭配許多助理與軍方支援）擅長運用統計分析，從有限的樣本做學理推估。這些有用的判斷幫助軍方鎖定關鍵重點，掌握敵方的致命點。

　　他們主要的分析工具是大家熟知的線性規畫：在有限資源下，在多重目標的約制下，如何求出最適解，也就是在解答最適化問題（optimization problems）。這些經濟學家日後各有輝煌的成就，但同樣重要的是這些體驗，讓他們對戰後的經濟理論發展，以及對財經政策的建議提供重要的養成背景。

參考書目————————————————————————————

Guglielmo, Mark (2008): "The contribution of economists to military intelligence during World War II", *Journal of Economic History*, 68(1):109-50.

20

閉關自守能撐多久？

　　我們常聽到戰爭圍城的事，例如明末清軍圍攻揚州城的慘烈。例如二戰期間，俄國聖彼德堡被德軍長期圍困，餓死幾十萬人的地獄情狀。我們較少聽到閉關自守的事，稍想一下也能找到幾個例子，像是明代被倭寇侵擾後，規定片板不准下海；日本被美國馬修‧培里（Matthew Perry）將軍強迫開國（1852～1854年）之前的狀態；還有北韓一直在閉鎖。

　　研究經濟鎖國的文章不多，丹尼爾‧伯恩霍芬（Daniel Bernhofen）與約翰‧布朗（John Brown）在2004年與2005年發表的研究認為，日本鎖國（沒有國際貿易）與不鎖國（自由貿易）的GNP大概會有8%到9%的差異。這兩篇好文章寫得太技術性，不易轉述。道格拉斯‧艾爾文（Douglas Irwin）寫了一篇故事性較強的文章，分析美國在1807至1809年間（傑佛森總統時期）因為採取貿易禁運（embargo），造成GNP大約損失5%。那時期美國的對外貿易（貨物出口加上船隊的運費利益）約占GNP的13%；閉關自守的代價高昂，14個月後就廢止禁運政策。

　　這件事發生在英法戰爭期間，這場打了非常久的戰爭稱為拿破崙戰爭（Napoleonic Wars，注意有個s）。其中有一段較持續性的爭戰大約從1792年4月打到1815年11月，拿破崙在這段期間（1799～

1815 年）統治法國，就以他的名字來指稱這段戰爭。英國想要封鎖歐陸，所以禁止中立國（尤其是美國）的船隻進出。英國海軍在美國東岸巡邏，攔阻美國船隻、上船搜索、逮捕船員、沒收船隻、貨物和其他財物，還指控美國的水手說他們是英國的逃兵。法國也有類似的作為，但沒英國那麼囂張。

美國對這種欺凌的反彈聲浪日高，但因弱小無法強硬反抗，只有四條路可走：一、屈服於英國的欺壓；二、對英宣戰，要求尊重美國船隊的權益；三、對國內頒布閉關禁運令，保護美國財產不受外國欺凌；四、對英國經濟報復。

英國又引發幾次事端後，美國政府決定閉關禁運，一方面保護本國船隻與船員免於英國騷擾；二方面要讓英國在航運與商品上產生困擾，逼迫改變政策。1807 年 12 月，傑佛森總統諮請國會通過禁運條例，國會很快就禁止美國船隻航向外國港口，也禁止外國船隻從美國運出貨物。

禁運的效果很好，1808 年只有很少的（走私）美國船隻在歐洲港口出現。1800 至 1807 年間，美國船隻運載到英國的總貨量每年約 11 ～ 19 萬噸。1807 年 12 月禁運後，1808 年運至英國的貨物陡降到 3 萬噸左右（減少 80%）；14 個月後在 1809 年 3 月解禁，載貨量立刻跳回原先水準（約 17 萬噸）。

為什麼禁運期間還有 3 萬噸貨物運到英國？主要是有商人不遵守禁令，因為海岸線很長走私活動無法禁絕。另一方面，禁運令阻斷不少人的生機，工商業都希望趕快廢止，尤以東北部的新英格蘭地區最積極。禁運令只撐 14 個月的另一項因素是英法兩國完全不怕美國的威脅，根本不予理會。1808 年的美國實力不足，本來想用禁運來要脅英法，沒想到自討沒趣，14 個月不到就破功了。

禁運的代價高昂

從進出口的金額來看，禁運期間（1807 年 12 月至 1809 年 3 月）的商品出口額從 1807 年的 4,900 萬，跌到 1808 年的 700 萬（減少 80% 以上），出口利潤減少 64%。進口方面，從 1807 年的 8,500 萬，跌到 1808 年的 4,500 萬（大約少一半）。

美國那時主要的出口貨物是菸草、麵粉、棉花、稻米，這四項貨物在 1807 年占出口總值 2/3。禁運期間無法銷售到國外，導致稻米批發價格下跌 50%，棉花和麵粉跌了 30～40%，菸草跌了 20% 左右。相反地，原先從外國進口的物品在禁運期間價格平均飆漲 1/3 以上。整體而言，這 14 個月禁運對進出口的打擊程度，相當於把進口關稅提高到 60%。

艾爾文嘗試計算禁運的損失，做了不同的假設條件與複雜的計算後，認為禁運大概使 1808 年的 GNP 減少 5%。1807 年美國的 GNP 約為 6 億 8,000 萬，減少 5% 等於損失 3,400 萬美元，在那時這是個天文數字。2004 年臺灣的 GNP 是 3,334 億 4,200 萬美元，減少 5% 就是損失 168 億美元，禁運一年的代價相當高。

當時的輿論界說：「禁運造成沿海各州癱瘓，然後向內陸各州蔓延。新英格蘭地區受到嚴重打擊，物價跌了 3/4，國際貿易全部停擺。」第一任財政部長亞歷山大‧漢彌爾頓（Alexander Hamilton，1757～1804）早在 1794 年就指出禁運的可能後果：「禁運對我們的貿易會有很沉重的干擾，對進出口的影響難以估算。國外的貨物價格會高得離譜，本國的物價也會等比例下跌。這會影響我們（國家）的收入和信用。這些狀況結合在一起，會對社會產生最危險的不滿與失序，逼使政府不體面地受挫。這些嚴重的後果都不是由外在因素所引發。」

OGRABME, or The American Snapping-turtle.

圖 20.1　1807 年的政治漫畫，畫中商人試圖逃脫名為「Ograbme」的鱷龜，Ograbme 的拼寫反過來就是 Embargo（禁運）。

　　現在來看國會對禁運的態度。當時的議員有兩派：共和黨（Republicans）和聯邦派（Federalists）。1807 年 12 月投票實施禁運時，共和黨有 82 票贊成，19 票反對。1809 年 2 月表決是否要維持禁運時，共和黨有 33 票贊成，59 票反對。只間隔 14 個月，共和黨對禁運的態度截然相反。聯邦派對禁運的態度從頭到尾都很一致：全票反對，零票贊成。歷史經驗告訴我們，閉關自守的代價很高，雖然原因各異，但長期而言都不是明智之舉。

參考書目

Bernhofen, Daniel and John Brown (2004): "A direct test of the theory of comparative advantage: the case of Japan", *Journal of Political Economy*, 112(1):48-67.

Bernhofen, Daniel and John Brown (2005): "An empirical assessment of the comparative advantage gains from trade: evidence from Japan", *American Economic Review*, 95(1):208-25.

Irwin, Douglas (2005): "The welfare cost of autarky: evidence from the Jeffersonian trade embargo, 1807-09", *Review of International Economics*, 13(4):631-45.

第 5 篇

興盛與饑貧

21

為什麼猶太人會被抄家？

　　時常聽到猶太人借錢給國王後，被賴債、抄家、驅逐的故事。英國愛德華一世（Edward I，1239 ～ 1307）、法國菲力普四世（Phillip IV，1268 ～ 1314）都做過這種事。精明的猶太人為什麼還願意拿財富，換取被抄家驅逐的風險？有了賴債和抄家的惡名，還有誰敢借錢給國王？為什麼國王會殺雞取卵？

　　納粹對猶太人的驅逐是滅絕性的；中世紀國王對猶太人的抄家，是選擇性地針對特定家族。國王缺錢向猶太人借款基本上是互利的事，有借有還才能長期共生，只是為什麼古今中外的抄家事件，受害者都是親信大臣或密切往來的富商？

　　以明萬曆為例，他抄了童年玩伴太監馮保的家，據朱東潤《張居正大傳》第 14 章說：「在查抄馮保家產的時候，得金銀一百餘萬，珠寶無數，神宗開始領略查抄底滋味。」首輔內閣大學士張居正逝後，萬曆皇帝也抄了他家，還把兒子下獄。「居正兄弟和諸子底私藏，都搜出來，一共得到黃金萬餘兩，白銀十餘萬兩。這是很大的數量，但是問官們還不滿意，他們重行拷問，要張家招出寄存宅外的二百萬銀兩……」

　　猶太人為什麼要貸款給國王？賺利息是基本目的，更重要的是希望國王保護他們的財產權。結果呢？歷史一再顯示：一開始國王有禮貌地借錢，也依約還錢，就像萬曆皇帝請張居正當他的啟蒙老師一樣。幾十年後，皇帝對張居正的嚴正與權勢起了反感，國王發現猶太人長期吸了太多血，最後的結果都一樣：抄了金主（猶太人）的家，也抄了太子太傅（張居正）的家，果然伴君如伴虎。

為什麼中國皇帝和英國國王會做這種忘恩負義的事？為什麼殺雞做不了猴？原因很簡單：有誰能（敢）阻擋？況且四周不知早有多少人對張居正和猶太人深懷怨恨，必欲除之而後快。國王向猶太人借的錢愈多，心裡就愈不舒服；等到哪一天覺得還不起，乾脆找個罪名把金主殺了。

為什麼愛德華一世會殺雞取卵？因為他找到另一幫重要金主：義大利金融商人。義大利人不只貸款，他們還向英國買羊毛、付關稅。1290 年左右，猶太人已經不是愛德華一世的重要金主。想到被猶太人敲過大竹槓，現在已另有金源，舊恨湧上心頭，就把無力反抗的猶太富商抄家驅逐了。法國的菲利普四世，對聖殿騎士（Templar）也

圖 21.1　猶太商人

下過類似的毒手。

難道猶太人不會團結起來，要脅不再貸款給國王？放款收息時，猶太人之間是競爭的，國王利用此點支付較低的利息；抄家時也是選擇性地，然後對沒做到王室生意的猶太商人示好。這種手法可以讓這群鵝持續生蛋，又可挑出最肥或最討厭的殺給大家看。

義大利人提供更優惠的貸款條件

法國的諾曼第公爵（Duke of Normandy，又稱為 William the Conqueror）1066 年侵入英格蘭，稱為諾曼征服（Norman conquest of England）。這次征服使英格蘭受到歐陸的影響加深，改變英格蘭的文化與語言。在此之前英國沒有猶太人，他們是在諾曼征服的早期來到英國，在非猶太社區內只准從事借貸業，受到國王保護。亨利三世（1216～1272 在位）對猶太社群課沒收稅（confiscatory taxes）。愛德華一世延續這項政策，在 1290 年反猶風氣大盛時把猶太社群逐出英國。

以下是 1066 年（諾曼征服）至 1290 年（大驅逐）之間發生的事。亨利三世對猶太人抄家之前先課重稅，約占全國總收入的 1/7。要課這麼多稅必須先保護猶太社群，允許他們的資金大幅成長，協助猶太人收回貸出的資金。具體的做法是在 1190 年代規定，所有貸款都必須向當局登記，這有兩項好處：保障猶太人收回貸款，方便國家課高稅。

猶太人原本只借錢給平民，範圍幾乎遍及全國。三、四位住在倫敦較有規模的猶太商人，和貴族階級有資金來往，其中一位更大戶的猶太人開始借錢給王室。利息多高？通常是每英鎊每星期付幾便士。每鎊有 240 便士（1 鎊有 12 先令，每先令有 20 便士 = 12×20 =

240），如果每鎊每星期付息 1 便士，等於是年利 21.66%。這不是複利，因為宗教與法律禁止複利。

當時猶太人的年息介於 21.66% 和 43.33%，在特殊的情況下高達 60%，甚至 87%。同一時期南歐的行情低多了：義大利約 23% 至37%，西班牙 20%。此時期英國的通行利率約 43.33%，也就是每鎊每星期付 2 便士。在這種不合理的高利下，金融市場只要出現新資金管道，猶太人立刻被排擠。

最早出現的競爭者是義大利人，他們在歐洲各地累積豐富的經驗，建構複雜的政治與經濟網絡。1223 年左右義大利人進入英國市場，13 世紀中葉已扮演重要角色。義大利倫巴底（Lombard）地區的金融商人在理查一世（Richard I，1189～1199 年在位）和約翰國王（1199～1216 年在位）時已開始貸款給王室，亨利三世時貸款金額開始大幅增加。

王室對義大利人的態度相當不同：貸款時不需強制登記，也就是說日後不需課稅，也不必擔心會被抄家驅逐。有人說這是宗教上的歧視：義大利人是基督徒（Christian），猶太人不是。如果猶太商人改信基督教呢？不行，國王會沒收改宗者的家產。

為什麼王室要抄猶太人？最常見的說法是因為打仗需要大筆錢，在嚴重缺錢情急之下，被逼得剖開唾手可得的大撲滿（猶太富商）。猶太人長期放高利貸，早已累積深厚民怨，誰曰不可殺？抄殺沒有國家保護的猶太人最省事，難道王室會向國家富強的義大利商人下手？英國驅逐猶太人之後的 16 年，法國卡佩王朝（Capetian）在 1306 年也對猶太人做了同樣的事。

法國的猶太人資料較缺，基本狀況和英國類似：王室希望猶太人提供資金，一方面活絡資本市場，二方面增加稅收，這是找鵝來下蛋。如果皇室找到另一批鵝（義大利商人），就開始討厭猶太人。一旦戰爭需錢孔急，就宰掉原先下金蛋的鵝填補錢坑。猶太人借錢給王室是一種共生關係，英法兩國例子都顯示這種關係不能共患難。沒有自己的國家保護，容易成為刀俎上的魚肉。

參考書目

Barzel, Yoram (1992): "Confiscation by the ruler: the rise and fall of Jewish lending in the Middle Ages", *Journal of Law and Economics*, 35(1):1-13.

Veitch, John (1986): "Repudiations and confiscations by the medieval state", *Journal of Economic History*, 46(1):31-6.

22

明清的貪汙為何普遍？

　　天高皇帝遠、鞭長莫及這類的說法，表示中國的領土過廣，朝廷旨意不容易在基層落實。但另一方面，從文官考試、軍隊調動、牢獄審判、治理水患、蝗災、救災蠲免，又可看出中央集權的實效面。領土過廣就必須分治，以明代為例，除了有布政司、州府縣的層級組織，還派皇子分駐各地申張治權。與政治直接相關的事項（如考試、軍隊、救災），帝國組織有它的效率面，但對經濟性與生活性的事項（如課稅），中央政府的力量未必有優勢。

　　稅制牽涉實質利益，是中央與地方的重要關懷，但立場卻又對立：中央政府提出既定的稅收額，地方政府以國家的名義向地方百姓超額收稅，民間則賄賂官員逃稅。統治者、地方政府、民間百姓三方鬥法，讓貪汙（賄賂）成為追求均衡點的手段與過程：中央要監督地方官員減低貪汙，但地方官員的公費有限，必須超額徵稅才能讓行政體系運作，民間有能力者必須靠賄賂才能減少課徵額，百姓只好承受額內與額外的超重負擔。

　　中央為了減少貪汙賄賂，派出監察御史巡查，一方面提高監督權，二方面減少民怨。從明清的稅制史來看，答案是失望的：貪汙賄賂盛行，中央的監督效果相當有限。但從另一個角度來看，這是稅制架構與政治結構的必然結果。貪汙甚至是一種合理的行為，是一種有效的潤滑劑，是一種必要的罪惡。兩項關鍵點是：監督的能力與成本，以及懲罰的嚴厲度與有效度。

統治者的短期財政目標是稅收極大化，長期目標是擴大稅源與稅基。理想狀態是從鵝身上愈拔愈多毛，但鵝還不會亂叫。其實是鵝不敢亂叫，只希望少拔一點毛。真正的拔毛者是地方官員，該拔多少與能拔多少之間，就由賄賂額的高低來決定。

貪汙的三種型式

貪汙有三種主要形式。第一種是官員蓄意低估納稅者的應稅額（高額低收），繳稅者用現金或其他好處回報。這是官員與百姓互利，犧牲統治者利益的做法，在兩種情況下較易出現：一是稅源難以估算，或估算的成本過高；二是納稅者的應繳額相當大，賄賂比繳稅更合算。第二種形式是官員監守自盜，稅收中飽私囊，通常發生在中央對地方控管不足時。第三種形式是為了增加地方政府的收入或自身利益，官員向繳稅者收取超規稅額，這會損害地方稅源引發民怨。

這些事古今中外從未斷絕，統治者的對策不外四種：稅官輪派制、加強罰則、嚴厲監督，以及提高官員薪資（養廉）。這些方法都會增加稅收成本：如果每 100 元稅收中，行政成本與監督成本超過 50 元，還不如讓地方官員貪汙 20 元來得省事有效率，國家的實質收入反而更多。愈偏遠的省份基層稅收官員愈容易貪汙，因為監督不易成本太高。另一個原因則是個別的貪汙事小，金額有限為害不大。貪汙通常是勾結性的、結構性的、共犯性的，共生性與團結性才是問題的根本。

課稅過高時應稅者有幾種對策：逃離本地、隱匿應稅資產、賄賂官員減免稅額，以及團結抗稅（官逼民反）。整體而言，影響貪汙程度的要素有三：

1. 領土大小：小國寡民不易貪汙，如新加坡；幅員廣大的中國與俄國必然較高。

2. 地主的實力：個別的中小農民不易逃稅，貴族地主較易賄賂或抗稅。

3. 鞭子有多長、有多狠：中央政府是否願意付出監督與懲罰的高成本。

舉實例說明明清時期的貪汙為何無法有效壓制。第一個困難是官員人數太多，16世紀時中國約有3.6萬官員，法國約1.2萬人。這麼龐大的官僚體系分布在這麼廣大的領土內，有效監督的困難與成本可想而知。第二項困難則是官員人數和人口總數的比例太低：16世紀中國3.6萬官員要管理1.5億人口，比例約1/4200，法國約1/1250。明代官員很難確實掌握可徵稅物件的實際價值，只能根據魚鱗圖冊和黃冊，這些幾十年才修訂的老舊稅收資料來徵稅。

圖22.1　魚鱗圖冊

以規定財政收支的《會計錄》來說，明代三百多年間總共修訂三次（洪武、弘治、萬曆），這麼長的間隔怎能掌握社會財富變化？再以清丈田畝為例，張居正當國時雄霸天下，但真正清丈的也只是山西和北京少數地方。每次清丈必反已成常態，17世紀時清朝試過三次清丈皆未成功。這表示明清時期隱匿財產田畝避稅相當嚴重，愈有田產的愈有辦法。20世紀初期約有33%到40%的家戶完全未繳土地稅，這麼嚴重的逃稅難道地方稅官不知情？逃稅者必然賄賂，收稅者必然貪汙。監察系統說起來嚴密，執行起來卻鬆緊不一。被舉報者比例太低，因嚴重貪汙被革職者19世紀時只有6～9%。

為什麼不雷厲風行斬草除根？

1. 官員薪資太低，地方行政經費太少，中央無法充分供應，只好縱容地方靠山吃山、靠水吃水。
2. 地廣人多難以監督，貪汙治罪者通常是因為事態嚴重，中小型的貪汙很少判刑。
3. 這是結構性共犯，貪汙群關係緊密，團結對外難以清除，強力清除反而導致地方事務停頓。
4. 在文化上與社會上，對貪汙的寬容度較西方國家鬆緩許多。
5. 交通不便訊息傳達困難，監督與懲處成本高昂。

官員從上到下都貪汙

逃漏稅的嚴重性反映出貪汙的普及性。1712至1726年間江南每1,000萬兩的拖欠額（逃漏稅）中，欠稅者承認的數額只有3%，其餘的97%「仍在調查中」。要調查到何時？最後能追繳出多少？雍正皇帝發怒清查，1728年的調查結果是：拖欠稅額中應由高層官員負責的只有0.3%；低階官員和收稅者負責的41%；地方士紳負責的

3.9%；納稅者的逃漏 54.7%。江南富庶地區有一半的稅逃掉，國家稅入怎麼夠用？

雍正隨即展開稅制改革，與貪汙相關的改善措施是增加官員薪資，稱為養廉銀。加薪最高的地區是四川（29.7%），這是偏遠省份（蜀道難，難於上青天），其次是貴州（加薪 11%）。奉天、山東、福建加薪額度約 9 ～ 10%，離中央政府較近的省份（河南、江蘇）加 5.4%。養廉銀制度後，稅務改革的效果好嗎？算得上好的是核心省份山西、河南、陝西、直隸、貴州。偏遠地區的效果仍舊有限，主因仍是監督困難、懲罰效果難持久。

稅務方面的貪汙有不同層面的影響，最明顯的是稅收減少、政府開支減少。明清政府的可用資源降低後，會有好幾項重大影響：國防經費不足、防水治災的公共建設減少。還有一項惡性循環：官員薪資跟著減少，反過來使貪汙更嚴重。從防治的角度來看，政府有動機提高官員薪資（養廉），但因領土幅員廣大監督不易，被懲戒的機會不夠顯著，一直沒能逃脫這項迴圈。

14 世紀末明朝建立時，科技、知識、文化程度都比歐洲高，1492 年哥倫布發現新大陸後歐洲開始發展，經過 16 ～ 17 世紀的重商主義、18 ～ 19 世紀的產業革命，歐洲的掌控力迅速全球化。相對地，14 ～ 19 世紀的明清國勢迅速下跌。原因有內有外，其中一項內在因素，就是貪汙造成稅收無效率，以及由此產生的一連串影響。

明清的貪汙是普遍行為，從朝廷到地方的各級官員，呈現金字塔型：高官的個人貪汙金額大，但人數較少。相對地，愈靠近基層官員人數愈龐大，雖然個別的金額較小，但總額構成金字塔的厚實底端。基層官員貪汙有幾項特色：集體性、結構性、共犯性、長期性。因為國家發給的行政費與薪資不足，地方政府必須各自謀財，士紳、地主、富商自然願意報效捐輸換取減免稅金。

以縣官為例，同時掌控好幾項權力，例如司法判決權、稅收權、人事任命權。相對地，歐洲的司法判決有法院體系，稅收有財政體系，任免有人事體系，各自獨立相互制衡。中國地方官員同時掌握這些權力，只要打通縣官就可解決多項問題。貪汙有需求面，也有供給面，中國的基層體系供需容易成立相互掩護。歐洲就相對地較困難，主要差別就是行政權與司法權在中國沒有明確分立。

很少官員因貪汙被懲戒

懲治貪汙的法律在中國相當完備，處罰也足夠嚴厲，為何無法有效減少？雖然條文嚴苛，只要不太過分或被出賣，很少有官員會受處分。再說，環環相扣的共犯結構，必然官官相護，明清史上很少地方官員因貪汙被懲戒，以下舉英國的例子對照。

以 1770 年代為例，英國中級官員年收入高達數百鎊，低階的守門人和園丁年薪約 20 鎊。高級官員中國務卿年薪 8,000 鎊，司法總長 2,100 鎊，稅務署長約 1,000 鎊。同時期的家庭收入，高所得者約 150 鎊，中所得者 30 至 150 鎊，低所得者約 30 鎊。官員收入明顯高過民間，貪汙需求就會降減，如果配合有效的監督與懲罰體系，就不易造成集體共犯性，貪汙總額減少許多。

英國式的制度性貪汙，大都是一人身兼數職，同時領取多項酬勞。這些兼職的收入有法令規範，這種額外收入的程度無法和中國式的貪汙相比。中國是系統性的，主要的破壞點是稅收來源。基層縣官的兩個特色：一是高權低薪，二是同時掌控原本應該分立的職務。十年寒窗無人知，目的是之後的位高權重油水多，本職薪資是象徵性的，隨著職位而來的名利才是重點（雞犬升天）。雖然各級官員都有輪調，但長期的官場風氣與同化作用已使貪汙常態化。

雍正年間（1727 年）實施養廉銀制度，希望透過加薪減少貪汙增加稅收。當時的官員總薪資額約 630 萬兩，其中 140 萬是本薪，430 萬是養廉銀，60 萬是公費。這項措施讓官員的合法收入增加 3 倍，但減少貪汙的效果依然有限，原因很簡單：微薄的本薪就算增加 5 倍，還是比不上貪汙所得的吸引力。有人估算 1880 年的官員總數約 2.3 萬人，非法所得每年約 1.15 億兩白銀。平均貪汙所得是本薪的 18 倍。這 1.15 億兩中，有一半被上層的 1,700 位官員分掉。

汙錢主要來自何處？基本上來自中小農，除了本稅，還有火耗這類合法的附加稅，以及巧立名目的各項雜稅捐。這些事情的普遍度，正史與筆記小說的描寫從未斷絕。清朝法律規定，受賄 15 兩銀子以上者罰打 70 ～ 100 大板，用力真打必死無疑。貪受 80 兩以上者絞死：罰則雖嚴，很少人因為 80 兩銀子而受刑。果真雷厲風行，恐怕沒有幾個官員能倖免。

從幾個因貪罪而處死的例子來看，真正的原因通常是行政重大疏失或得罪上級，貪汙本身的刑罰其實無邏輯性軌跡可循，小型貪汙罪而受罰的機率相當小。乾隆治國 60 年間貪罪的彈劾案 400 件，大都未起訴定罪。假設全國的官員 2 萬人，再假設每人任期 3 年輪調，乾隆 60 年間總共會有 40 萬個職位，出現 400 件彈劾案，機率是 0.1%。被定罪的機率更少，應該不高於 0.01%。

最後回答一個猜測性的問題：明清時期貪汙這麼普遍，總累計金額必定可觀。有無可能提出一個方向性的數字，讓大家了解貪汙的規模？尚恩・倪（Shawn Ni）和范黃文（Pham Hoang Van）在 2006 年發表的研究中，透過複雜的數理模型，估算明清時期的總貪汙額，大約是總薪資收入的 14 到 22 倍。這是相當可觀的規模：如果縣官的年薪 100 兩，每年的貪汙額大約 2,000 兩。換個方式來表達：全國農業的總收入中，大約 22% 被 0.4% 的人口（官員）貪掉了。這種推估方式對模型的參數設定相當敏感，這是更深入探討的起點。

參考書目

Kiser, Edgar and Xiaoxi Tong (1992): "Determinants of the amount and type of corruption in state fiscal bureaucracies: an analysis of Late Imperial China", *Comparative Political Studies*, 25(3):330-31.

Ni, Shawn and Pham Hoang Van (2006): "High corruption income in Ming and Qing China", *Journal of Development Economics*, 81:316-36.

23

人類如何逃脫馬爾薩斯陷阱？

馬爾薩斯（Thomas Malthus）《人口論》的著名論點是：食物增加的速度呈算術級數（2、4、6、8、10），人口增加的速度呈幾何級數（2、4、8、16、32）。如果人口成長率高於糧食成長率，稱為馬爾薩斯陷阱。我們時常聽到非洲的饑饉，但餐廳每天不知浪費幾千公噸廚餘。

第一個問題：人類什麼時候第一次逃脫這個陷阱？英國最早工業化，也最早逃脫陷阱。第二個問題：其他先進國家是在哪個時點逃脫的？第三個問題是：還有哪些地區尚未逃離。要回答這些問題須先說明兩件事，一是馬爾薩斯陷阱的概念；二是用哪些指標或數據當作衡量標準。

先介紹一項前導性的觀念：工資鐵率（Iron Law of Wages），這是古典經濟學派李嘉圖（David Ricardo）提出的。以沒有特殊技能的工人為例，如果他的實質薪資增加了，通常會生出更多小孩。這些孩子的消費能力很快就超過他的負擔。經濟能力較弱的家庭，有些孩子無法養活。工人的生活雖然會因為所得的增加而短期改善，但因為無法控制出生率，很快就會被兒女吃垮。接下來只能養活自己、配偶和幾個小孩。若以幾十年或百年為單位，可以發現工人的實質收入長期而言剛好可以養活一家幾口，不會有剩餘。這種不會變富也不會餓

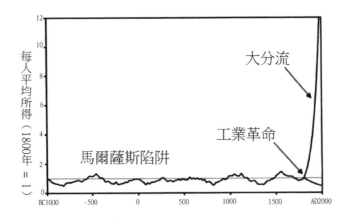

圖 23.1　西元前 1000 年至 2000 年的平均工資起伏

死，只能求溫飽的所得稱為工資鐵率，一般人無法逃脫這個鐵率。這個概念在《人口論》之前已存在，後來把這個概念學術化稱為馬爾薩斯陷阱。

　　以英國的長期統計為例，西元前到 1800 年之間，實質工資有過多次起伏，但都沒有超越過鐵率（勉強溫飽）的天花板。現在把 1800 年界定為產業革命的起點，是因為 1800 年之後的英國實質工資以接近 80 度仰角上升：所得成長率遠遠超過人口成長率，終於衝破工資鐵率，逃脫馬爾薩斯陷阱。

　　這是 1800 年代工業國家的情況，王公貴族與工商業界生活富裕化，農民、販夫走卒、無技術工人的生活也大幅改善。19 世紀美國急速加入這個行列，但也有不幸的國家，一方面工業未能起飛，二方面人口成長率明顯增高，19 至 20 世紀還深陷工資鐵率內。

工業革命對各國的影響

有件很難接受的事：1700 至 1800 年間已有蒸汽機和高度文明，但對 18 至 19 世紀的大多數人口，從溫飽的程度來看，恐怕不會比中世紀或新石器時代好太多。這也很容易理解：雖然今日有飛機、有電腦、能登陸火星，但對陷阱內的非洲人口來說，溫飽程度還比不上 1800 年代的英國工人。1800 年之後的產業革命，減少了先進國「社會內」（工人與中產階級）的生活差距，但卻擴大了「國際間」（如英國和非洲）的差距。

接下來回答三個問題：

1. 為什麼要到 1800 年才脫離陷阱？

2. 為什麼 1800 年時英國能率先脫離陷阱？

3. 為什麼各國之間的經濟差距在 1800 年之後會擴大（嚴重化）？

第一個問題的答案很簡單。脫離陷阱需要科技突破。1800 年之前瓦特已改良蒸汽機，牛頓已發明微積分、能證明萬有引力，但整體而言，這階段的科技進步速度太慢，每年約 0.05%，大約是今日的 1/13。這種速度不足以累積出逃脫馬爾薩斯陷阱的強大吸力，猶如 1950 年之前的火箭推力還不足以逃脫地心引力。

第二個問題的答案較可爭辯。並不只是因為英國有豐富的煤礦、在各地有殖民地、有宗教改革、有啟蒙運動，主因可能有三。一、政治與經濟的制度穩定：英國孤立北海，較不受歐陸的爭戰影響，1200 ～ 1800 年之間社會相對穩定。二、人口壓力：1300 ～ 1760 年間成長相對緩慢，對糧食與自然資源需求較少。三、社會因素：富有階層在經濟上成功，生育率也較具優勢。

第三個問題的答案較明顯。產業革命後各國的所得差距愈拉愈開，形成強國／弱國、殖民者／殖民地、核心國／邊陲國的對比，至今不變。以 2002 年的情況來對照：體力工作者的時薪在美國是 9 美元印度 0.38 美元。這類的例子不勝枚舉。

人口增加的速度快過糧食成長時，平均糧食就會減少，這是 1800 年之前的狀況。1800 年之後在英國和西歐國家，狀況顛倒過來。這些事可用每人平均糧食攝取量的變化來顯示，以下對比工業與落後國家，有歷史資料，也有現今實況。在 1800 年之前，英國工人的所得有 75% 用在飲食上，25% 用在衣物與居住。以飲食來說，這 75% 內有 44% 是穀類與澱粉，10% 奶類 9% 肉類 8% 飲料（酒或其他），3% 糖與蜂蜜，1% 鹽與胡椒。

接下來對比 1800 年英國工人的薪資購買力，以及 2001 年非洲馬拉威的狀況。英國工人 1800 年的每日薪資可買 3.2 公斤麵粉，2001 年馬拉威的工人日薪只能買到 2.1 公斤。同樣的比較：英國工人能買到 20.4 公斤馬鈴薯，馬拉威工人只能買到 4.2 公斤。牛肉是 1.4 公斤和 0.6 公斤。整體而言，1800 年英國工人日薪的食物購買力如果等於 1，2001 年的馬拉威是 0.4。也就是說，200 年之後還差 2.5 倍，這也是有無產業革命的差別。若以 1800 年英國人的平均所得為 100，2000 年時全世界有 7 億人口，比 1800 年的英國還差。馬拉威甚至只有 33%，辛巴威約 107%，印度 110%，玻利維亞 120%，這是 200 年間有無產業革命的差距。

下個問題是：這表示愈古代的人愈窮困？當然不是。若以小麥的購買力表示，英國工人在 1780 至 1800 年間的日薪約可買到 13 磅，但西元前 1800 至 1600 年的巴比倫可買到 15 磅。雅典在西元前 408 年可買到 30 磅，西元前 328 年則可以買到 24 磅。這表示尚未脫離馬爾薩斯陷阱時，在經濟最好的英國生活水準未必好過古代巴比倫。

現在把各國的狀況都拉回到 1800 年前後，對比工人每日薪資的小麥購買力。最高的是阿姆斯特丹（21 磅），土耳其的伊斯坦堡（18

磅），倫敦（16 磅），英國（平均 13 磅），巴黎（10 磅），長江三角洲（6.6 磅），韓國（6 磅），京都最低 4.5 磅。換言之，阿姆斯特丹是京都的 4.6 倍，英國是京都的 2.8 倍。最後對比英國（1789 ～ 1796 年）與日本（1750 年）的農民食物內容。英國有 60.6% 是穀類與豆類，日本高達 95.4%。糖類在英國有 4.7%，日本是零（所以 1895 年之後在臺灣大建糖廠）。肉類與脂肪在英國糧食中占 28.4%，日本 4.6%。不要忘了人類在 200 多年前才首次脫離馬爾薩斯陷阱，也不要忘了今日仍有 7 億多人口，糧食攝取還比不上 1800 年代的英國。

逃脫馬爾薩斯陷阱的證據

我們生活在日曆時間，時常用 1 年、3 年、5 年來觀察事情。這是顯微鏡式的眼光，容易見樹不見林。如果將很長的連續性統計濃縮成一頁的趨勢圖，一眼看清楚千年間的主要變化那該多好。這是望遠鏡式的眼光，容易見林不見樹。一戰前英國是最發達的國家，擁有最長期的統計。葛瑞里・克拉克（Gregory Clark）在 2005 年發表的研究中，用 800 年（1209 ～ 2004 年）的數據傳達幾項重要訊息：1800 年之前進步非常緩慢，甚至是停滯性的；1800 年之後所得幾乎以 80 度仰角爬升，脫離馬爾薩斯陷阱進入工業社會。

這也告訴我們四件事：

1. 今日還有許多國家沒能逃脫馬爾薩斯陷阱；
2. 其他先進國家，如法、德、美、日，不可能在 1800 年之前就逃脫陷阱；
3. 人類是近 200 年來生活才有顯著改善；
4. 在這 800 年的證據下，我們對過去的見解恐怕有不少觀點沒根據。

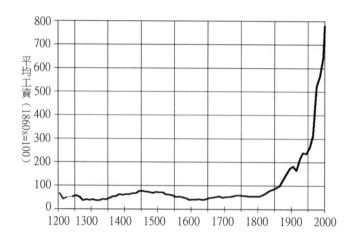

圖 23.2　1209 ～ 2004 年建築工人的每日工資

　　這 800 年的統計，主要是 1209 至 2004 年的建築工人薪資。這些技術性行業的工資在 1800 年之前是水平不變的，表示沒有逃離「糧食成長率抵不過人口成長率」的陷阱。現在的認知是以 1800 年為產業革命的起點，證據也顯示早在 1640 年就開始有技術上的突破，但光這點還不足以逃脫陷阱。這套長期資料有兩項主要來源：一是英國建築工人的薪資（4.6 萬筆），另一個是物價和房租數據（11 萬筆）。這 15.6 萬筆數字有相當的連續性、代表性、一致性。這些資料當然沒有漂亮到每年每月都有數字，但若以每 10 年的平均數字求取 1 個點，把這 80 幾個點接起來就能看清長期變化趨勢。

　　1800 年之前的工人實質工資當然有起伏性的波動，但並沒有明顯的走勢。就好比在一條水管內起伏，終究沒能破管而出。實質工資沒有明顯突破，表示 1800 年之前英國（人類）的生活水準是靜止的。舉個例子：1200 ～ 1249 年這 50 年間，和 1750 ～ 1790 年（產業革命前夕）這半世紀間，實質工資只差 9 個百分點。500 年間增長 9 個百分點，根本算不上進步。但這 500 年間有不少階段是天災人禍戰爭的倒退期。相對地，產業革命之後的 200 年間，建築工人的實質工資增長 13 倍，平均每年的成長率 1.3%。

接下來的問題是：長期而言，擁有特殊技藝的工人實質收入比工人高嗎？如果差別不明顯，那就沒理由送小孩去當學徒。答案是在 1200 ～ 1300 年間，這兩種工人的薪資差距高達 2.2 倍。之後差距下滑到 1.5 倍。這個 1.5 倍的差距維持到 1900 年。1900 ～ 2000 年間，這個差距是 1.2 倍。1960 年代甚至只差 10%，2000 年時稍微拉大到 22%。

這項長期資料可回答常見的疑問：英國產業革命到底是從哪年開始？過去的說法是 1760 年代，因為在此之前還沒能脫離馬爾薩斯陷阱，1760 年代之後情況翻轉過來：所得成長率大於人口成長率，工商業的效率與技術有顯著進步。

這個概念可以用圖 23.3 表達，縱軸是實質工資（所得）的指數，1860 = 100。橫軸是人口（百萬）。運用前面說的那個資料（1209 ～ 2004 年間的人口與工資），就可以描繪出很多點。這些點的連線如

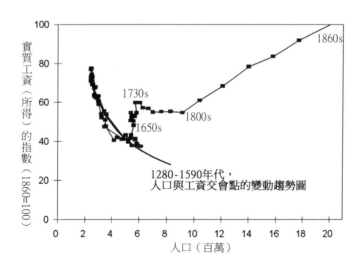

圖 23.3　1280 年代～ 1860 年代工資與人口的交會點

果呈現負斜率（也就是走勢由左上向右下），就表示人口一直在增加，但工資反而減少。如果這些連線呈水平狀，表示人口與所得呈平穩狀態。如果這些連線呈現正斜率（從左下往右上走），表示人口一面增加，但所得的增加速度更快，就脫離了馬爾薩斯陷阱進入工業化社會。

這套 1209 ～ 2004 年的資料顯示：1650 年代之前，這條斜率是負的，表示還沒脫離馬爾薩斯陷阱。到了 1730 至 1800 年間這條線的斜率呈水平狀，表示處於平穩的停滯拉鋸狀態。1800 年代起這條線的斜率呈 45 度角上升，這就是生產力大增進入起飛的工業社會。這個圖明確告訴我們馬爾薩斯陷阱的終點（1650 年代之前），轉折進入過渡期（1650 ～ 1800 年），起飛進入工業革命（1800 年之後）。

有一項資料可以佐證，1650 年代是英國成長的轉捩點。從 1580 ～ 1920 年間的文盲率來看，1660 年之前男性識字率約 30 ～ 45%，1660 年之後急速上升，1740 年左右達 75%。更顯著的證據是女性識字率：1660 年之前不超過 10%，之後急速上升，1740 年約 30%，1860 年 70%。

產業革命對百姓生活有哪些幫助？1760 ～ 1860 年間的建築工人薪資，正好可以對比 1800 年之前與之後的變化。如果以 1860 年的指數為 100，則 1760 ～ 1800 年間的指數在 60 與 45 間起伏。1800 ～ 1860 年間也有高低起伏，大體而言以 45 度角的爬升：從 45 高到 110。實質所得在 60 年間增加一倍，表示產業革命的效果很好。

最後一項對比也相當引人注目。愛爾蘭比英國落後，兩個地區在政治與經濟長期密切來往的結果，竟然讓雙方的實質工資在 1760 ～ 1860 年間逐漸同步化。這就是李嘉圖說的：長期自由貿易後雙方的價格與經濟福利會均一化。原本較落後的愛爾蘭把馬鈴薯賣給富裕的英國，讓愛爾蘭的所得（GNP）成長率快速增加，長期的結果是愛爾蘭的 GNP 成長率竟然高過英國。

這項結果看起來奇怪，但想想臺灣與美國的例子就明白了。1950 年代臺灣的 GNP 每人不到 100 美元，1970 年代初期不到 1,000 美元。臺灣以美國為主要出口市場，30 年內（1970 ～ 2000 年）臺灣的 GNP 平均成長率至少 5%，而美國只有 2% 或 3%，現在甚至還覺得美國貨便宜了，這就是自由貿易的好處。

我們是日月年地過一生，習慣顯微鏡式的機械時間觀。這篇文章提醒我們，時常轉換用長期的望遠鏡視角，可以減少目光如豆的偏見與狹隘。如果到了人生晚期，為自己畫出這輩子的起伏曲線，就更能明白哪個階段其實不必那麼做，或哪個階段應該這麼做。

參考書目

Clark, Gregory (2005): "The condition of the working class in England, 1209-2004", *Journal of Political Economy*, 113(6):1307-40.

Clark, Gregory (2007): *A Farewell to Alms: A Brief Economic History of the World*, Princeton University Press. Chapters 1: "Introduction", chapter 2: "The logic of the Malthusian economy", chapter 3: "Living standards".

24

季芬財真的存在？

經濟學原理會依商品（財貨）的性質區分幾種類別。

1. 正常財：例如電腦與房屋，所得提高時會增加需求量；價格提高時會減少消費；價格減少時會增加消費。正常財分兩種：一種是必需品：所得增加時消費增加，但增加的比例小於所得的增加比例，例如米飯、肉類。另一種是奢侈品：所得增加時消費增加，而且消費增加的比例會大於所得增加的比例，例如名牌皮包、鑽石。

2. 炫耀財，又稱為 Veblen 財：價格愈高需求愈大，需求曲線變成奇怪的正斜率。

3. 劣等財：所得增加時消費反而減少（例如泡麵）。

4. 季芬財（Giffen goods），這是英國統計學者羅伯・季芬爵士（Sir Robert Giffen）觀察到的怪異現象：一般商品的需求曲線是負斜率（價格愈低，需求愈高，反之亦然）；但是馬鈴薯價格上升時，窮人的需求反而上升，需求曲線變成奇怪的正斜率，就算馬鈴薯是最便宜的食物（劣等財），也是如此。

如果馬鈴薯是劣等財、是季芬財，那你為什麼還會去麥當勞排隊買薯條？唐納德・沃克（Donald Walker）寫過一篇回顧季芬財的文章（*The New Palgrave: A Dictionary of Economics*），說到目前為止，還沒有一項研究運用家戶行為的資料，證明個人的消費曲線是季芬財的形式，在市場需求上也找不到這種曲線。找到市場需求曲線是季芬財形式的機率非常低，季芬財這項觀念是難以理解的（elusive）。

季芬財是難以理解的？那麼注重實證內容的馬歇爾（Alfred Marshall），怎麼會在他那本影響幾十年的《經濟學原理》中鄭重其事地介紹這個觀念？另一項事實是：1890 年之後的一百年間，經濟學界一直無法證明季芬財的存在，有些教科書已不再提這個觀念，直接把馬鈴薯視為一種劣等財（所得增加時，需求減少）。

用個觀念上的類比，較能理解為什麼馬鈴薯的身分會轉換。常溫下的水是液體；超過攝氏 100 度會變成氣體；低於 0 度就成冰。絕對零度時（攝氏 -273.15 度），水會變成什麼？（目前科學界仍無法調控溫度到絕對零度，還差六億分之一）。不都是 H_2O 嗎？隨著外在環境改變，水會變成氣體，也會變為冰。類似的道理，隨著經濟條件改變，馬鈴薯會從正常財變成劣等財、變為季芬財。

芝加哥大學出版的《政治經濟學期刊》，1994 年（102 卷第 3 期）刊出約翰・戴維斯（John Davies）的論文，告訴我們季芬財不是抽象的觀念，早在 1845 ～ 1848 年愛爾蘭大饑荒之前就存在。為什麼學界普遍認為季芬財只是理論性的觀念？因為在分析季芬財時，沒理解到兩項重要前提。一、季芬財必須在所得逼近生存底線時才會出現；二、必須在沒有其他食物可選擇替代時，馬鈴薯才會成為季芬財。也就是說正常社會不可能找到季芬財，只有在被迫求生時，被生存壓力驅迫下季芬財才會出現，這是生存壓力下的特殊消費行為。

學界找不到季芬財，因為總是用效用極大化的觀點，來分析價格變動時會如何改變消費方式，他們未考慮在哪種環境下的消費者會出現季芬財行為。換句話說，學界分析正常環境下的行為（價格變動後，消費選擇的變動），忽略環境極端惡劣時的怪異行為。生活寬裕的經濟學者把季芬財視為理論上的玩具（有趣但不存在）；19 世紀經濟學家較能了解食物的壓力，能接受季芬財的觀念。

19 世紀愛爾蘭的歷史證據

以一位低收入的勞動者為例，在社會條件穩定時，他有能力買必需品（馬鈴薯）和奢侈品（肉類）。如果馬鈴薯價格上漲，他就被迫放棄肉類購買更多的馬鈴薯，才能維持基本的卡路里。假設這位工人每天需要 3,000 卡（俗稱大卡）；每磅馬鈴薯能產生 300 大卡，每磅肉可產生 1,500 大卡；每天只有 5 美元可購買食物；肉類價格每磅 3.5 元；馬鈴薯每磅 0.25 元。他的 5 元預算可買 1 磅肉和 6 磅馬鈴薯，提供 3,300 大卡。

如果馬鈴薯價格漲到每磅 0.5 元，他又不願放棄 1 磅的肉類，那就只能買到 3 磅馬鈴薯和 1 磅肉類（2,400 大卡）。必須把所有錢（每天 5 元）都拿來買馬鈴薯（10 磅），才能攝取維生的 3,000 大卡。也就是說，劣等財（馬鈴薯）漲價後，這位工人在生存的壓力下，被迫提高對劣等財的消費量。這顯示季芬財的主要特性：只有在危及生存時，才會出現的反常消費行為，沒有生存壓力就不會發生。

改用經濟學術語來解釋：

1. 季芬財出現時，消費者的需求曲線不是交會在他的預算線上，而是交會在他的基本生存線。
2. 基本生存線的位置，必然低於預算線。
3. 無異曲線（即可以自由選擇馬鈴薯與肉類的搭配組合），只可能出現在預算線上，不可能出現在基本生存線上。
4. 季芬財出現時，消費者在生存壓力下，被迫只能選擇一種食物（馬鈴薯），他的選擇點必然落在 X 軸或 Y 軸上，稱為角隅解（corner solution），而不是在第一象限內。

5. 此時消費者的所得效果，會大於（馬鈴薯和肉類的）替代效果。

6. 季芬財必然是劣等財。

談過理論架構後，來看愛爾蘭的實際狀況。馬鈴薯的原產地在南美洲，人類已有 1 萬 3000 年的種植經驗，大約在 1585 年傳入愛爾蘭。此時的食物組合以燕麥麵包為主，搭配肉類、各項蔬果、乳製品。馬鈴薯剛引進歐洲時，主要當作餵豬飼料。17 世紀逐漸成為人類的主要食物，18 世紀時和牛奶攪拌後，成為農民階級的唯一食物。19 世紀狀況更嚴重，連牛奶都沒有，馬鈴薯的攝取量愈來愈多。這種糧食逐漸單一化的傾向，就是饑荒的前兆：90% 人口只靠馬鈴薯維生，成年人每天要吃 8 到 14 磅馬鈴薯。吃多久？1 月 1 日到 12 月 31 日，年復一年，不吃就餓死。

這樣吃下來不會營養失調嗎？不會，因為馬鈴薯的營養相當均衡。如果每天吃 10 磅，所攝取的卡路里是身體需求的 132%，蛋白質是身體需求的 167%，維他命 C 是 1485%，維他命 B6 是 534%，鐵質是 344%，鋅質是 119%；唯一不夠的是鈣質，只有 40.5%。也就是說，馬鈴薯吃不死人，只是會難受死了。

為什麼愛爾蘭會陷入這種慘狀？原因很簡單：馬鈴薯引入後，原本的糧食壓力紓解了，人口因而大增。17 世紀中葉時全國約有 110 萬人，19 世紀中葉饑荒時爆增到 900 萬。人口最多的時期是 1779 ～ 1841 年，增加率約 172%，也有專家說不止此數。以人口密度來說已超過當時的中國，名列世界第一。愛爾蘭掉進了馬爾薩斯陷阱，無法逃脫人口與食物的嚴重失衡。愛爾蘭變成歐洲最窮的地區，物質的匱乏程度和當時澳洲的原住民相當。

人口爆增、耕地不變的情況下，每戶的平均耕地被壓縮到只剩 1

圖 24.1　愛爾蘭大饑荒

英畝。假設一戶農家有兩個大人、四個小孩（4 至 18 歲），這六人每人每天平均各需 2,500 大卡，一天就要 1.5 萬大卡（等於 43 磅馬鈴薯）。一年共要 1.5 萬大卡 ×365 ＝ 547.5 萬大卡 ＝ 1 萬 5,695 磅馬鈴薯。這 1 英畝的地如果全部養牛，每年能產出 600 磅肉類，連兩個人都養不活。全部種馬鈴薯就可生產 1 萬 5,680 磅，剛好維持全家的基本熱量。

　　對一般人來說，速食店賣的馬鈴薯是正常財；對窮人來說，馬鈴薯是能不吃就不吃的劣等財。如果我的耕地有限，上有老母下有妻兒，被逼得只能傾全力種馬鈴薯維生，其他食物都沒得想，年頭到年尾只能吃馬鈴薯，年復一年，不吃就死路一條，這時的馬鈴薯就是季芬財。

　　季芬財是高度爭辯性的題材，不斷推出新學說與實證研究。單就愛爾蘭的史例就有豐富的多元詮釋，我推薦舒爾文・羅森（Sherwin Rosen）1999 年發表的論文〈馬鈴薯悖論〉（Potato paradox），有精采理論與史實辯證；以及喬爾・墨基爾（Joel Mokyr）1983 年出版的《饑餓的愛爾蘭：1800～1850 年歷史解讀》，提供寬廣的歷史視角。

參考書目

Davies, John (1994): "Giffen goods, the survival imperative, and the Irish potato culture", *Journal of Political Economy*, 102(3):547-65.

Mokyr, Joel (1983): *Why Ireland Starved: A Quantitative and Analytical History of the Irish Economy, 1800-1850*, London: Routledge.《饑餓的愛爾蘭：1800～1850 年歷史解讀》，白彩全／趙雨潼／馮晨譯，北京：社會科學文獻出版社，2020。

Rosen, Sherwin (1999): "Potato paradox", *Journal of Political Economy*, 107(6), part 2:S294-313.

Walker, Donald (1987): "Giffen's paradox", *The New Palgrave: A Dictionary of Economics*, 2:523-4.

25

為什麼日本的蠶絲業能
迅速超越中國？

中國絲綢業有幾世紀在全球市場居於領導地位，但 1850 至 1930 年間被日本超越了。這段期間生絲出口占日本總外銷額 20 ～ 40%，占中國的 20 ～ 30%。生絲是中日最重要的外銷品，超越對方才能取得更大的占有率。1873 年中國生絲出口量是日本的 3 倍，1905 年日本已超過中國，1930 年是中國的 3 倍，世界市場占有率超過 80%。

日本的蠶繭年產量在 1890 至 1930 年間激增 5 倍達 30 萬公噸，同一時期中國約 7 ～ 10 萬公噸。1920 年代長江三角洲養蠶戶的蠶繭年產量約 50 ～ 60 公斤，是日本的 1/3。若倒推至 1897 年，每

戶產量約是日本的 70%。若以各自的成長率來看，1903 ～ 1928 年間日本年成長率約 2.05%，中國 0.52%。這些數字已足夠對比進退。以下分析雙方在整體大環境、技術進步、產銷網路的明顯落差。

1868 年明治維新後積極改革，學習西方成為現代化國家。相對地，1860 年代中國發生太平天國之亂，仍處於故步自封狀態。晚清雖然有自強運動，但在商業策略上仍以官督商辦模式為主，政府與民間企業很少密切結合。相對地，日本積極鼓勵出口，政府提供基礎建

圖 25.1　日本成立的第一個官方製絲場富岡製絲場（1872 年）

設（鐵路、銀行），輔導民間企業迅速興起。1894年甲午戰後日本獲得巨額賠款，加入國際金本位制。中國海軍在甲午之戰崩潰激發百日維新，很快就改朝換代進入民國。晚清的時局動盪，讓維新時期的日本在很多方面超越中國，生絲業只是個顯例。

赴歐取經

接下來看日本對生絲業的投入。1871至1873年派遣岩倉學習團（Iwakura Mission）赴歐洲和美國學習養蠶技術。1873年派佐佐木帶領蠶業專家赴義大利北部學習，這是當時的歐洲蠶業重鎮，其中最有名的技術是從法國生化學者巴斯德（Louis Paster）的細菌學說，發展出的防治蠶瘟（細菌感染）法。佐佐木學習團在義大利北部的哥里加（Gorizia）養蠶研究所（1869年設立）學習一個月後，帶回最新的養蠶工具和顯微鏡，開始推廣蠶業研究與教育，另一方面也很注意對手的進展：單是對中國絲業的報導書籍（技術面與商業面），1890至1940年代就約有40冊。

相對地中國絲業仍依循舊法，1899年才由江南製造局翻譯一本1810年代的西洋蠶書。更糟的是譯文是非專業人士口譯，寫成文言文，對業者幫助有限。日本學者看出弱點，批評三角洲的養蠶方法老舊落後迷信，還停留在明治前的階段。

日本最積極改進的是蠶品種：1910年代初期培養出F1型混血品種，蠶繭產量激增。業者投入大量人力物力設立專業實驗室，和各大學實驗室合作，投入胚胎學與細胞生物學研究，目的是培養高產量新蠶種。透過政府與養蠶協會大力推廣，F1品系在1910年代初期推廣到民間，占有率在1923年達到100%。

效果如何？非常顯著：1888～1902年的單位產量大約只有義大

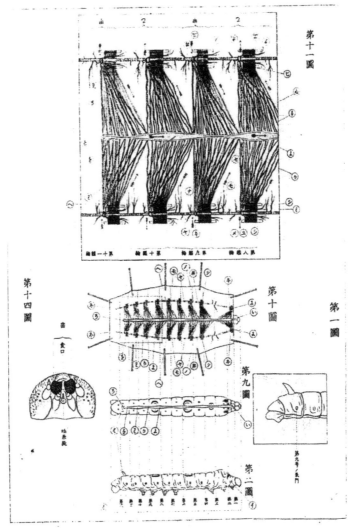

圖 25.2　1885 年日本出版的《蠶事摘要》中圖解蠶的呼吸器

利和法國的 1/2，1920 ～ 1929 年就超過歐洲成為世界第一。中國的單位產量在 1917 年約是日本的 74%，1927 年剩下 50%，完全失去競爭力。日本蠶業在 1860 ～ 1920 年間成為世界第一。

品種優勢只是產業的一個環節，還需要許多配合因素。其一是培養新品種桑樹，開發新人工肥料。桑樹原本到秋天就不長葉，新品種是四季可長多次桑葉。日本位處溫帶更適合種桑養蠶，大量使用豆餅當肥料後桑樹生長得更茂盛。

整體而言，在新科技幫助下，1880 ～ 1900 年間夏秋的蠶繭產量原本只占全年 20%；1900 ～ 1909 時夏秋產量激增到 34%。1920 年後夏秋產量達到全年一半，和春季產量抗衡。相對地，長江三角洲蠶業延用明代古法，1920 年代的夏秋產量相當於日本 1880 年代，大約落後 40 年。

產銷整合

還有個同樣重要的面向：商業行銷管道。簡單地說，日本的做法是把產品集中，以專業設備乾燥儲存。加上新式的保險、運送，興建專用產業鐵道，突破原本的運銷瓶頸。採取團體戰術，各個環節的分工都專業化，把國內市場統一整合。透過合作社產銷，透過契約養蠶、契約收購，把產銷整合起來，排除傳統商人介入。這樣就確保全國最重要的產業每個環節都專業化，提高產業效率與利潤率。

三角洲地區到了 1890 年代還沒有蠶絲工廠，運送仍以水路為主，完全沒有鐵路，甚至還不准汽船航行，以保護老舊的水運業。上海地區要到 1908 年、1912 年才有鐵路。行銷管道仍以絲綢行商為主。牙行（為買賣雙方說合、介紹交易、抽取佣金的商行或中間人）要向地方政府繳稅，取得證照後才能買絲綢。1895 年時牙行數不到 50 家，

1910 年 140 家，1917 年江浙有 700 多家。這些訊息顯示中國絲業還停留在私人產銷。

更糟的是由於牙行家數多業務競爭激烈，某些商人會摻雜劣質產品。桑農蠶戶的地點分散，必須各自運送產品，缺乏保險、乾燥、儲存等專業處理，品質必然比不上日本，因而在國際市場逐漸衰退。相對地，明治後打破傳統獨占組織，鼓勵自由交易。透過分包與直購這兩條管道，蠶戶可得到最好的蠶種與桑葉，蠶繭又有專業的收購、運輸、倉儲、出口管道，這種半垂直式的統合體系，讓日本生絲業在 20 世紀初期稱霸世界。

中國蠶業眼見局勢不對，1890 年代末期開始設立蠶絲研究所，希望能加速趕上。1920 年代京滬鐵路通過無錫，帶動養蠶業現代化。1933 年引進繰絲機械，同時廢止舊式牙行組織新式產銷合作社，仿照日本做法開創新局面。江浙政府積極推動新式養蠶，全盤引入日本模式改良蠶種。

20 世紀初時中國蠶業雖然落後日本 40 年，但日本人工成本較高，價格上中國絲仍有空間。1930 年代初期，三角洲蠶絲業站上另一波高峰，有可能和日本再度匹敵。沒想到陷入中日戰爭（1937 ～ 1945 年）與國共戰爭（1945 ～ 1949 年），蠶絲業失去重要的世界市場。

參考書目

Ma, Debin (2004): "Why Japan, not China, was the first to develop in East Asia: lessons from sericulture, 1850-1937", *Economic Development and Cultural Change*, 52(2):369-94.

26

製錶業對產業革命的意義

　　英國產業革命有三寶：紡織機、蒸汽機、鑄鐵。這是大眾歷史的傳播版本，與實際狀況有明顯差異：當時有不少很能顯現技術創新、生產力飛躍的產品反而被忽視或遺忘。本章以手錶為例，說明它在百年間的價格激烈變化與社會普及性，以及它對精密儀器發展（以及對科學研究）的幫助。還有這項看似不起眼的產品，在產業革命過程中扮演過不成比例的角色。

FIG. 9.—Chronographic watch-work.

圖 26.1　19 世紀末的懷錶

亞當斯密注意到手錶的重要意義，《國富論》首卷 11 章第 3 節：「上世紀中葉手錶要價 20 鎊，現在約只 20 先令。」因為 1 英鎊＝20 先令，表示百年間的錶價從 20 鎊跌成 1 鎊，差了 20 倍，是上世紀的 5%。這段描述是否可靠？

　　摩根‧凱利（Morgan Kelly）和科馬克‧奧格拉達（Cormac Ó Gráda）在 2016 年發表的論文中，運用 1685 至 1810 年間倫敦老貝利街（Old Bailey）刑事法庭，審判紀錄內的 3200 項手錶失竊案進行研究，內載失主的姓名、職業、居所、錶價。18 ～ 19 世紀有銀錶與金錶兩大類，失竊錶的報案很常見，由此可看出這 125 年間的錶價走勢，與擁有者身分的變化。

　　依照報案的錶價扣除物價變動後，金銀錶價以年平均 1.3% 的速度下跌，一世紀間約降 75%。假設銀錶的品質平均小幅進步，經過品質的權數調整，銀錶的實質價格（扣除物價變動後）約每年下跌 2%（相當於 1 世紀間降 87%），這和斯密說的降 95% 相差不遠。

　　這隱含兩項重點：第一，從供給面看手錶已能量產，從需求面看價格低落後需求必然增加。第二，這顯示製錶業已迅速發展，培養出更多技藝工人。技術外溢會產生外部效益，促進精密產品的國際優勢，增加貿易收益。

錶匠的平均生產力大增

　　製錶業的技術相當高、勞力非常密集，主要費用是金屬裁切、組裝複雜的零件。假設百年間錶業的利潤率大致相當，就可以從錶價的下跌率和名目工資的上漲率，判斷錶業勞動生產力的進步速度。

　　也就是說，在這個勞動密集的行業裡，如果工匠的工資愈高，手錶的成本應愈高。但錶價在百年間反而跌了 90%，那就是因為工匠的平均生產力大幅提升。錶匠都是單獨作業，不能分工合作，為何生產力會大幅提升？

英國經濟史學界有人估計 1759 至 1801 年間，製錶業的勞動生產力年平均約增加 0.26%，1801 至 1831 年間約增加 0.21%。當時生產過程最複雜的產品是科學儀器、樂器、製錶。製錶業有這麼高的勞動生產力歸功於幾項因素：一、工具與技術的持續改善；二、分工精密化、深度化；三、生產區位高度集中；四、個別工匠專精生產某項零件供各廠牌相互通用，節省零件成本也加速修理的便利與廉價化。

過去對產業革命的時間點通常定位在 1800 年，那是從所得成長的角度觀察到兩個現象：第一是，實質所得從原本的維生水準，約從 1800 年起以 80 度仰角急速爬升。另外則是所得成長率急速超過人口成長率，脫離馬爾薩斯的人口陷阱。相對地，若以製錶業的技術成長速度，以及價格的大幅下跌來判斷，製造業革命在 17 世紀末就開始了。也就是說，英國的產業革命史應提前 50 到 100 年。

為何製錶業能迅速成長？這是發明家與工匠完美結合的成果。發明家讓錶的動力（彈簧）愈來愈精準，其中一位是羅伯·虎克（Robert Hook），1658 年他把原本的鐘擺改換成彈簧；1675 年克里斯蒂安·惠更斯（Christian Huygens）做出第一個彈簧推動的錶。這項技術突破後，配合英國相對成熟的金屬加工業，以及招收學徒的規定相對寬鬆，加上經濟增長後民間購買力強化，手錶產業迅速發達。

從技術外溢的角度來看，精密製錶業快速進步，對高端精密儀器、實驗儀器、天文觀測器都有顯著幫助，間接激勵新發明也幫助整體發明能量。單就製錶業來說，就能讓精密金屬加工業在歐洲鶴立雞群，還稱霸世界。

18 世紀末英國已年產 20 萬隻錶，幾乎是全歐的一半，讓勞工階級也能擁有。然而爬升得快也下跌得快：到 1820 年代製錶業的技術與組織都已達到極限；英國的所得已領先世界，表示物價也太高。此時最大的威脅是歐陸的廉價錶侵入英國。這對傳統製錶業者造成困境，要求政府管制進口（配額限制與高關稅保護）。

實證資料顯示錶價下跌迅速

錶價高容易失竊轉賣，因而形成有組織的偷竊網。1675 至 1850 年間有 7273 件與錶相關的刑事紀錄，還有幾項時代的特性：

1. 早期的刑事紀錄較不齊全也較疏鬆，例如 1710 年之前只有 92 項紀錄。

2. 那時錶是財富的象徵，政府在 1797 至 1798 年間對每隻銀錶課 2.5 先令稅，金錶 10 先令。

3. 1809 年後的 4,027 項紀錄中，除了 103 項細分金銀錶，其他紀錄都只記載「錶」。過去登載的細節都省略了，主因是 19 世紀後錶已非貴重品，刑事對此已不重視。

4. 1810 年之前報案的 3246 隻錶，61% 為銀錶，9% 為金錶（見圖 26.2）。

5. 1829 年之前倫敦尚無常設的都市員警，竊錶案要私人告官。這表示樣本會有偏差性：刑事紀錄較能顯示出富有的失竊者與較昂貴的錶，一般人或中價位的錶就不報官了。

6. 1720 年代倫敦建築工人的日薪約 3 先令，每週工作 6 天約可賺 0.9 鎊。當時在刑事紀錄的錶中價位是 4 鎊，最便宜的 1 鎊，25% 區位的均價是 2.5 鎊。這表示中級錶約要 1 個月工資，是值得偷竊的貴重品。

7. 1790 年代每日工資漲到 3.5 先令，週薪約 0.95 鎊，顯示 70 年間的工資相當穩定。但 1790 年的中價位錶已從 4 鎊跌到 2 鎊，

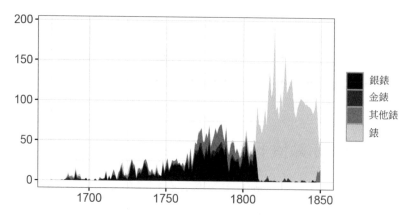

圖 26.2 歷年竊錶數量

25% 區位的只值 1.25 鎊,失竊後較無意願報案。正如今日的
手機失竊,報案件數已不能反映實況。

表 26.1 顯示幾種現象:一、錶價下跌迅速,勞動階級已普遍擁
有。二、1800 年產業革命剛開始時,工人失錶報案的比例已超過
51%,英國確是世界首富。三、「酒醉者」包括在酒館被偷、被娼妓
偷走、夜間失竊、在見不得人的地方失竊。

表 26.1　不同年代報案的平均錶價與階層分布

	平均價值（鎊）			百分比（%）			樣本數
	士紳	工人	酒醉者	士紳	工人	酒醉者	
1710〜1729	10.00	3.05	5.05	61.30	7.10	31.60	155
1730〜1739	8.90	4.70	3.90	54.30	11.70	34.00	94
1740〜1749	8.11	2.95	4.11	40.50	26.20	33.30	84
1750〜1759	4.46	2.38	2.87	38.40	39.10	22.50	151
1780〜1784	4.65	2.05	1.81	47.50	36.90	15.60	301
1800〜1803	2.63	1.40	1.52	38.90	51.40	9.70	185

接下來看銀錶價的百年趨勢（見圖 26.3）。縱軸是 1750 年的幣值（購買力），也就是把 1680 ～ 1809 年的銀錶價，依物價指數全部調到以 1750 年為標準。可以注意四點：

1. 縱軸的幣值單位是先令（12 便士＝ 1 先令，20 先令＝ 1 鎊），然後取對數。
2. 實線是長期的平均變動趨勢，小黑點是樣本中錶價的分布。
3. 這是從 3,200 筆資料中抽取 10% 分析。從銀錶價來看，1710 年的均價約 6 鎊，1809 年約 2 鎊，百年間差 3 倍。
4. 錶價下跌的速度若和名目工資相比，1710 至 1810 年間平均每年跌 1.4%。若用錶價和物價相比，平均每年跌 1.3%。這表示在同樣的工資下，每十年錶價下跌 13 ～ 14%；每 20 年錶價比工資相對跌 1/4，很快就成為日常用品。

圖 26.3 是產業革命剛開始時的趨勢，進入快速工業化的 1850 年代會有什麼變化？ 1800 年之後，英國錶業在技術上逐漸顯現保守傾向，原本最有競爭力的創新和分工優勢，在 1815 年左右就完全發揮

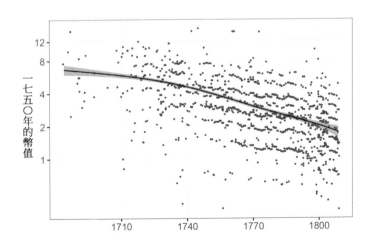

圖 26.3 1710 ～ 1810 年銀錶價格下跌趨勢

了。技術優勢與分工效益，逐漸被迎頭趕上的瑞士錶和美國錶超越。圖 26.4 是 1700 至 1850 年的情形，圖 26.3 的樣本只有銀錶，圖 26.4 則包含所有錶。縱軸還是以先令表示錶價（對數）。

我們看到 1815 年左右是最低點，然後明顯上揚。為何錶價長期下跌後反漲？主因有三。第一，1810 至 1850 年間英國外貿盈餘大增，推動國內物價與工資上漲，民間購買力提高，對高級錶的需求提升，造成 1815 年之後的平均錶價上揚。道理與今日的汽車和手機類似：所得提升後拉抬高檔產品的需求，平均價格因而上漲。第二，具體的表現是：廉價錶價格大致穩定，高檔錶平均年漲 2%，十年漲 1/5。這可用消費革命來形容：生產力與工資已不再是主因，品味的變化才是。第三，1800 年左右全英國共有 140 到 310 萬隻錶，平均 1.8 ～ 4 個成年人就有一隻。若 1.8 位成年人有 1 隻錶，表示 1800 年左右的普及率已接近今日的手機。

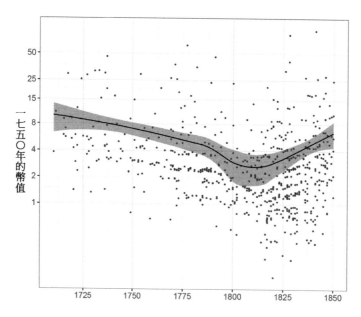

圖 26.4　1700 ～ 1850 年錶價下跌趨勢

產業革命的起點或許該是 1750 年

以上是從刑事紀錄的資料，顯示手錶在產業革命期間的價格變化與社會意義。現在轉換個宏觀角度，說明為何過去低估忽略手錶在產業革命扮演的角色。1775 年左右《國富論》出版時，西歐年產 40 萬隻錶，一半在英國。依照 1797 至 1798 年的納稅紀錄推算，當時英國約有 80 萬隻銀錶與 40 萬隻金錶。

錶的生產性質與鐘不同。鐘的特性包括零件尺寸大，精密度較低。需求以家庭為主。生產地散布全國，沒有集中傾向。錶則是以個人需求為主。零件小，精密度高。工序繁雜，超過 102 道。產地高度集中在倫敦、考文垂（Coventry）、利物浦。工匠專精分工化，行業位置聚集化。錶匠的文盲率較低（約 28%），勞工約 69%，礦工約 83%。

世人習用蒸汽機與紡織機作為產業革命的代表。其實還有許多更能彰顯技術飛躍的技術普遍被忽視或低估了：水利工程、機械工程、玻璃業、燒磁、釀造、印刷都有重要發展，產值也不可忽視。這表示有個概念需要修正：過去常以所得攀升作為產業革命的判準點（約 1800 年），反而忽略產業製造面的實質進展。

若改用技術進展的角度來看，產業革命可提早 50 到 100 年（約 1750 年）。半世紀雖然不長，但在關鍵的轉捩點上，50 年是重要的離地起飛期。這比起飛後的翱翔更有初始性與翻轉意義。

製錶業有幾項顯著特點：

1. 虎克與惠更斯發明錶用彈簧，可以精密推動齒輪讓計時逐漸精準化。

2. 錶匠的技藝能把新發明體現在新產品上。這是產學合作的典範，稱為產業啟蒙（industrial enlightenment）：研發者與技術人員合作開創產業新局面。

3. 製錶業能快速發展也得力於社會條件配合：工會對學徒沒有各種限制，製錶業可配合產業發展所需，大量招募學徒與員工。

4. 新技術能迅速向相關行業擴散，直接受益的有冶金業、金屬加工業、精密製造業、儀器製造業、科學儀器、航海與天文儀器（例如哈理遜〔John Harrison〕的重要發明：經度測量儀）。

5. 製錶工匠普及後競爭壓力變大、品質提升、手藝純熟化。產業革命未必要以大型工廠、大型機器當指標。小型精密加工業也能帶來產值與技術的重要成果。

6. 製錶業的 102 道工序會產生向上與向下連鎖反應，雖是小道但並非不重要。蒸汽機與紡織業其實是低端的產業革命，高端的反而是體積小、不易察覺的科技進展，手錶就是一例。

7. 瓦特原本是製造儀器的工匠，若無鐘錶業的藝匠帶領，他也不易更精巧地改良蒸汽機效能。

8. 落實到產值上，創造出鼓勵發明、專利、產能化的環境。

1815 年英國工資約是蘇黎世的兩倍，1830 年代廉價的瑞士錶已取代英國錶在歐洲的市場。1830 年代每年約有 8,000 至 10 萬隻瑞士錶走私進英國，1840 年代這種情形嚴重好幾倍。英國製錶業被外國錶打敗後，大量人才與資金流向其他行業，間接推動各行業的技術進步。

本章告訴我們三項觀念。第一，傳統的產業革命三寶：蒸汽機、紡織機、鑄鐵，其實不是好指標。精密產業（如製錶與科學儀器）更有科學與技術內涵。第二，若不用產值與所得的角度來衡量，改用技術進展當判準，產業革命的起點可提早 50 年。第三，先發優勢很容易被非技術因素（高物價、高工資、外貨走私侵入）打敗，19 世紀的錶和今日的 3C 產品皆是。

參考書目

Kelly, Morgan and Cormac Ó Gráda (2016): "Adam Smith, watch prices, and the Industrial Revolution", *Quarterly Journal of Economics*, 131(4):1727-52.

"Mechanical watch", *Wikipedia*.

27

屠殺北美野牛的元凶

美洲野牛的學名是（Bison bison bison），這和我們智人的學名（Homo sapiens sapiens）一樣，都是「只此一脈，別無分支」。Bison 的俗名是 Buffalo（水牛），這是不正確的稱呼但已積非成是，本章仍用野牛來指稱 Bison。

野牛迅速萎縮的狀況如圖 27.2：最淺色是原始的存活範圍（人類獵殺之前）；稍深色是 1870 年的存活範圍；最深色黑點是 1889 年。我們得到簡明的印象：半世紀間從大面積萎縮到點狀。若以數字來表

圖 27.1　北美洲野牛

圖 27.2　野牛數量迅速萎縮

達，1800 年之前約有 6,000 萬頭，1830 年減少到 4,000 萬，1870 年
剩 550 萬，1889 年美國境內有 541 頭（你沒看錯）。二戰後恢復到
5,000 頭（美國）與 1.5 萬頭（加拿大）；西元 2000 年北美約有 36
萬頭，暫無滅絕之虞。

　　接下來看大屠殺的證據：堆積如山的牛骨等待磨成肥料。肉會製
成罐頭，皮革呢？西部電影裡的牛仔，槍帶與槍套是牛皮做的，馬
靴、馬韁都是。問題是：19 世紀末之前北美的人口總數，還比不上

圖 27.3　堆積如山的野牛骨等待磨成肥料（1892）

被屠殺的野牛總數。這些皮革到哪去了？答案很簡明：出口到歐洲賺
外匯。歐洲人（或國際皮革貿易）對北美野牛的貢獻正如《晉書》
卷 69〈列傳〉第 39 所說：「吾雖不殺伯仁，伯仁由我而死。幽冥之
中，負此良友！」

北美野牛的出口滅絕論

　　大屠殺有三項主因。第一，野牛皮的價格不會因供給的變化而變
化。通常是供給增減，價格會跟著跌漲，但野牛皮的價格在 19 世紀
下半葉卻反常地穩定。第二，政府對屠殺野牛沒有管制措施，幾乎可
自由獵殺。第三，歐洲製革技術的創新，使得大量野牛皮具有商業價
值。過去的三合一見解是：第一，軍隊遷移造成屠殺；第二，鐵路
開發破壞生存空間；第三，土著獵殺。這三項解釋都對但只是必要條
件，要把上述 6 項因素合併，才有較完整的解釋。

本章的新意是，上述 6 項重點內的國際貿易面（歐洲對美國皮革大量需求），才是大量屠殺的主因，這需要堅實證據才能定案。問題是：19 世紀下半葉野牛皮的出口數量並無海關完整資料，也容易把野牛皮和飼養的牛皮混為一談。這就需要靠統計推論，估算野牛皮出口量的系列資料。既苦於無可靠資訊來源，就必須從報紙、私人日記、商業指南、拍賣公告、歐洲各國（尤其是英法德）的牛皮價格，做各種統計推算，這是史考特‧泰勒（Scott Taylor）2011 年論文的主要貢獻。

這些直接和間接的資料都指向一個重要結論：北美野牛的迅速萎縮，主因是出口造成的滅絕。主要證據是 1871 至 1883 年這 13 年間密集輸出約 600 萬張野牛皮。背後的意義是：出口的皮革品質要求較高，若加上淘汰的不良品與次級品，總屠殺量約 900 萬頭。這和前面的地圖（1870 至 1889 年間的野牛分布點迅速縮減）基本上相符。

野牛事件的重要特點是短期密集有系統的作為：1870 年之後的十年內就少了一半，這是大平原的大屠殺（slaughter on the Plains）。有何證據能把大平原的屠殺和歐陸皮革市場建立因果關係？以下用資料顯示野牛的屠殺與牛皮出口呈現密切相關，以及牛皮出口與歐陸進口呈現密切相關。

出口滅絕論若成立，過去的各種推論與見解，例如鐵路開發破壞棲地、土著獵殺，就顯得次要或甚至難以成立。出口滅絕論要能成立，核心論點包括：

1. 歐洲對皮革的強勁需求，造成國際價格長期穩定。
2. 從供給面說，就算北美密集屠殺，大量出口牛皮，也不會造成供給過剩、皮革價跌。
3. 既然有殺就能賣，價格也不跌，政府更不管，那就沒理由不做了。沒有買賣就沒有殺戮。

歐洲製革業創新效應

19 世紀下半葉，要在廣袤平原中短期間內滅殺，需要運輸條件與加工業配合。太平洋聯合鐵路在 1860 年代沿著帕拉特（Platte）河谷興建，獵人搭火車沿途捕獵創造出一條獵殺走廊：把獵人送到獵地、把獵物向東部運送出口。當時尚無冷凍設備，皮革必須初步處理後裝船，牛肉用鹽醃製（如香腸）或煙燻保存，並不外銷。

另一項原因是草原逐漸開墾成農田，減少野牛生存空間。但這項威脅並不關鍵，因為 1860 年代大草原的人口總數不到 17 萬，農家占地不到 1%。南北戰爭期間（1861 ～ 1865 年）因忙於戰事而讓獵殺減少，但影響不大，因為主要的戰場與戰役大多在無野牛或野牛數少的地區。

真正的殺手來自大西洋對岸：歐洲的製革業。1870 年左右，英國和德國發展出新的處理技術，能把野牛皮製成高價值的各種產品。北美原住民對野牛的處理方式是：冬季牛肥時食用牛肉、肝、脂肪，牛皮因為油多處理費工耗時，缺乏加工原料與鞣製技術，手法還很原始無法發揮商業價值。

有人說美國在 1870 年代已從英、德學到這套製革技術。就算美國有這套技術，以 19 世紀下半葉的國內市場規模和購買力，也無法消化大規模的宰殺。歐洲的購買力與市場強度，加上製革技術效率化，是野牛命運的交叉雙刃。美國商人的做法很簡單：把肉品留在國內，皮革初步處理後運往英國加工。英國下的訂單通常每批超過萬件，美國東部的出口商派人赴西部收購牛皮，簡單乾燥後運往紐約或巴爾的摩港。牛皮運到倫敦時價格還相當低廉，由於到貨數量龐大甚至還需要暫停進口。

1871 年冬季與 1872 年春季間，某家英國公司訂購 500 張牛皮，表示若初製成功會加購無上限的數量（unlimited number）。那時已有人預測：照這個趨勢不出幾年美洲野牛可能就會滅絕（1872 年 8 月 17 日《倫敦時報》〔London Times〕從紐約的報導）。英國的製革技術有專利嗎？若有，加工廠的數量就有限。這種加工不像蒸汽機那種發明，需要給固定年份的保障；再加上加工廠數量多，表示技術散布快，不會是獨占性的行業，顯然沒有專利。

加工後的牛皮用處很廣：服飾、鞋類、家用、傳動機械用的皮帶，還可磨刮鬍刀。製革技術很快在英、德、法流傳，引發對野牛皮的更大需求。以法國西岸的勒哈佛爾（Le Havre）港口為例，1873 至 1876 年間的《牛皮市集》（La Halle aux cuirs）週刊就記載美洲牛皮到港的消息。再以英國利物浦港為例，1873 年到港的美洲牛皮數量是 9 萬 3,498 件，其他港口有各自的進口量。

由於出口需求量大價格穩定，許多人加入這個行業。出口的皮毛要求去毛，這也需要大量勞動力，很快就形成龐大的一條龍產業鏈：獵殺、剝皮、加工、裝運、航行。雖然無具體數字可徵引，下列模式應可顯示這個行業的系統性。1872 至 1874 年間，堪薩斯州大約獵殺 300 萬頭，此州獵捕殆盡時，獵人隊南向今日的奧克拉荷馬州、西部德州、新墨西哥州東部。整體而言獵殺行業急起速落，從堪薩斯州往南 7 年不到就結束。

之後獵殺者就往北走，但遇到蘇族（Sioux）印第安人的抵抗。1870 年代末期打敗蘇族後，北太平洋鐵路把獵人往西帶，進入蒙大拿州大平原，1880 年抵達格倫代夫（Glendive），1881 年就到了邁爾斯城（Miles City）。北方的牛群 1850 年左右開始獵殺，每年要送 20 ～ 30 萬件牛皮去密蘇里州。鐵路開發、擺平印第安人後，1881 至 1882 年北方的獵牛走到高峰。商業獵牛在 1883 年時開始下滑，1884 年最後一批無毛牛皮運往東部。

人類恣意需求

推估歷年屠殺野牛的數量，較可靠的來源是鐵路運送紀錄。三項原因說明這種紀錄不存在。一、那是南北戰爭的年代，許多規範尚未建立。二、獵捕地區多在荒野，管理鬆散，不是每個轉運站都有明確紀錄。三、獵殺頭數與皮件數不相符，因為要汰除小尺寸或品質不符的牛皮。有人大略估算，南方在 19 世紀末約屠殺 370 萬頭，北方的總數無可靠記載，難以推估。

唯一可靠的來源是海關進出紀錄。為何有紀錄？因為要課稅。海關紀錄的優點是年月日與數量明確，但缺點是記錄是以重量計，而非件數，只能用重量推估件數。但出口件數並不等於獵殺數，若要從重量與價值推算件數，前提是要知道歷年的牛皮價格變化。

表 27.1 是 1866 ～ 1885 年間的牛皮價格，有三項指標：

1. WP 是從 Warren and Pearson 物價指標，取得每件牛皮的價格。

2. NY 是紐約商會年度報告內，每件牛皮的價格。

3. HP 是支付給獵牛者的皮件價格。

圖 27.4 則是野牛皮出口的趨勢。牛皮分兩大類：一是野牛，二是人工畜養的牛隻（畜牛）。先看縱軸（左側）：這是野牛皮每年出口數量。縱軸（右側）是畜牛的數量（單位：千頭）。若提到野牛就看左側縱軸，提到畜牛就看右側縱軸。

這是從美國（出口國）觀點所顯現的統計，同樣重要的是要用進口國的統計來對照。史考特・泰勒只有英國海關的進口資料，德國、法國、其他國家的沒有。困擾還是一樣：我們關心的是野牛獵殺數，但海關紀錄只能顯示重量而非頭數，所以還是要從重量推估件數。作者必須用反事實推論法：強烈假設每 112 磅的牛皮等於 4 件牛皮。估算的結果如圖 27.5 所示。中間那條線是推估值；上面那條線是 95% 信

表 27.1　1866 ～ 1885 年間每件牛皮的價格

年	Warren and Pearson 物價指標 （WP）	紐約商會年度報告的牛皮價格 （NY）	支付給獵牛者的皮件價格 （HP）	年	Warren and Pearson 物價指標 （WP）	紐約商會年度報告的牛皮價格 （NY）	支付給獵牛者的皮件價格 （HP）
1866	4.56	4.74	0	1876	3.25	4.04	2.22
1867	4.12	4.82	0	1877	3.40	3.42	2.43
1868	3.93	4.43	0	1878	2.96	3.03	2.12
1869	4.18	4.66	0	1879	3.12	4.51	2.23
1870	3.99	4.51	0	1880	3.53	3.58	2.52
1871	3.93	4.35	2.81	1881	3.40	3.42	2.43
1872	4.06	4.35	2.90	1882	3.37	3.26	2.41
1873	4.12	4.35	2.94	1883	3.34	3.34	2.38
1874	3.99	4.20	2.85	1884	3.46	3.26	2.47
1875	3.84	3.89	2.74	1885	3.28	3.58	2.34

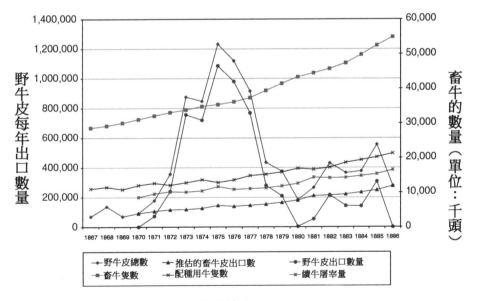

圖 27.4　1867 ～ 1886 年牛隻與牛皮的統計

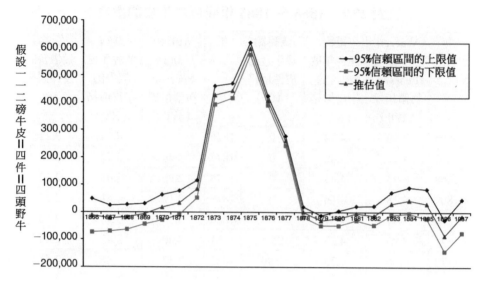

圖 27.5　1866 ～ 1897 年推估的英國進口牛皮數量（1 件＝ 1 頭）

賴區間的上限值；下面那條線則是下限值。簡單地說，如果你相信作者的假設（112 磅牛皮＝ 4 件＝ 4 頭野牛），那麼這三條線就是英國從美國進口的牛皮件數（1866 ～ 1887 年，1 件＝ 1 頭）的可能範圍。

此圖顯示幾件事：

1. 1870 年代初期之前英國的進口數量很少。會出現負值，那是推估不精確（誤差）造成的。接近零是合理的，因為在鞣革技術突破前，英國沒理由遠從美進口野牛皮。

2. 技術創新後（約 1871 年）進口數急遽攀升，1875 年頂峰時每年超過 60 萬件。

3. 1878 年左右又跌到零線上。

4. 法國的進口量沒有類似資料，但若以頂峰期為例，英法的進口量大約超過百萬件（英＝ 60 萬，法＝ 40 萬）。這和圖 27.5 顯示的大致相符：1875 年的野牛皮出口量超過百萬張。

5. 1866 ～ 1887 年間出口到歐洲（英、法、德）的總量應該超過
   350 萬張。

這就支持本章的基本假說：美洲野牛數量的急速萎縮，元凶是歐
洲製革技術創新後，對美洲牛皮產生大量需求。這是需求面的影響，
獵殺野牛就是要供應這批超額需求，世界市場的需求才是遠方的原凶。

還有個小疑問：美洲的野牛皮在 1875 年出口量達到頂峰那年，
約占全世界牛皮出口量多少比例？史考特・泰勒告訴我們一個驚人的
數字：3 ～ 4% 之間。這傳達更嚴重的訊息：人類的恣意需求，是經
濟動物迅速萎縮或滅絕的元凶。人類對野牛的威脅只是竭澤而漁的個
案，受類似屠殺之害的動物還有許多，例如：18 世紀哈德遜海灣公
司對海狸（beaver）的獵捕、北太平洋的海豹皮、北極圈內的座頭鯨
獵殺。

參考書目 ————————————————————————————————

"American Bison", *Wikipedia.*

Taylor, Scott (2011): "Buffalo hunt: international trade and the virtual extinction of the North American bison", *American Economic Review*, 101(7):3162-95.

Dolin, Eric Jay (2010): *Fur, Fortune, and Empire: The Epic History of the Fur Trade in America*, New York: W. W. Norton & Company.《皮毛、財富和帝國》，馮璿譯，北京：社會科學文獻出版社，2018。

28

在戰亂時期，美術品是好投資

　　戰亂時如何投資保值？兵刀水火的事，每個世紀都會有幾次嚴重紀錄。漢人的經驗是保存黃金，因為股票、證券、房地產都可能瞬息煙飛星散。經濟學界對大災難時期的投資報酬，較少有具體的數量化研究，哈佛大學著名經濟學家羅伯特・巴羅於 2006 年發表的〈廿世紀的罕見災難與資產市場〉論文是篇代表作。本章介紹基姆・奧斯特林克（Kim Oosterlinck）在 2017 年發表的研究：他用法國二戰期間的資料，顯示美術品的投資報酬明顯勝過黃金、證券、地產、珠寶、公債。美術品與古董的優勢是：不引人注目、容易攜帶，只要熬過戰亂碰到景氣回升，報酬率通常勝過貴重金屬、珠寶、證券。

　　有件軼聞可供助談。1949 年國共戰後，許多人帶著各種資產逃往美國、香港、臺灣。最常見的是金條：中央造幣廠鑄造的十兩金條（312.5 克）稱為大黃魚，民間金店鑄造每根一兩（31.25 克）是小黃魚。據說張大千不帶這些，甚至連手上的歷代名畫也捨棄，因為惹人耳目容易被盜匪搶劫、被官方沒入。他隨身帶著老舊宣紙和各式顏料，有人詫異問他為什麼。他說這些都是真材實料的宋代宣紙和顏料，以他的繪畫能力到海外靜下心來，很快就能繪出高價古代名畫。沒人要搶這些紙張顏料，所以最安全也最增值。

　　有這種條件的人是例外，但也提醒我們：美術品是戰亂時被忽略的重要投資目標。相對於證券這類可公開追查的資產，美術品（和古董）屬於私密型，用比特幣的詞彙來說，是加密貨幣（crypto-currencies）：圈內有共同認知的價值，外人不易看出，也不明確知道在誰手中，又有行情，還算容易轉讓。美術品的另一種加密功能，是將多餘資金買入高價作品，既可避稅（隱藏財富），又可期待日後升值，是戰亂缺乏投資管道時期的好對象，也是景氣良好時的儲蓄手段。具體的例證是，戰亂時期美術品的投資報酬高，等到富裕時期藝品拍賣的行情扶搖直上。

戰時美術品的報酬較高

學界對美術品投資的報酬率做過多項研究。有一項利用 1715 至 1986 年間 3,329 件作品的行情，發現趨避風險的投資者對美術品的興趣不高。有人研究美國 1875 至 2000 年間 4,896 件藝術品的報酬，發現比固定收益型的債券好，但比股票差。有人用幾個國家拍賣公司上百萬筆資料，做出藝術品價格指數，發現 1951 至 2007 年間美術品市場平均升值 4.03%（實質美元），比股票差，但比債券好。還有研究認為藝術品市場無效率，主因在價格不透明。

這些研究表明，學界對藝術品市場的見解不一。但很少見到有個案研究戰亂時期美術品的報酬。本章分析二戰期間法國美術品的交易，顯示這是個報酬率相當高的投資標的。這條研究路線還值得接續的做，可對比各國在不同情狀下的異同。

美術品市場和常見的證券不同，有四項特性。

1. 收藏者有強烈的敝帚自珍效果。投資者不會在意股票的外觀與式樣，只要升值就好。美術品的特性是：收藏者對某位藝術家情有獨鍾，或對某幅畫有生死不渝的情感。著名的例子是元朝畫家黃公望，80 到 82 歲間（1347～1350 年）以浙江富春江為背景的長卷《富春山居圖》（約 6.90 公尺）。此畫用墨淡雅，濃淡乾濕並用，極富變化，號稱十大傳世名畫之一。明末傳到吳洪裕手中，臨死前（1650 年）焚畫殉葬，被他侄子搶救出但已燒成一大一小兩段。較長的後段稱為〈無用師卷〉，現存臺北故宮博物院。前段較短稱為〈剩山圖〉，1956 年入藏浙江省博物館。2011 年 6 月前後兩段合璧，在臺北故宮展出。這項特例顯示，擁有者會有特殊珍惜的傾向。

2. 機會成本效果。愛畫者會把資源投入鍾愛的作品，不會把資金轉向其他高收益項目。

3. 沉沒成本效果：買愈多畫作，就會投入更多資源在相同的路線，不輕易轉買黃金或房地產。

4. 炫耀性效果：沒人會把股票掛在牆上觀賞，但擁有名畫與古董者，對其他行家有炫耀傾向。炫耀性愈強愈不願轉手，報酬率不是主要考慮。喜愛者認為價值連城，不愛者還嫌麻煩。

本章的主要資料是二戰納粹占領區內，巴黎著名藝廊德魯奧（Drouot）在 1937 至 1947 年間拍賣的 8,850 件美術品。這筆資料可看出美術品的報酬率比債券、股票、黑市黃金、外匯、特殊郵票高出許多。戰亂時期的另一項特色是：投資者偏好小型畫作，因為容易攜帶、藏匿、轉手，所以需求高報酬也較好。

納粹的審美觀

納粹主管意識型態的部門在 1937 年對美術品做出明確區分：真實的（real）與頹廢的（英文 degenerate；德文 Entartete Kunst）。博物館必須清理所有頹廢作品：或是收入庫存不再展出，或是賣到國外或是銷毀。這種人為的干擾，造成國外對頹廢作品有超額需求。

納粹的審美觀在 1930 年代初期就逐漸形成。第三帝國宣傳部長哥貝爾斯（Joseph Goebbels，1933 ～ 1945 在任）要求畫家阿道夫・齊格勒（Adolf Ziegler，希特勒偏好的藝術家）舉辦一場藝展。主題是 1910 年以來德國的頹廢藝術，展示品來自帝國內的收藏。樹立這個標準後，開始清理不符納粹審美觀的作品，半年內沒收 101 座博物館內 1.7 萬件作品，這項頹廢藝展觀眾超過 200 萬人。1938 年 3 月，所有博物館清理掉各自的頹廢藝作。無法賣掉的 4,000 項作品，1939年 3 月由柏林消防局以演習名義焚毀。有市場價值的作品都賣到國外，這些被鄙棄的作品都以不可置信的低價出售，幾乎是免費贈送。納粹知道可從這些作品獲利，就安排部分在國外拍賣。

1939 年 6 月 10 日，國際藝術品市場出現前所未見的奇景：有 126 幅畫作與雕塑在瑞士琉森（Lucerne）公開拍賣。這些頹廢藝術品的作者包括：布拉克（Braque）、夏卡爾（Chagall）、高更（Gauguin）、梵谷（Van Gogh）、莫迪利亞尼（Modigliani）、畢卡索、諾爾德（Nolde）、克利（Klee）、迪克斯（Dix）與馬諦斯（Matisse）。為了提高收益，這些知名藝作標了高價，這和納粹的審美觀（頹廢藝作）完全牴觸。雖然萬眾矚目但拍賣並不成功，氣氛也非常詭異，許多作品賣不掉因為買方怕被認為用金錢支持納粹。

二戰爆發後巴黎仍是國際藝品的中心，這是一戰之後持續的發展。1930 年代受到大蕭條影響，巴黎藝品拍賣陷入困境，英國在1929 年大恐慌後也有類似的嚴重衰退。1939 年秋季二戰爆發後，法國在短時間內戰敗，1940 年 6 月 22 日簽署停戰協定。法國大部分國土（包括巴黎）被德國掌控，稱為占領區。法國政府（受到納粹德國控制）轉到維琪（Vichy），對非占領區另有治理權稱為自由區。

納粹在占領區內，用前述的審美觀迅速掌握藝品市場。主導者是阿弗烈・羅森堡（Alfred Rosenberg），他是意識型態領導人之一，也是東部占領區的帝國部長。他和其他幾位重要人士，配合宣傳部長戈培爾（Goebbels）的政策，主管占領區藝術。希特勒讓羅森堡與他的團隊組成特殊任務部隊（Einsatzstab Reichsleiter Rosenberg，ERR，英文 Special Task Force，類似特勤組），從敵區徵收檔案文獻與圖書。

1940 年 9 月，藝術品也歸特殊任務部隊主掌，負責收集無主的文化財產。依此政策猶太人的收藏品都被盤查，沒入的藝作存放在巴黎網球場博物館（Jeu de Paume）。這些沒入品都做了編目、判別、估價，它們的命運取決於兩項因素：作品的品質、是否符合納粹審美觀。有些作品送往德國，其餘的賣掉或交換其他東西。

親德的專家配合占領軍意向，對這些藝品提出估價。最沒價值的藝品就賣給法國藝品商，款項轉贈陣亡將士寡婦與孤兒。存放在博物館的藝品有一段時間命運未卜。1943 年 7 月有了轉機：第一類藝品用來交易，第二類等待出售，第三類被判斷為無用之物。無用的藝品都被銷毀，包括畢卡索、弗朗西斯・畢卡比亞（Francis Picabia）、克利、魯道夫・恩斯特（Rudolf Ernst）、胡安・米羅（Joan Miro）、尚・阿爾普（Jean Arp）、薩爾瓦多・達利（Salvador Dali）、費爾南・雷捷（Fernand Leger）的作品，猶太豪族的傳統畫作下場相同。

法國藝品市場因而遭受顛覆性的衝擊。猶太人開設的藝廊被嚴密監管，有些著名藝廊把業務轉給非猶太家族。有些藝廊被盤查或轉售，或要求清除頹廢作品，頹廢藝品因而大量流入市場，常有拍賣或私下交易。自由區的維琪政府偏向保護本國藝術寶藏，不會迫害頹廢藝術家。自由區的主要顧慮是不讓國家級藝品送往德國。因而在1941 年 6 月通過法律禁止藝術品出口，但成效有限。

法國戰敗後要償付德國龐大賠款，德國因而有藉口為所欲為，對藝品市場的掌控是其中一項。德國從不同藝廊買入作品，最具代表性

圖 28.1　德魯奧拍賣中心在 1852 年成立，是巴黎主要藝品拍賣場。
（二戰前與今日對比）

的藝廊是德魯奧中心（Hôtel Drouot）。這是巴黎著名的拍賣場，以
美術品和古董為主，有 16 個拍賣廳，約 70 家拍賣公司入駐。二戰期
間德國在此買賣的藝品都沒有留下紀錄，但金額與數量必定可觀。然
而還是有跡可循，因為德國有家重要的運輸公司信可（Schenker）留
下運送的明細紀錄，記載從巴黎運到德國的物品（合法與非法）。檔
案顯示德國博物館是巴黎藝品的主要買方。

　　只要有交易就有利潤，被占領的巴黎藝品市場竟然反常興盛，有
人說這是天賜良機。巴黎的證券市場戰敗後關閉，1940 年 10 月 14
日重開，但 1941 年 3 月才准許交易。而德魯奧拍賣場在 1940 年 9 月
26 日就開張營業。在德國監控下，德魯奧中心必須把十萬法郎以上
的交易製成目錄送審，記載買方的姓名地址。

　　二戰期間十萬法郎以上的畫作超過 450 幅，銷售金額迅速超過戰
前紀錄。1942 年 12 月有位過世的牙醫拍賣部分收藏，金額超過 5,300
萬法郎。1942 年巴黎有 70 家這類拍賣場，營業額都超過 1920 年代，

這也激發出許多新設立的藝廊。交易熱絡後必然出現偽作與仿作，因為畫作已成為重要投資，自由區的偽作與仿作更是明顯。

藝品市場在戰亂時反常興盛，主因是缺乏投資管道與機會。戰時物價飆漲，畫作成為保值投資。媒體給在德魯奧中心買畫的人取個綽號：對法郎不放心的人（les froussards du Franc，英文 franc fearers）。英國也有類似的情形：這類投資者偏好小型作品，因為容易藏匿，黑市交易方便，可避稅也可隱藏財富，幾年內還能賺一筆。

績優畫作的報酬率高

有兩項德魯奧中心的史料，提供 1940 年 10 月至 1944 年 6 月的拍賣價格：一是每星期的《得魯奧中心週報》（Gazette de l'Hôtel Drouot），這是對拍賣界發行的刊物。第二是德魯奧中心的拍賣目錄，可追蹤所有畫作、素描、雕刻、圖畫的交易。這些目錄只在占領時期出版，正好可顯示這段時期社會的熱切關注。拍賣目錄的訊息比《週報》豐富，更適合分析占領期間的市場變化。

《週報》在 19 世紀就發行，提供拍賣場訊息：記載過去的拍賣，也預告日後的場次。內容甚廣，包括傢俱、珠寶、藝品。本章的重點在美術品，只展現與油畫相關的資訊。《週報》記載拍賣品的藝術家姓名、作品名稱、尺寸、售價。有時也提供某些藝品前次的拍賣價格，甚至回溯戰前的資訊，也會報導某些買家姓名。但並不是一有拍賣就立刻刊登，必須蒐集 1937 年初至 1948 年底的《週報》，才能完整掌握 1937 至 1947 年間的紀錄。

為何挑選油畫來分析？因為這是二戰期間占領區最主要的拍賣項目：油畫占拍賣總量在 1940 ～ 1941 年是 47%；1941 ～ 1942 年占 45%；1942 ～ 1943 年占 47%；1943 ～ 1944 年占 47%。油畫占交易總額在 1940 ～ 1941 年是 51%；1941 ～ 1942 年占 65%；1942 ～ 1943 年占 61%；1943 ～ 1944 年占 62%。整體而言，1940 ～ 1944 年共拍賣 1 萬 6,349 件油畫（見圖 28.2 與圖 28.3）。

　　為何 1942 年的拍賣額特別突出？原因之一是戰事吃緊，物價急遽上漲資金轉入藝品市場。之二是前述著名牙醫喬治·維奧（Georges Viau）的收藏品在 1942 年流入市場，創出 5,300 萬法郎的業績（圖 28.3 看不出這個數額，因為已經換算成 1938 年幣值）。

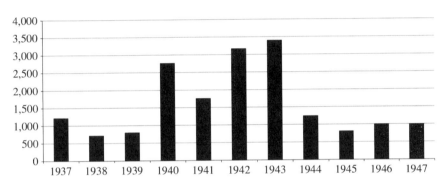

圖 28.2　德魯奧中心拍賣油畫的數量（1937 ～ 1947 年）

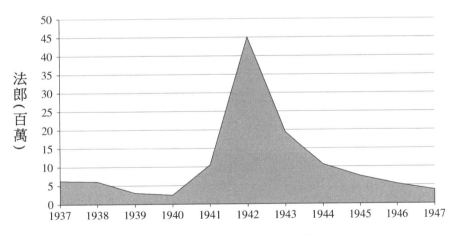

圖 28.3　德魯奧中心拍賣油畫的金額（1938 年法郎幣值）

接下來用指數變化來顯示藝品市場的起伏趨勢。建構指數的總樣本共 8,853 件，分兩大類：一是較尋常的作品；二是屬於績優股（blue-chip）的作品，包括 339 位藝術家共 4,966 件油畫（大多是 19 至 20 世紀活躍的法國藝術家）。明顯的差異是：第二類的平均拍賣價 1 萬 3,667 法郎，中位價 2,160 法郎。明顯高於第一類（普通作品）的平均價格 1 萬零 24 法郎和中位價 1,600 法郎。表 28.1 顯示拍賣總

表 28.1　藝術家排序（依油畫拍賣數量與金額）

藝術家	油畫數量	藝術家	總金額（法郎）
保羅·特魯伊勒貝特（Paul Trouillebert）	106	柯洛（Corot）	13,168,000
亞伯特·賴伯（Albert Lebourg）	83	莫內（Monet）	9,103,000
馬克西米連·盧斯（Maximilian Luce）	82	畢沙羅（Pissarro）	6,935,800
路易·瓦爾塔（Louis Valtat）	79	雷諾瓦（Renoir）	5,881,900
保羅·吉拉姆（Paul Guillaume）	72	阿爾弗雷德·希斯里（Alfred Sisley）	5,520,100
奧通·弗里耶斯（Othon Friesz）	63	皮爾·波納爾（Pierre Bonnard）	5,273,500
尚路易·福林（Jean-Louis Forain）	58	愛爾加·寶加（Edgar Degas）	4,631,000
安德烈·德蘭（André Derain）	52	歐仁·德拉克羅瓦（Eugène Delacroix）	4,510,100
安德烈·法沃里（AndréFavory）	47	亞伯特·賴伯	3,608,700
阿道夫·費里克斯·卡爾斯（Adolphe Félix Cals）	41	歐仁·布丹（Eugene Boudin）	2,474,200
喬治·迪斯班尼特（Georges d'Espagnat）	41		

數量和總金額的排序。

指數起伏的趨勢可從全部樣本與績優品兩個角度來看。圖 28.4 是全部樣本（8,853 件油畫），圖 28.5 是績優畫作（4,966 件）。圖 28.4 與圖 28.5 的縱軸是以 1937 年的指數為 100，每半年標示一次：橫軸是 1937 年到 1947 年下半，實線上下方的虛線是 5% 統計信賴區間。

圖 28.4 的變化可分三階段：

1. 1937 ～ 1938 年是戰前，開戰（1939 年）後指數跌到 66。1939 年 6 月至 1940 年 8 月（從開戰到法國迅速敗戰）拍賣活動中斷。1940 年 4 月藝品市場重開，6 月德軍侵入後中止。

2. 德國占領初期指數與 1937 年水準相似，1940 年底到 1941 年初時市場回復戰前水準。接下來是 1941 年的迅速反彈，指數約 235（業績成長兩倍多）。

3. 1943 年下半略下滑，之後恢復先前水準，持續到 1944 年底，然後急遽下跌到 1947 年。

這表示二戰激烈期間藝品的拍賣異常活躍，反而比 1945 年戰後表現更佳。這和英國形成明顯對比：英國指數在 1937 年為 100（英法相同），1941 年 71.7，之後緩升到 1947 年的 105。二戰期間英國物價高漲，但藝品指數要到 1944 年才回復 1934 ～ 1939 年的水準。紐約藝品指數是另一番景象：1941 年二戰正熱，指數就回到 1929 年大蕭條前的水準。為何要區分績優畫作與普通作品？戰時經濟困難，隨著藝品市場熱絡出現許多偽作。績優畫作就是知名作者的真跡，用以區別偽作與仿作。所以圖 28.5 的指數水準在每個階段都高於圖 28.4。

圖 28.6 顯示油畫與其他 7 種投資的指數對比：藝術品、績優藝品、證券、公債、郵票（這五種在合法市場交易）；還有三種在黑市交易：黃金（拿破崙金幣）、黃金指數（依據拿破崙金幣、法幣、

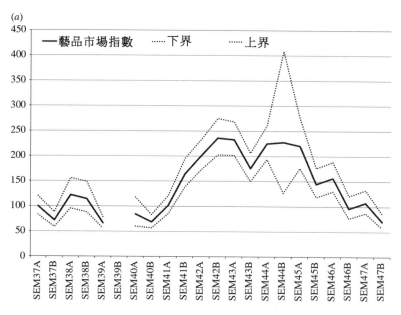

(a)

圖 28.4　全部樣本（8853 件）的指數（1937 年＝ 100）

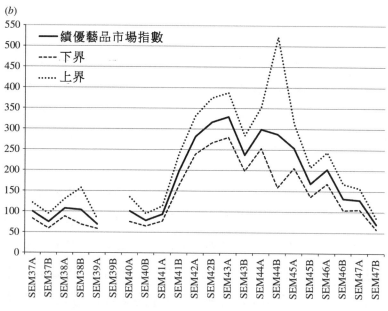

(b)

圖 28.5　績優畫作（4966 件）的指數（1937 年＝ 100）

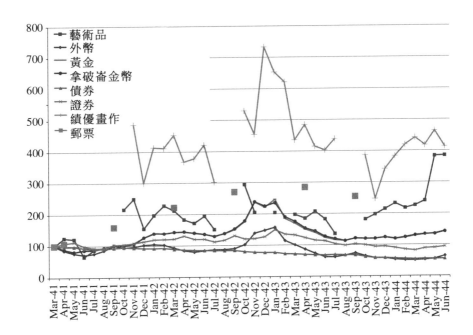

圖 28.6　八種投資標的在 1941 ～ 1944 年的實質價值指數變化

黃金美元制定的指數）、外幣（依據英鎊、美元、瑞士法郎製作的指數）。為何遲至 1941 年 3 月才開始對比？因為要到此時巴黎證券才恢復交易，在此之前資產只能黑市交易無可靠資料。

　　圖 28.6 顯示這 8 項投資目標中，績優畫作的指數最高，其次是畫作（全部樣本）和郵票，黃金、證券、金幣的報酬都遠不如藝品。若以每月報酬率來比，藝術品約 4.79%、績優畫作 6.21%、黃金指數 1.39%、拿破崙金幣 1.32%、外幣 -0.46%、證券 0.06%、利率 3% 的公債每月報酬率是 -1.51%。

小型畫作比大型吃香

　　藝術品走紅的主因與戰亂有關：二戰期間市場關閉，外幣買賣不

表28.2　占領期間拍賣行情（依藝術家排序）

藝術家	畫作	銷售日	價格（法郎）
保羅・塞尚	《弓河谷》與《聖維克多山》（La Vallée de l'Arc et la montagne Sainte-Victoire）	1942/11/12	5,000,000
愛爾加・竇加	《浴後擦拭頸部的女人》（Après le bain. Femme s'essuyant）	1942/12/11	2,230,000
卡米耶・畢沙羅	《路維希恩的克萊泊陵之路》（La Route du Coeur-Volant, à Louveciennes）	1942/12/11	1,610,000
雷諾瓦	《閱讀中的浴女》（Baigneuse lisant）	1942/12/11	1,530,000
愛爾加・竇加	《梳髮的女人》（Femme à sa coiffure）	1942/12/11	1,500,000
歐仁・德拉克羅瓦	《向左側身裸體（羅絲小姐）》（Nu assis, de profil à gauche (Mademoiselle Rose)）	1942/12/11	1,500,000
法蘭西斯科・哥雅（Goya Francisco de）	《藝術家肖像》（Portrait de l'Artiste）	1942/03/11	1,450,000
愛爾加・竇加	《談話》（La Causerie）	1942/12/11	1,410,000
愛爾加・竇加	《瓦萊恩先生的肖像》（Portrait de Monsieur de Valerne）	1942/12/11	1,400,000
奧諾雷・杜米埃（Honoré Daumier）	《藝術家朋友的肖像》（Portrait d'un ami de l'artiste）	1942/12/11	1,320,000
愛爾加・竇加	《浴後梳髮》（La Coiffure après le bain）	1942/12/11	1,300,000

藝術家	畫作	銷售日	價格（法郎）
卡米耶·畢沙羅	《艾尼利街，1877》（*La Route d'Ennery, 1877*）	1942/12/11	1,300,000
多米尼克·安格爾（J. A. Dominique Ingres）	《雕刻師德馬雷的肖像》（*Portrait du graveur Desmarais*）	1941/12/15	1,240,000
柯洛	《風景畫，灰色效果》（*Paysage composé. Effet gris*）	1942/12/11	1,210,000
阿爾弗雷德·希斯里	《莫瑞河畔》（*Le Loing, à Moret*）	1942/12/11	1,205,000
阿爾弗雷德·希斯里	《聖馬梅小徑，1895》（*Chemin de Saint-Mammès, 1895*）	1942/12/11	1,200,000
雅各布·范勒伊斯達爾（Jacob van Ruisdael）	《孤獨》（*Solitude*）	1942/06/15	1,200,000
柯洛	《貝勒維，從瓦勒里恩山看過去的景色》（*Bellevue, vue prise en regardant le mont Valérien*）	1943/02/10	1,100,000
保羅·高更	《布列塔尼懸崖上的兩個人》（*Bretagne. Deux figures sur la falaise*）	1942/12/11	1,100,000
柯洛	《水岸邊樹下交談的三個人》（*Corot, Camille-Jean-Baptiste Trois personnages conversant sous les arbres et*）	1943/03/12	1,050,000
歐仁·德拉克羅瓦	《藍色花瓶中的花束，1849》（*Fleurs dans un vase bleu, 1849*）	1942/06/24	1,040,000

易。股票與證券必須實名登記，很容易顯示投資者的資金狀況。不動產必須登載，脫手不易。持有外幣者必須申報。諸多管制下，合法的管道內沒有人能投資任何東西。藝術品不必實名登錄，容易隱匿，也方便拍賣。還有一項特殊因素：德國博物館與實力買家以占領者的優勢積極參與，造成市況熱絡價格飆漲（參見圖 28.5 與圖 28.6）。

戰亂時藝品投資有幾項優勢：隱密性高、可對抗物價上漲、合法交易（非黑市）、容易在海內外脫手、政府不干預。黃金也是戰亂的主要投資，但只能黑市交易（戰時禁止公開買賣），政府會干預。股票與證券有以下缺點：必須實名登記，缺隱匿性、無法對抗物價上漲（不會隨物價升值）、無法到國外兌現、受政府管制。房地產、外幣的流動性與可靠性更次之。

畫作的行情依作者名氣而異，愈是真品的行情愈高。表 28.2 是藝術行情表：塞尚勇奪冠軍、高更倒數第 2，畢卡索（頹廢畫家）名落孫山。還有一項因素：作品尺寸要考量藏匿的方便度、攜帶他處或國外的可行性。整體而言，小型畫作的行情高於大型作品。

最後來看本章的核心議題：被歸為頹廢作品的畫作（例如畢卡索、梵谷），行情真的比不上非頹廢作品？圖 28.7 顯示未必如此：1937 ～ 1941 年間，頹廢作品的行情確實較低，顯示納粹的審美觀能左右行情。1941 年下半後情況就反過來，顯示長期而言人民的眼睛必然雪亮。

本章的各種指標顯示：戰亂時期對容易逃避監管、容易隱匿的資產（藝術品與古董）會出現超額需求，行情異常飆漲，投資報酬也高於房產、證券、股票、黃金、珠寶。這也說明為何美術藝品在二戰年代的巴黎、在 1990 年代的日本以及今日的中國，會有熱烈的行情。

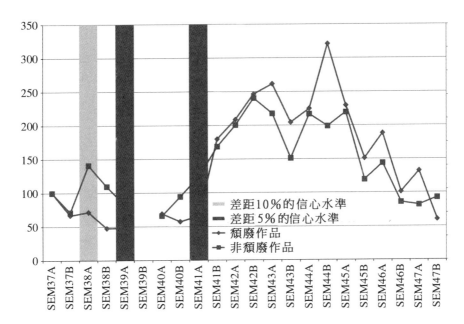

圖 28.7　1937 ～ 1947 年頹廢與非頹廢作品的市場指數

參考書目

Barro, Robert (2006): "Rare disasters and asset markets in the twentieth century", *Quarterly Journal of Economics*, 121(3):823-66.

Oosterlinck, Kim (2017): "Art as a wartime investment: conspicuous consumption and discretion", *Economic Journal*, 127:2665-701.

方言、一民（2023）：《時代的期權：藝術與價值投資》，上海：格致。

第 6 篇

金融的故事

29

複本位的運作方式與優缺點

1700 至 1727 年間牛頓擔任皇家鑄幣廠廠長（Master），職務之一是負責鑄造英格蘭、蘇格蘭、愛爾蘭、威爾斯地區的各種錢幣。以此時英國的複本位為例，鑄幣廠會公告白銀的買入價格：假設 1 磅重的價格為 3 英鎊，這就是當時的白銀市價（未必與歐陸同價）。鑄幣廠也會公告每磅白銀要鑄出多少面額的錢幣。假設共鑄出 5 英鎊，每鑄 1 磅白銀的毛利就是 2 英鎊，稱為鑄幣稅，是政府鑄錢的利潤，用來支應各種行政開銷與戰費。

假設你在後院挖到 100 磅白銀，純度正好是鑄幣廠規定的92.5%，就可以拿這 100 磅白銀去鑄幣廠，付了規定的鑄幣稅和手續費，換取法定數額的銀幣。同樣的道理，你也可拿黃金要求鑄幣廠鑄成規定的金幣，這個過程稱為自由鑄造。

接下來說明金銀比價的觀念，此事以美國的實例較容易說明。因為 1971 年 2 月 15 日十進位化（Decimal Day）之前，英國幣制是 1鎊 = 20 先令（20 進位），1 先令 = 12 便士（12 進位），所以 1 鎊= 240 便士。金銀比價需要小數點計算細節，美國 19 世紀已用十進位，說明上較簡便。

1837 年到南北戰爭期間，政府規定 1 元美鈔等值於 23.22 格令（grain）的純金（所以又名為美金。1 格令 = 0.0648 公克，7000 格令＝1磅重）。同時也規定1元美鈔，等值於371.25格令的純銀。換句話說，1元美鈔等值於23.22格令的純金，也等值於371.25格令的純銀。所以當時的金銀比價是15.988（＝371.25/23.22），簡稱為16比1（16單位的白銀換1單位的黃金），也可以說是1比16（金價是銀價的16倍）。

金銀複本位的意思，就是政府公告金銀都是金屬貨幣（既是金屬又是合法貨幣，銅鐵錫只是金屬不是貨幣）。金銀的市價（金銀比價）由政府依國際行情規定。可以用銀價來定義金價：美國的例子是16比1，假設1盎司（ounce）白銀＝1美元，那麼1盎司黃金＝16美元。也可以用金價來定義銀價：假設1盎司黃金＝16美元，那麼1盎司白銀＝1美元。民眾可以拿16美元的紙鈔，到銀行要支兌換1盎司黃金或16盎司白銀。或兩種都要：半盎司黃金加8盎司白銀。也就是說，紙鈔和金銀幣有法定的兌換比例，政府有責任無限量兌付。所以複本位的金銀等同於定額的鈔票（反之亦然），很有信用也很有保障。

複本位下的金銀都是法定支付工具，可以用金塊或銀塊買東西。但因純度（成色）與重量不易一目了然，民間歡迎政府鑄造的金銀幣因為有明確的面額，避免交易上的猜疑，可降低交易成本。金銀既是金屬又是貨幣，就必須有明確的官價。1盎司黃金的官價是20.67美元，1盎司白銀1.29美元，兩者的比價接近16比1（＝20.67/1.29＝16.023）。

為什麼1盎司白銀＝1.29美元？前面說過，1美元等值於23.22格令純金，而1盎司純金等於480格令，所以1盎司黃金＝20.67美元（＝480/23.22）。若用白銀來表達，前面說過，1美元等值於371.25格令白銀，所以1盎司白銀的美元價格是1.2929（＝480/371.25），簡述為1.29。

所以金銀比價有兩個定義方式：第一，規定 1 美元內含多少黃金、多少白銀。南北戰爭前的比價約是 15.988（＝ 371.25/23.22）。第二，規定 1 盎司黃金＝ 20.67 美元、1 盎司白銀＝ 1.29 美元（比價為 16.023）。兩者（15.988 與 16.023）合觀，簡稱為 16：1（金銀比價）或 1：16（銀金比價）。美國的官方金價（1 盎司＝ 20.67 美元）維持到 1933 年。1934 年初羅斯福總統重訂官價為 1 盎司＝ 35 美元。二次大戰快結束時，由於國際金本位已經崩潰，英鎊也失去龍頭地位，所以從戰後 1945 年到 1971 年 8 月 15 日，美元成為國際龍頭貨幣。黃金的國際官價也因而訂為 1 盎司＝ 35 美元，這是美國 1934 年訂出的行情。

格雷欣法則影響金銀比價

　　在複本位時期，金屬貨幣聽起來很有保障，但萬物皆有天敵。複本位最怕的事，就是史不絕書的格雷欣法則：劣幣驅逐良幣。英國都鐸王朝時，亨利八世為了在歐陸爭取政治舞台，把父親亨利七世遺留的巨額財富揮霍殆盡，只好透過鑄幣稅來聚斂：1544 ～ 1551 年大貶值期間鑄造 403 萬英鎊。亨利八世哪有這麼多金銀可鑄錢？古今中外有三個通用法寶：一是減重量：原本 20 克的錢幣減為 15 克，但面額不變。二是減成色：原本含純銀量 92.5%，減為 70% 以下。三則兩者並用，減重又減純度。

　　大貶值的後果很明顯：

1. 物價飆漲，只好用行政命令禁漲，但誰能長久攔住洶湧流水？
2. 英鎊貶值：這對出口有利，但不利進口，國際債務信用評等因而降低。
3. 大貶值只減重量與純度，貨幣面額不變，民間就保留從前的良幣（高純度高重量），儘快把貶值後的劣幣（低重量低純度）用掉。市場很快充滿劣幣，高價值的良幣就被窖藏起來，或運到外國做各種用途。這就是格雷欣法則：劣幣驅逐良幣。

格雷欣法則如何影響金銀比價？如果比價從 16：1 變為 15：1，表示 15 單位的白銀可換到 1 單位的黃金，也就是銀貴金賤。如果變為 17：1，那就是金貴銀賤。為什麼會銀賤？因為開採技術進步，挖到更多銀礦；又因提煉技術進步，同樣數量的銀礦能煉取更多白銀。為什麼會金賤？原因不一，最常見的原因是發現新金礦（地名：舊金山、新金山），以及在南非、澳洲開採大量黃金。

如果官價是 16：1，但因白銀產量激增，造成銀賤金貴（20：1）。民間預期到此事，先拿 16 單位的白銀向政府換 1 單位的黃金，之後去市場換到 20 單位白銀，賺取 16：1 與 20：1 之間的套利利潤（4 單位白銀），政府很快就破產。反之亦然：如果黃金產量大增，市場金價大跌（金賤銀貴），金銀比價成為 12：1，民間就拿 1 單位的黃金向政府換 16 單位的白銀，賺取 16：1 與 12：1 之間的套利利潤（4 單位白銀），政府很快就破產。這類的手法很多，政府怎麼應對？必須機動地調整金銀比價，避免被套利打敗。

圖 29.1 是長期的金銀比價趨勢，一方面反映金銀價格的變化，二方面可以感受到，若要維護複本位的穩定，就要面臨國內外金銀產量變化、政治、軍事、經濟諸多議題的考驗。假設國際銀價長期大跌，金銀比價變成 39.6 比 1（1902 年），民間就會覺得白銀很麻煩。這就好比左右手各拿一種球，但重量懸殊到不可理喻，此時就不如用單手玩一種球（採金本位）。這是複本位在 1870 年代迅速退位，列強積極轉為金本位的主因。簡言之，複本位的天敵是國際金銀產量起伏不定，金銀比價跟著起伏，格雷欣法則在此時成為無形殺手與破壞王。

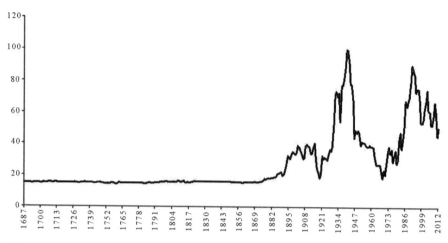

圖 29.1　1678 ～ 2012 年國際金銀比價

複本位的範例國家

英國不是複本位最成功的國家，美國也不是。複本位史上的範例是 1785 至 1873（尤其是 1803 ～ 1873）年間的法國。先解說另一個複本位成功的範例：由法、比、義、瑞士、希臘等國組成的拉丁貨幣聯盟（1865 ～ 1927）。具體做法是讓各國的貨幣與 4.5 克白銀或 0.290322 克黃金等值（金銀比價為 15.5：1）。聯盟內的錢幣規格統一，可自由交換流通，猶如今日的歐元。

聯盟體系運作良好時，民眾有時會感覺黃金扮演主導角色，有時是白銀主導。換句話說：黃金主對外，主巨額交易；白銀對內，主小額交易，金銀互為表裡、相輔相成。金與銀的聯合供給量充足，物價穩定上升，工商業繁榮。銀價波動時就以黃金為主導，金價波動時白銀就發揮穩定功能，猶如降落傘：主傘打開時副傘備用。

拉丁貨幣聯盟能維持 50 多年有個重要因素。19 世紀的法國在各大洲都有殖民地，法語的地位猶如今日的英語，法國的經濟主導性僅

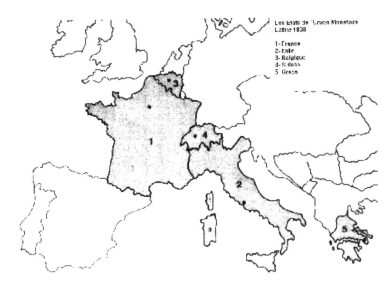

圖 29.2　1868 年的拉丁貨幣聯盟區（包含 1. 法國、2. 義大利、
3. 比利時、4. 瑞士、5. 希臘）

次於英國。法國主導拉丁貨幣聯盟的基本手法就是金銀複本位。法國
長期用金銀幣，民間信任金屬貨幣，紙鈔的發行有健全的金屬儲備：
金銀幣才是真錢，鈔票只是便利的交易媒介。

　　複本位時期的法國很關切掌握金銀儲量，即使國際金銀價格起
伏，仍能長期維持 15.5 比 1。1850 至 1870 年間法國吸納一半世界黃
金總產量，但白銀的持有量長期不變（不增不減）。黃金不斷流入、
白銀持有量不變的結果，就是白銀占總貨幣供給量的比例持續下滑，
從 41% 跌到 8%。也就是說，法國的貨幣供給中黃金儲備量曾經高達
92%，這是世界性的紀錄。

　　換個角度看同件事：法國在 1850 年的貨幣用黃金約是全世界
貨幣黃金的 1/3，1870 年時超過 1/2，因而有實力長期運作複本位。
法國擁有大量金銀，採行複本位就不易被套利活動打敗。今日的美
元、日圓、歐元匯率短期內會因諸多因素造成起伏，吸引熱錢流進流

出，與央行的貨幣政策對做（對賭）。法國的金銀存量豐厚（彈藥充足），不易受熱錢進出影響匯率。

接下來要回答兩個問題：

1. 如果其他國家的金銀存量比不上法國，是否較難維持複本位？是的：要很有實力的國家才能維持複本位運作。只要國際金銀價格激烈起伏，複本位就容易退化為單一本位。若國際銀價長期大貶就改採金本位，如果國際金價大跌就採銀本位。

2. 金銀存量豐厚的法國，為何在 1873 年放棄複本位？主因是 1870～1871 年的普法戰爭失利，支付巨額黃金賠款。普魯士（德國）在俾斯麥積極主導下，1872 年用這大筆黃金把銀本位改成金本位，是繼英國（1821 年）之後第二個採行金本位的國家。為什麼法國放棄施行已久、成效良好的複本位，在 1873 年改採金本位？因為德國改行金本位後，在國際市場大量拋售白銀導致銀價大跌。法國面臨兩難：一方面巨額黃金因賠款而流到德國，二方面德國拋售的白銀因廉價而大量流入法國。

如果法國維持 15.5 比 1 的複本位會遭遇兩大考驗：第一，原本豐厚的黃金儲量因賠款而大幅流出。剩餘的有限黃金，會被大量流入的廉價白銀，以 15.5 比 1 的官價兌換成黃金後再流往國外。第二，在複本位下法國社會不排斥白銀，國際銀價大跌後會大量流入法國（白銀也是貨幣），導致貨幣供給量大增，物價因而飆漲。簡言之，普法戰爭失利後法國黃金大量外流白銀大量流入，合併的效果就是物價飛騰，這是政府與民間的大忌。解決之道無它：放棄複本位，讓白銀非貨幣化（降格為單純的金屬），跟著國際潮流改行金本位，白銀才不會源源湧入。

支持與反對複本位的論點

　　複本位在世界各地施行過千百年，而金本位不到60年就崩潰（1870年代初期到1930年代初期），銀本位只在少數國家運作過（例如中國、墨西哥）。就史實來說，複本位比單一本位可靠。金銀（或銀銅）複本位，具有主副傘互保的功能：若金價或銀價突然起伏，就調整官方的金銀比價來因應，避免套利行為與格雷欣法則。

　　在金屬貨幣時期複本位是良好設計，放棄複本位走入金本位是歷史上的錯誤，是列強私心太重。獨尊黃金的結果，就是加速金屬貨幣體制的終結。從陰謀論的角度來看，對英國或俾斯麥而言，世界經濟走入金本位，會比在金銀複本位時期更容易掌控主導局勢。

　　現今的國際金融教科書早已不提複本位，但大多會提到金本位。讀者容易誤以為金本位是唯一的金屬貨幣制。其實複本位才是歷史上

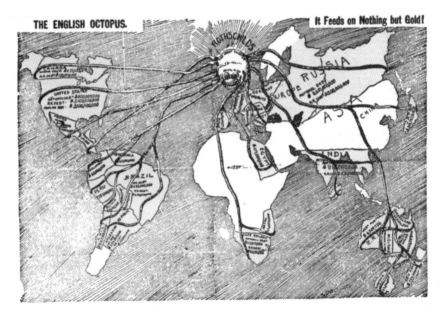

圖 29.3　金本位方便英國「大章魚」掌控世界經濟（出自 1894 年美國漫畫）

的常態，金本位是複本位的
短命變異體。教科書有時會
錯誤地認為，同時採用金銀
為貨幣，會因國際金銀價格
起伏，造成貨幣體制先天不
健全，導致物價變化不定，
帶來各種難以逆料的惡果。

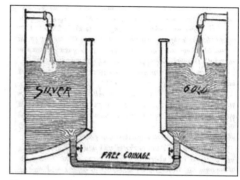

圖 29.4　金銀複本位自由鑄造相互流通，
貨幣供應充足，物價平穩

今日已進入信用卡和網
路世代，不可能回頭施行金
屬本位，教科書只會簡要說明過時的金本位，忽略更早期的複本位。
現在探討複本位並不是要恢復它，而是要理解它的運作方式與崩解過
程。目的是幫助我們更明白人類設計貨幣體系的心態與過程。探討貨
幣史的目的不在於邁向完美的新體制，而是減少對貨幣心態的無知。

反對複本位者認為這種幣制有本質上的缺陷：國際金銀價格不可
能長期平穩，只要金銀價波動，就要隨時調整金銀比價。在這種運作
機制下，複本位的本質必然不穩定，國際間的白銀與黃金會像熱錢一
樣流竄。與其兩手各拿一個燙手山芋，不如採用價值較穩定、產量變
動較小的黃金作為單一的貨幣發行準備。白銀就讓它和銅鐵一樣，單
純地扮演金屬功能。對國際經濟而言，白銀失去貨幣功能，就減少一
個興風作浪、難以掌控的惡魔。

主張採行複本位者有兩個論點：

1. 世界人口激增、工商發達、國際貿易興盛，需要更多貨幣促進
   交易。猶如迅速成長的身體需要充裕的血液帶動養分，讓全身
   健全發展。從這個角度來看，黃金的供應量有限，必須輔以
   產量較豐的白銀。猶如肉類需要和米飯蔬菜搭配才是健全的餐
   飲，單吃高蛋白的牛肉反而有害。

2. 若只用黃金作為發行準備，猶如飛機只配備單具高檔引擎，空中熄火怎麼辦？與亞洲做貿易的商界通常支持複本位，因為中國和印度採銀本位，匯率會因銀價起伏而不穩定。亞洲各國採複本位，匯率會較穩定，這對歐美商界很重要。

史實證明，閃亮氣派的金本位撐不過半世紀。它在 1873 至 1914 年間確實良好運作 40 年，一戰期間與之後總共停擺十年，1925 年重返金本位，接下來是風雨飄蕩 6 年，1931 年 9 月英國片面宣告脫離金本位。如果 1918 年大戰結束後恢復的是複本位，而非金本位，或許就不會發生 1929 年的世界性大蕭條。因為豐富的白銀猶如充沛的湖水，船舶不會因降雨量減少而觸底。

複本位是否值得保留，取決於三個關鍵議題。第一，複本位比單一（金或銀）本位是否更能發揮物價穩定效果？（扮演副傘與副引擎的效果）。第二，如果白銀（或黃金）的產量在短期內激增（或遽減），複本位還能穩定運作嗎？最後，世界經濟愈整合、國際貿易愈發達，金屬本位早就該淘汰。金屬本位制能撐到 1930 年代已是萬幸，現在爭辯複本位與單一本位何者優劣已無意義。

複本位已不符今日的需求，因為只要金或銀的產量變動激烈，複本位就會退化成單一本位：白銀增產貶值複本位就退化為金本位，黃金增產貶值複本位就退化為銀本位。如果金銀產量與價格變動不太激烈，複本位比較能發揮物價穩定效果（副傘效應）。而黃金與白銀聯手作為通貨發行準備，較能確保貨幣數量供應充足，有助於繁榮工商與國際貿易，物價不易陷入緊縮，降低世界性大蕭條的機率。再者現今的央行容易過度發行紙鈔，美國已有多次量化寬鬆。這是印鈔票救自己，把通膨轉嫁外國的做法（以鄰為壑）。若今日世界還用複本位，這種事就不易發生。

經濟學家的看法各異

第一次世界大戰結束前，各國採用金本位的時段大致如表 29.1。

表 29.1　第一次世界大戰結束前各國採用金本位的時段

依英文字母序	持續時段	依英文字母序	持續時段
阿根廷	1899.10.31 ～ 1914.8.2	義大利	1883.3.1 ～ 1894
奧地利	1892.8.2 ～ 1914.8.4	墨西哥	1905.5.1 ～ 1914
巴西	1906.10.15 ～ 1914.12.12	尼加拉瓜	1912.3.20 ～ 1914
錫蘭	1901.9.26 ～ 1914.9.4	俄羅斯	1897.1.3 ～ 1914.7
智利	1895.6.1 ～ 1898.7.11	南非	1882.2.9 ～ 1914.9.6
哥斯達黎加	1896.10.26 ～ 1914.9.18	瑞典	1873.5.30 ～ 1914
埃及	1885.11.17 ～ 1914.8.2	土耳其	1881.1.6 ～ 1914.8.4
希臘	1910.3.19 ～ 1914.12	美國	1879.1.1 ～ 1917.9.7
印度	1898.1.1 ～ 1914.9.5		

以下綜述英、德、法三國放棄複本位改採金本位的簡要過程。英國在法律上是複本位，但在 1797 ～ 1819 年間不接受紙鈔兌換金銀幣。1821 年正式改採金本位，紙鈔可依官價兌換實體黃金，白銀正式失去貨幣功能。德國從普法戰爭取得巨額黃金，1872 年轉向金本位，作為邁向世界強國的象徵。日本仿此模式，從甲午戰爭取得巨額賠款，在倫敦轉存黃金帳戶，1897 年改採金本位。法國因戰敗付出巨額黃金，又因國際白銀湧入，被迫放棄運作良好的複本位，1873 年改行金本位。列強的示範效果，在歐洲、北美、南美、亞洲帶動改採金本位的熱潮，複本位迅速敗退消失。無法改行金本位的窮國（如中國與印度）對國際交易時採銀本位，對內仍是銀銅並用。

經濟學者對複本位的見解不一致，支持者有奧地利的熊彼德（Joseph Schumpeter），他在《經濟分析史》說：「複本位是單一本位主義者的主要獵物……但在最高的層次上，複本位的論點在這場爭辯中占上風……」。

以費雪方程式（MV＝PT）聞名的歐文・費雪（Irwin Fisher）則認為重點在於哪種本位制（複本位或金本位或銀本位）的物價穩定性較佳。他說：「複本位可以讓金價或銀價的起伏，攤在金銀這兩個市場上〔即複本位較易分攤風險〕……但單一本位〔如金本位〕可能會比複本位更穩定〔因為國際銀價起伏太大〕。」

以一般均衡理論留名的里昂・瓦拉斯（Léon Walras）則認為複本位的「機會較大」：複本位會帶來更穩定的物價，比單一金本位或銀本位的物價平穩效果更佳。劍橋大學新古典學派的奠基者馬歇爾（Alfred Marshall）也曾多次表明支持複本位。

反對複本位最有名的史丹利・傑文斯卻認為，複本位的理論完整漂亮，但實務上他贊成金本位：因為國際銀價長期看跌，複本位會增加許多不便與不確定性。若採單一金本位，變數較少，處理也方便，「所以我很樂意看到貨幣會議已經決定採用金本位。」

參考書目

"Bimetallism", *Wikipedia* (July 2015).

Bordo, Michael (1988): "Bimetallism", *New Palgrave Dictionary of Economics*, I:243-5.

Friedman, Milton (1990): "Bimetallism revisited", *Journal of Economic Perspectives*, 4(4):85-104.

Officer, Lawrence (2008): "Bimetallism", *New Palgrave Dictionary of Economics*, 2nd edition, II:488-92.

Redish, Angela (2000): *Bimetallism: An Economic and Historical Analysis*, Cambridge University Press.

30

甲午賠款促使日本採行金本位

　　日本發動甲午戰爭，從動機上看，並不是為了加入金本位制。但從後果看，清政府的巨額賠款，幫助日本加入具有國際標籤意義的金本位，完成具有象徵意義的「脫亞入歐」戰略。日本改行金本位，不僅進一步完善金融體系、擴大對外貿易，更消除原本因幣值與白銀掛鉤，而無法對外融資的困境。加入金本位後，得以大幅度對外融資舉債，籌措軍費與建設財源。

　　1868 年明治政府高舉三面大旗（富國強兵、殖產興業、文明開化），推進國家主導的工業化，積極建立現代貨幣體系。這種金融體系的建立，為推進工業化打下重要基礎。明治初期的開港地區仍將墨西哥銀元作為外貿結算貨幣。1870 年秋大藏少輔伊藤博文赴美國考察，建議仿效銀行制度、改行金本位制。1871 年 5 月大藏省頒布《貨幣條例》規定施行金本位，但實際施行的是雙本位制：金名銀實（名義上是金本位，實際上是銀本位）。當時輕工業發展迅速，而國際銀價持續走低意味著日圓對外貶值，對出口有利貿易收支持續順差。

　　18 世紀上半葉的國際金銀比價大致在 1：15.5 上下浮動。1870 年代歐美各國施行金本位後金貴銀賤日趨明顯，銀價大幅度下跌對出口有利，改行金本位其實對日本經濟不利。高層堅持金本位制主要出於政治目的，兩個關鍵人物是：伊藤博文和松方正義。松方在 1881

年 10 月至 1892 年 8 月、1896 年 9 月至 1898 年 1 月、1898 年 11 月至 1900 年 10 月任大藏卿（財政大臣）；1891 年 5 月至 1892 年 8 月、1896 年 9 月至 1898 年 1 月任首相，正是討論加入金本位的關鍵期。他主張財政改革成效卓然，堅信加入金本位制是世界大勢，即使對出口短暫不利，但轉向金本位制是成為列強夥伴的必要台階。

1893 年 6 月印度施行金本位制，國際金價上漲對日本的進口影響顯著。政府為此成立貨幣制度調查會，研議是否應改變貨幣本位。各方爭論不休，調查會內部也意見不一。大多數人不主張加入金本位，認為銀價下跌有利出口，而且銀價下跌所造成的物價上漲能促進農工商的興旺。代表人物有：澀澤榮一、園田孝吉、小幡篤次朗、高田早苗等。

改制派以大藏省的阪谷芳郎、添田壽一為代表，認為要強化軍事實力、充實產業基礎，特別是重工業和化學工業，必須從歐美輸入武器和機械、導入外國資本。採用金本位有利進口、節省外匯支出。實行金本位制估計需要 2 億日圓的黃金儲備。主張金本位制的官員對這個數字望而生畏，認為金本位制必行但要先湊足黃金準備。甲午戰後，金本位的爭論仍持續。

對外擴張助日累積資本

《馬關條約》要求清政府賠償巨款，主要有三項：一、軍費庫平銀 2 億兩；二、贖遼費庫平銀 3,000 萬兩；三、威海日軍駐守費庫平銀 150 萬兩。合計庫平銀 2,315 億兩。還以銀價下跌為藉口，多要了 1,325 萬兩來補匯差，同時要求用英鎊在倫敦支付。由於金價上漲，造成匯差損失（鎊虧）額約 1,494 萬兩。以上總計庫平銀 2,597 億兩，折合 3,895 億日圓，是實際軍費支出的 2.6 倍，或年度財政收入的 4.87

倍，成為日本加入金本位的決定性籌碼。

　　1895年7月貨幣制度調查會最後一次全體會議，通過兩點決議：第一是有必要改正現行通貨本位；第二是新採用的幣制是金本位。1896年9月松方正義再次當選首相，組成第二屆松方內閣，親兼藏相（財政部長）。他以大藏省書記官添田壽的〈金本位制施行方法〉為藍本，提交內閣會議。經過內閣決議、帝國議會決議後，1897年3月頒布施行金本位的〈貨幣法〉：規定1日圓＝純金750毫克，10月起實施。這是脫亞入歐的經濟表徵。

　　過去採行銀本位時，由於國際銀價持續下跌，無法吸引外國投資者購買日本發行的國際債券，很不利擴大軍費、籌集建設經費。要維持龐大的軍費，光靠國內借款也遠遠不夠。擴充的軍艦大部分從英國訂購，銀價跌落就會增加艦款，這是迅速轉向金本位的理由。一戰前，日本是歐美的低開發型交易夥伴，也是國際間的資本輸入國。

　　甲午戰後日本積極工業化，開始戰後經營時代：海陸軍擴張、設立製鐵廠、鐵路的改良與鋪設、電信、電話、航海的擴張、大學、專門學校之增設、勸業、農工、臺灣等銀行的設立，以及經營開發臺灣經濟。經費來源由租稅充當，臨時費則由公債與賠款充當。銀行制度的改革加速資本積聚，成為原始積累的有力槓桿。

　　明治維新後，日本急需建立自主性的產業體系。但因先天不足，推行殖產興業所需的大量人才物質仰賴歐美，造成大量金銀外流。1868至1893年間從各國輸入的黃金總額達1,230萬元，其中從朝鮮輸入的占835萬元（68%）。黃金走私量也相當可觀，1885至1887年間的輸入額是國內產量的4倍。

　　改行金本位的最大障礙是黃金儲備缺乏，對外擴張顯然是重要管道。1888年10月松方正義就任大藏相，進行紙幣整理充實正貨（黃金儲備）。如果沒有朝鮮的黃金，松方的政策能否推行都是疑問。依據 1876 年〈日韓修好條規〉附錄第七款，日本諸貨幣可在朝鮮自由流通，紙幣可以自由兌換黃金。

引發甲午戰爭的主要原因

帕森·崔特（Payson Jackson Treat，1879 ～ 1972）是史丹福大學遠東問題專家，1939 年他概括四種引發甲午戰爭的不同觀點。一、俄國修建西伯利亞鐵路，藉以打開對中國開發的大門。二、日本軍方藉甲午戰爭打造一支新軍。三、政府藉以轉移國內嚴重的政治紛爭。四、中國對朝鮮事務的干預激怒日本。崔特認為主因是第四點會影響日本在朝鮮的權益。日本意識到三重威脅：中國、俄羅斯和西方。基於生存的競爭，中、俄、日爭奪朝鮮等地時，日清、日俄戰爭必然爆發。中國學界也有類似崔特的觀點：1894 年的朝鮮東學黨起義是甲午的直接原因。

此外還有幾種觀點：

1. 經濟目的說。日本發動甲午戰爭是為了確保國外原料和市場，進行原始積累、掠奪殖民地。日本的資本主義較歐美落後，國內市場狹窄，資源貧乏，不僅需要中國和朝鮮的原料，還需要開闢廣闊的中國、朝鮮市場。

2. 偶發說，包括戰爭是因朝鮮東學黨起義引起；日本國內發生政治危機，不得不把內部爭端轉向對外侵略；戰爭是陰錯陽差的偶然性原因促成。

3. 侵略中國和朝鮮是既定國策，甲午戰爭是軍國主義蓄謀已久的行動，是實施擴張的大陸政策之必然步驟，不是偶發事件。1890 年開始的經濟和政治危機，是發動甲午的直接契機，朝鮮問題僅是藉口。

加入金本位吸引外國投資人購買債券

當時國際貨幣以金本位為主：實際通行的是紙幣，但紙幣可以自由兌換成等值黃金。最早實行金本位的是英國，1816 年頒布〈鑄幣條例〉，規定 1 盎司黃金的價值為 3 英鎊 17 先令 10.5 便士，銀幣只是輔幣。1819 年又頒布條例，要求英格蘭銀行的銀行券在 1821 年能兌換黃金，1823 年能兌換金幣，並取消對金幣熔化及黃金輸出入的限制。從此英國真正進入金本位制。澳大利亞和加拿大兩個殖民地也於 1852、1853 年加入金本位。普魯士接著加入。普法戰爭後取得法國的兩個省，還獲得 50 億法郎賠款。1871 年 1 月，威廉一世在巴黎凡爾賽宮宣告建立德意志帝國，成為首任皇帝。在鐵血宰相俾斯麥的主導下，德國利用巨額賠款購買黃金過渡到金本位。

為何 19 世紀末金本位能在世界範圍內確立？主因是 1850 至 1860 年代黃金產量快速增加，顯著增加貨幣用途的黃金儲量。另一方面，白銀的提煉方法改良產量續增，造成 1870 年代後銀價急遽下跌：黃金兌換白銀的比例從 1870 年的 1：15.5 跌到 1：18（金貴銀賤），1889 年跌到 1：22，1894 年跌到 1：32，1902 年再跌到 1：38。當時英國最強，德國是歐陸新霸主，美國與其他國家紛紛加入金本位。

金本位制的本質是全球化的背景下，以英國為主導的貨幣紀律，以及國際收支的調節機制，對全球貿易的增長十分重要。金本位對工業化國家比對落後國家有利。全球生產和貿易分工中，英國是金本位最大的受益者。在這股潮流下日本也想積極加入俱樂部，目的是提高國際金融市場的信用等級，吸引外國投資者購買債券。

表 30.1　日本軍費支出：1890 ～ 1904（日圓）

	軍費支出	占國家支出比（%）	債務償還支出	占國家支出比（%）
1890	26,201,920	31.8	20,317,932	24.7
1891	24,244,316	29.0	18,515,800	22.2
1892	23,504,272	30.2	18,517,168	24.1
1893	23,746,641	28.0	19,455,918	23.0
1894	21,621,701	28.4	19,721,143	25.2
1895	24,526,182	28.6	24,190,858	29.0
1896	54,073,128	32.1	30,504,172	18.1
1897	106,763,897	47.5	27,300,959	12.2
1898	111,733,877	51.0	27,284,287	12.4
1899	116,861,361	45.5	32,885,787	12.9
1900	113,476,693	38.6	34,501,485	11.8
1901	97,191,796	36.6	35,777,814	13.4
1902	87,305,771	30.2	75,319,554	26.0
1903	85,775,493	34.2	35,895,399	14.4
1904	36,470,929	13.2	44,193,194	16.0

還有一些背景性的因素需要說明。

1. 1890 年後貿易巨幅增加，但很難區分是因為加入金本位，還是世界貿易規模擴大的結果。

2. 經濟規模擴大企業勃興，對進口需求增加速度更快。棉紗與雜貨出口擴大，但進口增加的速度更快，收支逆差耗盡甲午賠償的外匯存款。

3. 若要繼續戰後經營只能靠募集外債。金本位制後能與國際資本市場聯結，易於引進外資可擺脫收支危機。改為金本位後因匯率穩定，國外投資者的風險顧慮減少，才能大規模引進外債。

4. 1897 至 1913 年外債增到 19 億日圓，1913 年債務總額占 GNP 的 41.3%，扣除國際借貸中的債權，對外淨債務為 12 萬 2350 萬日圓，是 GNP 的 26.6%。

5. 與白銀掛鉤的日圓，不易在國際金融市場上持續廉價地獲得融資，並轉用於軍費與進口機器建設。一旦與他國開戰，清朝的賠款根本不夠。政府高層意識到要進入國際金融市場，就必須為白銀掛鉤的原罪付出代價：改採金本位的主要效果就是消除「白銀的原罪」。

6. 日俄戰爭時（1904 ～ 1905 年）日本透過海外市場籌措軍費，倫敦是最主要的資本市場，英國也是日本購買戰艦的主要來源。還有一種文化上的見解：已開發國家都已進入金本位，日本也應由銀本位轉向金本位，清朝的賠款正好幫助轉向更高級別的貨幣文化。

甲午戰前日本財政規模約 8,000 萬元，戰後從小政府轉向大政府：超過 2 億日圓。最主要的是軍費，單項就把財政規模擴大到 1 億日圓。但加入金本位也帶來嚴重後果，那就是國內媒體的負面評價。最重要的是維持金本位需要大量外匯儲備，因而更依賴海外融資。日本銀行總裁中最精通金融事務的深井英五說：「我國在海外發行的債券都成為外匯資產，甚至可以理解為：我們發行海外債券的目的，就是為了維持金本位制。」

甲午戰後日本扮演遠東憲兵的角色，英國提供主要的財務支援。為了對抗俄國、德國、法國在東亞的擴張，英國在金融上扶持日本，1902 年 1 月簽訂英日同盟。當時為了彌補日本急遽擴大的國際赤字，連在倫敦控制下的海軍艦艇貨款也被暫時挪用。後來透過募集外債填補貨款。日俄戰爭的經費也在海外籌集，這些都是改採金本位後發揮重要作用的例證。

表30.2 日本政府 1870 ～ 1905 年對外債券融資

	名義利率／收益率（%）	發行地	金額（千英鎊）	發行價格（%）	期限（年）	用途
1870	9/9.2	倫敦	1,000	98	13	鐵路建設
1873	7/7.6	倫敦	2,400	92.5	25	養老金贖回
1897	5/4.9	倫敦	4,389	101.5	53	軍費
1899	4/4.4	倫敦	10,000	90	55	鐵路、鋼鐵和電話
1902	5/5	倫敦	5,104	100	55	軍費、鋼鐵、電話和菸草
1904	6/6.4	倫敦／紐約	10,000	93.5	7	軍費
1904	6/6.6	倫敦／紐約	12,000	90.5	7	軍費
1905	4.5/5	倫敦／紐約	30,000	90	25	軍費
1905	4.5/5	倫敦／紐約等	30,000	90	25	軍費
1905	4/4.4	倫敦／紐約等	30,000	90	25	軍費

表30.3 清政府 1894 ～ 1910 年對外債券融資

	名義利率／收益率（%）	發行地	金額（千英鎊）	發行價格（%）	期限（年）	用途
1894.9	7	倫敦	庫平銀 9,945	98	20	沿海防務
1895.1	6	倫敦	英鎊 2,865	96.5	20	沿海防務
1895.6	6	柏林／漢堡	英鎊 960	96	20	軍餉砲價
1895.6	6	倫敦	英鎊 955	106	20	江防費用
1895.7	4	巴黎／倫敦	法郎 376,500	96.5	36	提付日本甲午賠款
1896.3	5	倫敦／柏林	英鎊 15,200	98.75	36	提付日本甲午賠款
1998.2	4.5	倫敦	英鎊 13,280	90	45	提付日本甲午賠款
1903.7	5	倫敦	英鎊 2,613	97.5	60	鐵路
1905.4	5	倫敦	英鎊 1,000	97	20	庚子賠款
1910.10	7	倫敦	英鎊 3,279	97	10	贖回京漢鐵路

表 30.4　甲午戰爭賠款具體使用

	數額（萬日元）	占比（%）
臨時軍費特別會計轉入	7,896	23.0
陸軍擴張費	5,404	15.7
海軍擴張費	12,527	36.4
製鐵所設置費	58	0.2
1897 年度臨時軍費運輸通信費一般會計轉入	321	0.9
1898 年度一般會計補充	1,200	3.5
皇室費用編入	2,000	5.8
軍艦魚雷艇補充基金	3,000	8.7
防災準備基金	1,000	2.9
教育基金	1,000	2.9
總計	34,406	100.0

甲午戰後由於大量進口軍艦機械，國際收支巨額赤字。也因為通貨大增，物價上漲加快，金融形勢持續緊張。能長久支撐不致破產，是透過金本位從海外大量吸收資本。日本向金本位過渡期間，恰逢1890 年代後半期世界經濟開始恢復，吸收外資比較容易。硬通貨（黃金）流入，補充對外支付的儲備，並彌補財政赤字、緩和金融形勢，為戰後的企業勃興、經濟擴張、大政府創造了條件。

（本章與丁騁騁合著）

參考書目

Metzler, Mark (2006): *Lever of Empire: the International Gold Standard and the Crisis of Liberalism in Prewar Japan*, University of California Press.

Mitchener, Kris, Masato Shizume and Marc Weidenmier (2010): "Why did countries adopt the gold standard? Lessons from Japan", *Journal of Economic History*, 70(1):27-56.

Schiltz, Michael (2012): "Money on the road to empire: Japan's adoption of gold monometallism", *Economic History Review*, 65(3):1147-68.

Sussman, Nathan and Yishay Yafeh (2000): "Institutions, reforms, and country risk: lessons from Japanese government debt in the Meiji era", *Journal of Economic History*, 60(2):442-67.

31

金本位是傳遞大蕭條的元凶？

　　有一種說法：大學部的經濟史課程通常只有一學期（3 學分），其實只要教「1929 年大蕭條」（也稱為大恐慌）這個題材就夠了。第一，這個題材引發許多大爭辯，都尚未有定論，例如：大恐慌的起因為何？為何這麼快就傳布到全世界？它是如何終止的？各國政府有過哪些有效作為？第二，大恐慌牽涉的主題眾多，包括貨幣危機、匯率政策、利率政策、農業政策、國貿政策、金融危機、產業政策、社會福利措施。上述的眾多題材，一星期上兩次課也只能約略觸及，何況還有談不完的個案研究（美、日、英、法、德、南美洲、中國）。

圖 31.1　經濟大蕭條的起點是美國華爾街股災，圖為華爾街股市崩潰之日（1929 年 10 月 29 日）

1929 年大恐慌的起因有三種主要說法：

1. 產業結構說：1914 ～ 1918 年第一次世界大戰期間歐洲破壞嚴重，戰後重建必須向美國購買建設物資（如鋼鐵）與生產設備。在國外市場的強烈需求下，美國工業迅速擴張生產。十年後歐洲的復興已告段落，對美國物資需求銳減。1918 年後大幅擴張產能的美國產業，在海外市場急遽縮減後開始裁員導致全面性的恐慌。

2. 貨幣政策說，這是以芝加哥大學米爾頓・傅利曼為首的論點。他們認為造成大恐慌的主因是聯邦儲備銀行（Federal Reserve Bank，類似中央銀行）在這段期間不恰當地減縮貨幣供給量，造成物價大跌、股市崩盤，導致世界性的災難。

3. 金本位體制說。它的背景是金銀複本位，意思是說：黃金與白銀都是發行貨幣的信用準備，黃金與白銀有固定的價值比例（19 世紀中期約 15.5 比 1）；任何人都可以拿紙幣向銀行換回等值的黃金或白銀。複本位在歐洲已實行數百年，1870 年代英、美、法、德等列強逐漸放棄白銀的貨幣功能，改採黃金單一本位制，簡稱金本位。

金本位在 1880 至 1910 年代運作很好，1914 ～ 1918 年大戰期間中止運作。當時執世界金融牛耳的英國，直到 1925 年才恢復金本位，但只撐了 6 年，1931 年 9 月再度脫離，各國的金本位制跟著逐漸崩潰。

金本位制國必須公告幣值，例如 1 英鎊等於多少公克的純金。理論上任何持有英鎊的人，都可以向英格蘭銀行換回公告價值的黃金。金本位制是一種固定匯率制，英國在衰退時必須苦撐住這個匯率，要維持住金本位制的基本特徵：鈔票與黃金之間的自由（與強制）兌換。英國實力衰落時，以凱因斯為首的經濟學家大力主張脫離金本位。他們認為，1880～1910 年代的金本位確實給大英帝國帶來領袖的榮耀，但一戰後金本位反而成為英國的金腳鐐（golden fetters）。凱因斯說：「很少英國人不想敲開我們的金腳鐐。」

只要是金本位的國家，1920 年代都明顯感到金腳鐐的桎梏。兩次世界大戰之間，有 60 個國家是黃金俱樂部的會員（詳見章末書目勞倫斯．奧菲瑟〔Lawrence Officer〕論「金本位」文章的表 2）。依照金本位的基本定義，這 60 個國家的貨幣都必須保持固定的黃金含量，讓持有該國貨幣的人隨時可以兌換公告價值的黃金。

在全球性的金本位體制下，這 60 個國家等於是穿上同一條黃金做的褲子，好處是匯率穩定，有助於國際貿易與金融交易。缺點呢？如果有一家失火，黃金俱樂部的會員國很快就燒成一片火海。1920 年代時的美國已逐漸取代英國成為國際金融要角。1929 年美國發生大恐慌，這隻大象一倒，透過金本位的連鎖反應，很快就把英、法、德，以及黃金俱樂部會員國全部拖下海，有人說這是金腳鐐的溺斃效果。

中國那時因為沒資格參加金本位，延用老舊的銀本位：對外的貿易、結算、清償都用白銀計算。主要國家都行金本位固定匯率時，國際銀價起伏不定，中國的銀本位等於是浮動匯率（與金價脫鉤）。1929 年大恐慌時，有銀本位這道防火牆的保護（金銀不同軌，猶如油水不相混），對中國的衝擊就減緩許多。

金本位把經濟不穩定散布到全世界

回來看前面說的大恐慌三說：產業結構說、貨幣政策說、金本位制說。我們把重點放在金本位說，因為前兩說已有無數論文，而金本位說是 1990 年代初期才興起，主要的倡說者是柏克萊的巴里．艾肯格林（Barry Eichengreen）和麻省理工的彼得．特名（Peter

Temin）。證據何在？艾肯格林和特名提供各種面向統計，在此只需提出黃金俱樂部會員國的物價同步變化即可。若把 1929 年英、美、德、法的物價設定為 100，很清楚地看到 1929 至 1932 年間，這四國的批發物價指數同步下跌，在 1929 至 1930 年間還幾乎重疊。要到 1932 年之後因為各國的對策不同，物價才有不同走勢。

舉個反例。前面說過，金本位國家的幣值必須和黃金價格密切聯繫（因而稱為固定匯率），中國在銀本位下幣值與國際金價無涉，等於是浮動匯率。好處是什麼？1929 至 1932 年間金本位國家的物價大幅下跌 30% 至 40%，中國反而高升 25%。就算中國在 1932 至 1935 年間終究逃不過國際低迷的影響，物價的跌幅也只比 1929 年低 15%，災情比金本位國家輕多了。

日本明治維新後積極加入黃金俱樂部，但外匯不夠改行金本位。解決辦法就是發動甲午戰爭（1894 年），要求大量賠款才夠本錢加入列強的行列（1897 年）。加入後沒多久就碰到 1914 至 1918 年的一戰，金本位制停擺。1930 年恢復金本位，一年後（1931 年）又隨著英國脫離金本位。

為什麼金本位才是大蕭條的因果？以下引述艾肯格林的名著《金腳鐐》（Golden Fetters，1992 年出版）序言首段的見解：「1920 年代的金本位，給 1930 年代的大蕭條（或大恐慌）鋪下舞臺。主要的原因是金本位制提高國際金融體系的脆弱性。美國經濟的不穩定，就是透過金本位制散布到世界各地。金本位制把美國初期不穩定的衝擊放大，金本位制也是讓經濟穩定政策無法落實的主要障礙。由於金本位制的僵硬規定，使得決策者無法防止銀行業倒閉，也無法阻擋金融恐慌的散布。基於上述的各項原因，國際金本位制成為世界性大恐慌的核心因素。基於同樣的原因，必須在放棄金本位制之後，經濟復甦才有可能。」

中國因為銀本位反而繁榮

接下來要回答兩個問題：

1. 1929～1935 年間大蕭條時，中國是否也受到嚴重影響？

2. 如果沒有，是因為哪些保護性的因素？

國共雙方都承認一件事實：1927 年蔣介石北伐成功後，到 1937 年日本侵入華北的這十年間，稱為黃金的建設十年。也就是說，1929 至 1935 年世界大蕭條期間，中國經濟反而比 1927 年之前更繁榮。如果以 1929 年的物價指數＝ 100，金本位制的英、美、法、德諸國，物價指數在 1929～1933 年間一路下跌到 65 左右，原本可以賣 100 元的東西（汽車、小麥），在 4 年間跌掉 1/3 只剩 65 元。換句話說，金本位會員國的整體財富在四年間縮水 1/3，因而造成 20% 以上的失業率。

相對地，中國的物價指數竟然逆勢上揚，一直漲到 1932 年 125 左右，之後實在抵擋不住世界的蕭條洪流才開始一路下滑，到 1935 年最低點時指數還接近 90。換句話說，1929 至 1935 年大恐慌時期，這把大火對中國還是有影響，但相對於列強的物價跌到 65，以及隨之而來的超高失業率，中國的情況竟然這麼好。這就好像是來了一場禽流感，原本以身強體健自豪的列強，竟然遭受嚴重打擊；而素有東亞病夫之稱的中國，卻安然度過面不改色。如果沒有這場大蕭條，中國在 1927 至 1937 年間還不知會增長多少。

第二個問題是哪些保護性的因素，讓中國免於大恐慌的攻擊？答案有幾個面向，但最重要的因素恐怕是中國沒加入金本位，還維持老舊的銀本位。前面說過，金本位的重要特色就是會員國的幣值要釘住黃金，用現在的話說就是採取固定匯率制。中國因為外匯存底不足，沒有足夠黃金當作發行貨幣準備，沒資格參加黃金俱樂部，和外國貿易只能用白銀報價，外國商人付款時也用白銀清算，稱為銀本位。1931 年之前的國際貨幣體系以黃金為主，白銀在國際間並無貨幣功能，只是單純的金屬，地位和銅、鐵、錫一樣。中國對外的匯率與清算都用白銀表達，但因白銀的國際價格起伏不定，所以相對於金本位國家的固定匯率制（幣值釘住金價），銀本位就稱為浮動匯率。

浮動匯率有什麼好處？第一，當金本位國家的物價被金鎖鍊捆綁同步起伏，中國置身事外不受影響。換句話說，浮動匯率阻隔歐美的通貨緊縮。第二，中國不需要提高利率以便防止黃金流失，國內的貨幣市場因此不需跟著金本位國家緊縮。第三，白銀價格下跌（等於是貶值），表示出口品價格下跌，在國際市場競爭有利，更刺激國內產業發達。但也有明顯的缺點：只要國際銀價一跌貨幣就跟著貶值，買外國貨（進口）就要付出更高的代價。

該選擇金腳鐐嗎？

現在換個高度假設但有意義的問題：如果辛亥革命後聽從梁啟超的鼓吹加入金本位，請問在 1912 年（辛亥革命）到 1937 年（中日戰爭）之間，金本位對中國經濟是利大於弊，還是弊大於利？這是個反事實的推論，需要統計模型的設定與計量模擬才能回答。如果不談技術問題只談可能的結果，大致有兩個方向性的答案。

1. 貿易逆差會明顯改善，原因很簡單：原本是用白銀報價做生意，而國際銀價又長期看貶，導致貿易逆差愈來愈嚴重。如果改採金本位，一切用黃金計價，匯率穩定（因為釘住金價），原本的貿易逆差說不定會因而轉為順差。但這對中國的幫助不大，因為 1937 年之前是大型的半閉鎖性經濟，國際貿易占國民所得的比例小於 7%。

2. 就算加入金本位可以解決貿易逆差問題，也要考慮另一個大缺點：1929 年大蕭條時，中國的物價必然跟隨列強大跌 1/3。透過統計方法做模擬分析，基本上支持這個推論。

1927 年北伐成功後，如果蔣介石請教經濟學界，到底應該積極加入金本位迎頭趕上世界的潮流，還是停留在有長久歷史的銀本位，每年喪氣地看著國際銀價起起伏伏？後見之明我建議不要加入金本位，缺點很明顯：

1. 中國有足夠的黃金存量當會員國嗎？

2. 央行有足夠的準備，讓持紙鈔者隨時兌換等值的黃金嗎？

3. 對外用黃金，那對內呢？還不是白銀、銅幣、紙鈔嗎？

4. 1929 年世界大蕭條時，英、美、法、德列強都擋不住，中國必然更慘。

5. 幣制改革比想像的複雜，必須付出龐大的行政費用，引發相當的社會混亂，勞師動眾耗時耗財耗力。如果好不容易才改為金本位，結果幾年後（1931 年 9 月）英國宣布脫離，導致世界金本位崩潰，請問該怎麼辦？還改回銀本位嗎？

圖 31.2　1933 年廢兩改元，圖為政府發行的銀元「船洋」

1929 ～ 1935 年間的大蕭條，中國幸好停留在銀本位才會有黃金的十年建設。傻人有傻福，窮人有窮運，人算不如天算。銀本位在 1929 ～ 1935 年間是救生艇，不是銀腳鐐。

參考書目

Eichengreen, Barry (1992): *Golden Fetters: the Gold Standard and the Great Depression, 1919-1939*, Oxford University Press.

Ho, T. and C. Lai (2016): "A silver lifeboat, not silver fetters: why and how the silver standard insulated China from the 1929 Great Depression", *Journal of Applied Econometrics*, 31:403-19.

Lai, C. and J. Gau (2003): "The Chinese silver standard economy and the 1929 Great Depression", *Australian Economic History Review*, 43(2):155-68.

Officer, Lawrence: "Gold standard"(http://eh.net/encyclopedia/article/officer.gold.standard).

Temin, Peter (1993): "Transmission of the Great Depression", *Journal of Economic Perspectives*, 7(2):87-102.

32

美洲白銀對明清經濟的影響

　　歷代的白銀產量不夠民間的需求，明代中後期張居正推動一條鞭法，稅制上最大的變革就是用銀繳稅。明代工商業發達後，對白銀的需求增加，西班牙與葡萄牙商人從拉丁美洲運來大量白銀，日本也出口不少到中國。這一方面使工商業繁榮，二方面讓用銀繳稅成為可能。但在 1640 年代左右進口數量逐漸減少，有人從貨幣數量說的觀點，認為這可能導致明代亡國、壓抑清初繁榮。外國白銀供應量的高低，和明清經濟的起伏有這麼直接的因果嗎？

　　16 至 17 世紀美洲白銀大量流入歐洲後，產生兩項長久的影響。

1. 解除 15 世紀以來的「流動性危機」：原本金銀的供給數量不敷鑄幣需求，美洲白銀解除了旱象。

2. 造成物價革命：一世紀內上漲 3 倍，但也播下 17 世紀蕭條的種子。歐洲經濟史學者估計，美洲白銀約有 1/3 流入中國，應該也造成類似的影響：第一，解除中國長久以來的銀荒，讓一條鞭法得以施行。第二，明代中後期因白銀流入而繁榮，但流入數量減少後，引發 1644 年明朝的敗亡與清初的不景氣。

　　你同意這樣的推論嗎？反對的人會說：

1. 美洲白銀對 16 至 17 世紀的歐洲確實是成長的重要推進器。但如果只有 1/3 流入中國，被 3 ～ 4 億人口均分後，其實數量少得可憐。美洲白銀或許可以增進某些城市或行業繁榮，也有助於用銀繳稅，但數量遠不足以推進明代繁榮。

2. 中國一直有銀荒問題，整體而言進比出多。16～17世紀進來的白銀要以存量（stock）的觀念來看，不要以流量（flow）來看，要以長期累積的數量來判斷，不能以某些年代進口量的增減，來判斷對經濟有無明顯的因果。

3. 日常生活以銅幣為主，繳稅和大額交易時才用銀兩。銀子的貨幣功能和歐洲很不一樣：歐洲生活中銀幣是日常的，中國生活中銀幣是例外的。

這三點合起來要爭辯一個基本論點：美洲與日本白銀的流入，對明清興衰恐怕沒有直接因果。

中國與歐洲的白銀套匯

西班牙、葡萄牙、日本、荷蘭、走私者為什麼積極把白銀運入中國？主因是追求金銀比價的差額利潤，道理如下。1500年左右，中國的金銀比價約是7.5比1，也就是每單位黃金的價格，約是每單位

圖32.1　1739年的西班牙銀元，到了18世紀末西班牙銀元成為第一種國際通用貨幣

白銀的 7.5 倍。同一時期的歐洲，以法國為例比價約 13 比 1。

　　套匯者知道在法國 13 兩白銀可以換到 1 兩黃金，但在中國只要 7.5 兩白銀就夠了：歐洲是金貴銀賤，中國是金賤銀貴。只要從美洲運 7.5 噸白銀到中國，可換到 1 噸黃金，運回歐洲後可換 13 噸白銀。誇張地說，運 1 船白銀到中國換到的黃金，載回歐洲後可以換到 2 船的白銀。扣除運費與風險，利潤至少還有 60% 或 80%。

　　1400 年代（明初）中國的金銀比價約 4 比 1（4 兩白銀換 1 兩黃金），此時載白銀來中國換黃金，運回歐洲的利潤大約 300%。當然，哥倫布是 1492 年才發現新大陸的。此處的重點是，歐洲與中國的金銀價差在這種套匯的積極作為下，很快就收斂了，到了 1640 年代（明末），中國的金銀比價已達 14 比 1，和法國的 15 比 1 接近。這表示中國的白銀存量已大幅增加，也追上世界的比價，從銀荒時期的金賤銀貴，轉為歐式的金貴銀賤。

　　理解這些基本背景，再來看明清時期流入的白銀數量。華北黃河流域礦產稀少，先秦時期的金銀主要靠長江流域供給（楚國為主）。15 世紀初期明朝版圖大增後，積極開採雲貴銀礦。但平均年產量只有 4 ～ 6 噸，頂峰時約 20 噸，不夠應付急速增長的人口與經濟。1500 年之前外國白銀尚未流入，中國處於長期銀荒狀態。1530 年代，日本西部發現大量銀礦，讓亞洲進入白銀世紀：用白銀拓展國際貿易網路。1540 年左右，華商開始運絲織品到日本換白銀。1570 年代，葡萄牙人看到運送美洲白銀來亞洲的龐大利益。有人估算明亡之前（1643 年）約有 2.5 億兩（9375 噸）白銀在中國流通。

　　整體而言，1550 年（嘉靖 29 年）和 1645 年（明亡）的一世紀間，總共進口多少白銀？1550 ～ 1600 年的半世紀間約 1770 ～ 2370 噸；1600 ～ 1645 年間約 6,900 ～ 8,400 噸；合計約 8,450 ～ 10,780 萬噸。假設總進口量是 1 萬噸（＝ 1000 萬公斤），除以 100 年，每年約 10 萬公斤（＝1 億公克）。再加上原本的白銀存量，對用銀繳稅、工商業發展倒是很有幫助。

　　再看以 5 年為單位的變化：1601 ～ 1605 年的總流入量是 147.6 噸，1606 ～ 1610 年暴增到 340.3 噸，1611 ～ 1615 年是 415.0 噸。過了這段高峰稍微衰退，1631 ～ 1635 年推向新高點 436.0 噸，以及 1636 ～ 1640 年的 572.8 噸。但 1641 ～ 1645 年暴跌到 248.6 噸，兩個原因：第一，明朝在這 5 年間亡了，動盪當然影響工商貿易，外國銀子流入量大減。第二，如前所述，1650 年代金銀比價已和歐洲接近，已失去套利的吸引力。

　　進入清朝後這個趨勢更明顯：1646 ～ 1650 年只有 187.7 噸，1656 ～ 1660 年間反彈到 302.5 噸，1661 ～ 1665 年間更高（330.8 噸）。但接下來是更急遽的下跌：1666 ～ 1670 年間只有 82.4 噸，1686 ～ 1690 年間最低，43.1 噸。

清朝白銀進口減緩的原因

　　從簡單的貨幣數量說來看，白銀流入減少等於貨幣供給量減少。上列的數字顯示，明末 50 年間的流入量一直增加，但明代卻滅亡了；清初 50 年間的流入急減，但清初卻常讓人感覺有活力，這倒是難理解。重點就在這：長期的銀荒症就像長期的貧血患者，1550 年代開始大量輸血，1650 年時就夠了，已和正常人相近（金銀比價已和歐洲同步）。這時還要大量輸血嗎？醫師認為不必，只需小量補充，能和人口增長速度、經濟成長同步就夠了。

　　就是這個道理，清初的進口量才會銳減。如果中國的金銀比價在清初還差國際一大截（表示貧血程度嚴重），外國白銀自然會持續高壓湧入。所以關鍵問題是：清初白銀流入的減少，是否會引發蕭條與危機？答案是不會，因為經過長期輸血，血紅素已接近健康狀態，此時減少輸血會產生健康危機嗎？

如何判斷清初是否處於蕭條？最簡單的指標是米價。以 1530 ～ 1540 年間的米價為基數（＝ 100），可看出 1450 ～ 1650 年間米價趨勢一直爬升。開始大幅下跌是在 1660 年，一直跌到 1700 年左右，有人稱這 40 年間為康熙不景氣，認為主因是這段期間的白銀流入量大減。其實在白銀流入量減少之前，米價已經開始下跌，白銀進口量回升之前，米價就已經回升。應該是這兩條線碰巧在同一時期同步起伏，而非兩者有因果。如果換另一個指標（地價），1500 ～ 1650 年間白銀進口大幅上漲時，地價卻長期下跌。外國白銀在明朝中到末葉確實幫助中國經濟。但清初康熙不景氣，恐怕要從內部探索各種因素，不能單怪外部的輸血量不足，以免搞錯方向問錯問題。

參考書目

von Glahn, Richard (1996): "Myth and reality of China's seventeenth-century monetary crisis", *Journal of Economic History*, 56(2):429-54.

33

《綠野仙蹤》隱含的金融故事

　　《綠野仙蹤》是家喻戶曉的美國童話，你在幼兒園就看過卡通版，成長的過程看過注音版、改寫版、全譯本、英文原著，還有人看過舞台版。這本童書其實是作者包姆（L. Frank Baum）透過書中的角色與情節，表達他的政治體驗與對當代人物的褒貶。也有人說，包姆是主張白銀自由化運動的失敗者，這本童話故事隱藏的是他對美國廢棄白銀走向金本位的不滿。有些研究包姆的專家說，從對他生平的理解，上述的解讀其實無中生有，那是各個領域的專家把自己的研究主題與特殊見解投射在這本童書上。

　　這類的說法我有親身體驗。小時候讀《西遊記》看到都是妖怪、盤絲洞、鐵扇公主這類情節。上大學重讀才明白唐代、玄奘、長安、西域這些背景。中年陪兒子重讀看到的是各章回的「有詩為證」，才明白為什麼有人說吳承恩寫這本書，是在表達他的禪修心得。也有道教界人士認為，《西遊記》是闡述金丹大道（內丹術）的丹經。還有各式各樣的解讀，不信者恆不信。

　　以下要介紹的詮釋，是從美國近代貨幣史的角度來理解《綠野仙蹤》。或許您會覺得匪夷所思，但我認為相當有說服力。美國的大一經濟學教科書已經有人做過初步介紹：《綠野仙蹤》是貨幣史寓言故事，主要爭論點是 1873 年廢止白銀本位是否明智。

女主角是大家熟知的桃樂絲（Dorothy），是沒有父母的 16 歲少女，和叔叔亨利、嬸嬸愛姆（Em）、小狗托托（Toto）住在堪薩斯州的農家裡。時間是 1889 年，有一天刮起龍捲風，把房子、桃樂絲、托托吹到矮人國，壓死可惡的東方女巫。多年來她統治著這些矮人，要他們日夜做苦工，沒想到從天而降的桃樂絲解救了這些苦難者。

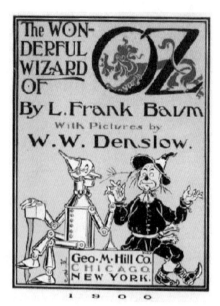

圖 33.1 《綠野仙蹤》1900 年初版

有位從北方來的善良女巫向桃樂絲道謝，然後把東方女巫腳上的一雙尖頭銀鞋取下來送給桃樂絲。在這個奧茲（Oz，這是黃金白銀重量單位 ounce 的縮寫）國裡有四個女巫，北方和南方的是好人，東方和西方的是壞人。現在東方女巫死了，只剩西方壞女巫。東方女巫把那雙銀鞋當寶貝，但沒有人知道這雙鞋有什麼法力。接下來的童話故事內容，諸位大概已經回想起來。

白銀黨支持者

以下簡介原作者的生平，以及書中主角所對應的真實人物。包姆在 1900 至 1920 年間總共出版 14 本奧茲系列童書，都是從第 1 本《綠野仙蹤》延伸出來的。這本書在 1900 年推出圖文並茂的插圖本，一年內賣了 3.5 萬本，1902 年搬上舞台，1939 年由米高梅公司拍成電影。一世紀以來已有 40 多種語文譯本，還有無計其數的改寫本和舞台演出。米高梅電影為了吸引觀眾，竟然把那雙銀鞋（代表銀本位）改成漂亮但沒有意義的紅寶石色，完全破壞原作者最在意的象徵意義。請注意不同顏色在《綠野仙蹤》內的指涉。

包姆 1856 年生於紐約州奇特南戈（Chittenango）地方的富裕家庭，20 多歲時寫過一齣成功的劇本在百老匯上演。1882 年與莫德・蓋格（Maud Gage）結婚，她父親喬斯林（Joslyn）是普選運動的領導人物。包姆夫婦後來搬到南達科他州的亞伯丁城（Aberdeen），體驗到邊區的生活，也聽到正在興起的民粹運動（populist movement）。這是 19 世紀末西部農民反對金本位制，主張恢復白銀本位的貨幣功能，所提出的白銀自由化運動。目的是要讓任何人都可拿銀子去鑄幣廠，要求鑄成銀幣使用。他們組成人民黨（Populist Party），又稱為白銀黨。1896 年推舉威廉・布萊恩（William Bryan，1860 ～ 1925）參選總統，但並未成功。白銀自由化失敗後，這個黨就失去重要性。

話說包姆在南達科州辦一份小報《週六先鋒報》（*Saturday Pioneer*），發行幾期《西方投資人》（*Western Investor*），但都不成功。1890 年搬去芝加哥，做過幾項不同行業，時常出入芝加哥報界俱樂部認識一些重要作家。包姆積極參與白銀派，但白銀派的總統候選人威廉・布萊恩在 1896 年競選失敗，包姆失業後回到老本行寫劇本。第一本童書在 1897 年出版，但並不成功。1900 年的《綠野仙蹤》原名是《從堪薩斯到仙境》（*From Kansas to Fairyland*），出版後立刻給他帶來全國性的知名度。

綠野仙蹤角色的指涉

在這個童話故事裡，桃樂絲代表美國的誠實、善良、勇敢。有人考證說，現實世界的桃樂絲本名是瑪莉・伊莉莎白・利斯（Mary

Elizabeth Lease），她是人民黨的著名演說家，綽號是堪薩斯的龍捲風（Kansas Tornado）。陪伴桃樂絲的小狗托托（Toto，和某個衛浴廠牌同名），牠對應的是禁酒黨（Prohibition Party）。這個小黨的宗旨是反對銷售、飲用酒精類飲料，也是白銀自由化的支持者。為什麼叫 Toto？有人說這是「禁酒主義者」（Teetotaler）的縮寫。

被桃樂絲和房子壓死的東方女巫，影射的是美國總統克里夫蘭（Grover Cleveland，1885～1889 年、1893～1897 年擔任總統）。為什麼把他說成穿銀鞋的壞女巫？因為克里夫蘭在 1893 年帶頭廢止購銀法案，主張實行金本位。故事中屢次出現的黃磚路（yellow brick road），指涉的是金本位。翡翠城（Emerald City）是首都華盛頓。稻草人是西部農民的化身，樸實呆板腦子裡塞的是稻草。拿著斧頭的鐵樵夫代表工人階級，原本是個有血有肉的活人，被東方女巫詛咒後變成這個樣子。那隻懦弱的獅子指涉的是白銀黨的總統候選人布萊恩，

圖 33.2　描繪克里夫蘭反對白銀的漫畫（1895 年）

表達包姆對他的不滿。在那個翡翠城裡，搬弄虛實唬人的空心大佬奧茲巫師，影射的是馬克·漢納（Marcus Alonzo Hanna）。他是個企業家，1896 年的總統選舉中擔任威廉·麥金利（William McKinley，美國第 25 任總統，1897 ～ 1901 年就任）的重要策士。

白銀黨與黃金黨之爭

回到現實的經濟問題：為什麼 1890 年代會有白銀黨（主張白銀貨幣化）和黃金黨（主張金本位）之爭？大背景是美國從 1860 年代末期到 1906 年之間的衰退蕭條。若以 1869 年的物價水準為基點（＝100），1879 年跌到 72，之後幾年稍有反彈，但最高也到 1882 年的 80。最嚴重的是 1896 ～ 1897 年間下滑到 61，可見蕭條的嚴重性（這也是白銀黨與黃金黨爭選總統的那一年），到了 1906 年指數才回升到 75。

第二項指標是農產品的批發價格指數。1879 年跌到 56：本來可以賣 100 元的農作物跌到只剩 56 元。1896 年時指數慘跌到 44，農民的困苦不說自明。

第三項指標是黃金和白銀的比價。1869 年時，每盎司黃金可以換到 20.7 盎司白銀（價值是 20.7 比 1）。之前在金銀複本位時期（黃金和白銀都是合法貨幣），金銀的價格比是 16 比 1。20.7 比 1 表示白銀大幅貶值，這對西部七個產銀州靠銀礦維生的人打擊很大。這個比值在 1870 ～ 1890 年降到 17.9 與 19.4 之間，表示白銀的價值稍微回升。但從 1891 年起白銀價格大跌，從 1891 年的 20.9 比 1 跌到 1896 年的 30.8 比 1。1902 年更慘（39.6 比 1），表示靠銀礦維生的西部居民購買力急遽下跌。白銀貶值一半以上，西部居民因而更痛恨跟隨世界潮流的黃金派。

與之伴隨而來的是超高失業率：1890 年只有 4%，1893 年 11.7%，1894 年 18.4%，1898 年跌到 12.4%，1899 年好轉到 6.5% 以下。從貨幣發行量的角度來看，1869 ～ 1906 年間的數字在表面上一直穩定增加，但若細看強力貨幣（High-powered money ＝黃金＋白銀＋國庫券）的成長速度，會發現一個大問題：這段時間的成長很快，人口和產業都高速增長。簡言之，實質所得的成長速度，遠遠超過強力貨幣的成長速度。這就像青春期的少年，每年身高體重的增長率，遠遠超過糧食供應的成長率。所以問題就很清楚了：為什麼 1869 年之後物價會下跌？那是因為貨幣供給的增長太慢，趕不上經濟體的擴張。

換句話說，事情變成物賤錢貴：貨幣供給成長太慢，產品雖多但換不到錢。為什麼有這種奇怪現象？因為美國在 1873 年放棄原本的金銀複本位，要追隨英、法、德列強改採金本位。也就是說，原本具有貨幣價值的白銀，現在已不具法律的貨幣地位，成為和銅、鐵、錫一樣的金屬。1976 年的諾貝爾獎得主米爾頓·傅利曼寫過一篇有名的論文，指責 1873 年的金本位法案其實是一項罪惡。他一向主張金銀複本位較佳：萬一金本位出問題，還有白銀當備胎副傘，對經濟體系較有保障。

支持白銀自由化的人主張恢復白銀貨幣功能，論點很簡單：美國的黃金存量還不足以撐起愈來愈龐大的經濟體。為什麼硬要把白花花的銀子擱置在一邊當金屬，弄得貨幣嚴重不足。猶如發育中的少年，父母只准他吃肉類，說要多吃高蛋白食物才顯得高貴，才能和富裕鄰居相比。但這個家庭其實還不夠富有，肉類的供應還不夠飽足。不論是認知錯誤或心態奇怪，竟然不准吃存量豐裕的米飯小麥。

白銀派認為，只要讓產量豐富、價格低廉的白銀恢復法定貨幣，不就皆大歡喜？在這種壓力下，1890 年 7 月 14 日國會通過購銀法案，規定財政部每個月收購 450 萬盎司的白銀，這是白銀派的大勝利。但當時的國庫財力根本買不了這麼多白銀，撐到 1893 年 11 月就廢止購銀法案。白銀派敗下陣來，黃金派又抬頭成為主流。這兩派從 1873 年起互鬥，到 1896 年總統選舉才劃下句點：白銀派的候選人布萊恩敗選，黃金派的麥金利當選第 25 任總統。美國從 1896 年開始確立金本位，直到 1934 年才脫離。

1896 年白銀派敗選後，包姆把這股激情與過程轉化隱藏在《綠野仙蹤》的人物裡。這些內容讀者都很熟悉，現在只需提出一個關鍵性的結尾。桃樂絲和稻草人、鐵樵夫這些朋友走完旅途後，她要怎麼返回堪薩斯農場的叔叔家？「這雙銀鞋有奇妙的魔力，只要把鞋跟靠在一起敲三下，就可以命令鞋子帶妳到任何地方。」桃樂絲抱起小狗托托，向大家道別，敲打鞋跟三次，要銀鞋帶她們回到愛姆嬸嬸家中。呼嘯一聲，她就騰空起來，只覺得兩耳都是風聲，之後就發現已經坐在堪薩斯大草原上叔叔新蓋的房子前面。桃樂絲的腳上只穿著襪子，「那雙銀鞋一定是在空中掉落了，也許掉失在沙漠裡，再也找不到了。」包姆原本力挺白銀自由化，寄望銀子會產生驚人的魔力。經過一趟奇異之旅，女主角帶著小狗又回到了原點，那雙法力無邊的銀鞋「再也找不到了」。

圖 33.3　1900 年漫畫描繪金本位的勝利

美國白銀政策拖垮清朝

現在把場景從美國轉到中國。《綠野仙蹤》第20章〈纖巧的瓷器城〉，女主角桃樂絲和她的朋友稻草人、獅子、鐵樵夫要穿過一座瓷器城。所有東西都是瓷的：瓷地面、瓷房子、瓷牛、瓷馬、瓷豬；連百姓也是瓷做的，有瓷公主、瓷牧羊女、瓷牧童，都不超過桃樂絲的膝蓋。他們進入這個城市，從一頭乳牛身邊走過時，瓷牛嚇了一跳踢翻放牛奶的瓷提桶，撞倒擠牛

圖 33.4 《綠野仙蹤》裡的瓷器城

奶的瓷女孩。結果那頭牛斷了一條腿，瓷桶碎了，女孩的手臂也撞出個小洞。桃樂絲一再道歉，那個女孩憤怒地撿起斷牛腿，牽著那隻可憐的三腳牛一跛一跛地走了。

之後遇到一位年輕漂亮的公主，他們想靠近看清楚一些，沒想到那位瓷公主嚇得急忙逃走。桃樂絲和她的朋友們還遇到一個瓷小丑，穿著補丁衣服，顯得又醜又滑稽。正當要離開這個城市時，獅子尾巴不慎掃倒一座教堂，桃樂絲說：「還好我們只傷了一頭牛和一座教堂，他們實在是太脆弱了。」

貨幣史學者休斯・羅柯夫（Hugh Rockoff）在 1990 年發表的研

究提到，《綠野仙蹤》這部童話書隱含相當重要的美國貨幣史背景。他說此書的作者包姆在政治立場上是人民黨黨員（populist）；在經濟問題方面，他反對美國在 1870 年代放棄金銀複本位，改採取黃金單一本位。許多經濟學者和包姆一樣，認為這是貨幣政策的大錯誤。但這是世界貨幣體制的潮流，美國在那個年代還不強，只好跟著英法諸國的政策起舞。大約 25 年後包姆寫作《綠野仙蹤》，他把這 25 年間因為廢止銀本位而產生的禍害，以及另一些社會和政治方面的問題，透過童話形式表達他的不滿。熟知此書的人會注意到桃樂絲有雙魔力強大的銀鞋（隱喻銀本位的重要性），以及住在綠色翡翠城（美鈔是綠色的）的奧茲巫師（Wizard of Oz），而 Oz 正是 ounce（盎司，金銀單位）的簡寫。這幾項外在特質，顯現這本童書和貨幣政策的關係。

羅柯夫的文章把這層關係講解得很清晰，與中國相關的篇幅不多，主要的論點是：第 20 章〈纖巧的瓷器城〉指涉的是中國。China小寫 c 時是指瓷器，大寫時指中國。包姆寫這章的用意是：中國對外貿易用銀本位，自從國際放棄白銀本位後，中國貨幣的對外購買力大貶，而桃樂絲和她的朋友（美國的白銀政策），給這個脆弱的瓷器城帶來驚嚇破壞。羅柯夫告訴我們：那位美麗的公主可能是虛擬慈禧太后，被獅子掃倒的教堂則是被義和團破壞的洋教堂。

這是一項有趣的詮釋，但我認為美國的白銀政策在 1870 ～ 1890年間對中國並未造成重大影響：包姆誤以為中國當時蒙受銀賤之苦，美國的白銀政策要負部分責任。中國當時確實受到國際銀價跌落的影響，然而美國當時的實力和對國際金融的影響力，還不足以嚴重傷害中國。包姆讓桃樂絲和她的朋友們無心地破壞可愛的瓷器城（中國），那是因為他對中國貨幣體制理解不足，才會讓桃樂絲背了黑鍋。我要幫桃樂絲平反，因為真正的破壞者是英法列強改採金本位，所造成的國際銀價長期下跌。桃樂絲和她的朋友其實不必有愧疚感。

銅元大貶更傷元氣

美國行金銀複本位時（1873 年之前），1 盎司黃金可以換 15.6 盎司白銀（1 比 15.6）。1873 年放棄白銀本位後，銀價持續下跌，1889年時跌成 1 比 22。產銀區的業者和礦工，以及原先持有大量白銀的人，因為損失慘重而組織起來，要求政府無限制鑄造銀幣，給白銀業者一條生路。這是違逆國際潮流的主張當然不會成功，但是 1890 年有了轉機。共和黨主導的國會想通過由東岸產業界提出關稅條例，就和西岸產銀州的議員達成協議：如果西岸能支持通過關稅條例，東岸就支持通過西岸的購銀法案，要求財政部每個月收購 450 萬盎司白銀。此事在 1890 年 7 月 14 日通過，稱為「謝爾曼購銀法案」（Sherman Silver Purchase Act）。

購銀法案一過，各國懷疑美國是否還要維持金本位，同時預期白銀價格會回升，就搶購白銀來賣給財政部。這等於是議會強迫國家收購國際行情持續貶跌的白銀，數量每年將近 5,000 萬兩。當時的國力哪有可能長期撐下去？到了第三年（1893 年）上半就出現警訊：財政部的黃金快耗光了，美國不知能否維持金本位制。經過激烈的爭辯和拖延，國會在 1893 年 11 月廢止購銀法案。

我認為這項法案的影響主要是在美國境內，就算對外國有影響也不至於妨害中國。先從價格的角度來看，雖然此法案規定財政部每個月要購入 450 萬盎司，可是並沒有限制它的收購價格。原先以為白銀價格會回升的投機客，沒想到各國的白銀會湧入，紐約和倫敦的白銀價格都不升反跌。從數量的角度來看，因為白銀已不再是國際貨幣，各國急於清理庫存，最重要的接收者是銀本位的中國。1871 ～ 1880

年間中國進口的白銀約 3,300 萬兩（每兩等於 37.5 公克）。1890 年購銀法案通過之後十年間，白銀的進口數量約 9,600 萬兩（幾乎是三倍）。也就是說中國的銀子並未被美國吸走，反而因為國際銀價持續下跌而大量流入。

購銀法案如果真的傷害到中國，並不是因為它的通過，而是因為它的廢除：財政部不再購銀，使得原本就低落的銀價雪上加霜。1890 年法案通過時，銀價每盎司 1.04 美元，1893 年底廢除時剩 0.78 美元，之後一路跌到 1898 年的 0.59 美元，十年間貶了 44%。對中國這樣的銀本位國家，這等於是外力強迫對外購買力貶值。鴉片戰爭後有一連串的戰敗賠款、外貨侵入、外債高築，然後貨幣又大貶，真是欲哭無淚。更要命的是：賠款必須償還釘住黃金的硬貨幣，現在銀價大貶，中國必須再賠出由於白銀相對黃金貶值所引起的匯差。包姆知道中國的白銀問題，就設計一章〈纖巧的瓷器城〉，彰顯美國白銀政策殃及可憐的小瓷器城（中國）。

1929 年世界經濟大恐慌後，金本位制在 1931 年廢除，白銀恢復貨幣功能。美國在羅斯福總統任內通過一項購銀法案（1934 年），規定財政部不論在國內或向國外採購，必須要使銀價每盎司漲到 1.29 美元以上，或是財政部白銀存量的價值達到黃金存量價值的 1/3 為止。1934 年的購銀法案對中國就有影響了。

第一，這次規定要把銀價抬到每盎司 1.29 美元以上；第二，可以向外國收購；第三，1934 年的美國在國際貨幣已有領導地位，和 1890 年代不可同日而語；第四，金本位已垮，各國不再急於拋售白銀。1934 年的購銀法案尚未通過時，中國政府預見白銀會被大量吸往美國，使得貨幣供給（白銀）銳減，造成物價下跌，百業蕭條。1934 年的法案是否有此效果，還是爭辯中的問題，在此我只是要說：雖然是同樣性質的購銀法案，但是 1890 年和 1934 年的美國在國際金融體系的地位完全不同，從價格和數量的角度來看，對中國的影響完全不同。

再回到 1890 年代的情境。國際銀價長期下跌，美國廢止購銀法案後更是火上加油，使得原本銀荒的中國竟然出現銀賤的反常狀況：1885 ～ 1895 年間白銀的購買力跌了將近一半。相對於白銀的下跌，銅錢的價值高漲了（1880 ～ 1889 年間漲兩倍以上）。晚清的鑄幣權在各省政府手中，各省財政原本困難，一旦看出銅錢升值就開始大量鑄錢謀利（可賺一倍以上）。若某省因鑄銅錢而獲利，鄰近省份就會鑄造劣幣，來此省買物品或換回良幣，因而出現典型的劣幣驅逐良幣：各省競鑄銅元，愈鑄愈差，銅元價值大貶，因而物價大漲。

在國際銀價下跌和美國購銀法案的影響下，如果中國以銀為單一本位，就算受了傷也還能挺住，因為白銀不是民間的日常貨幣。要命的是，銅元價格因銀價下跌而相對地高漲，各省競鑄銅元所產生的劣幣效果，破壞民間日常交易的銅元體系。銅元的敗壞助長物價上漲、經濟不穩、暴動、鎮壓、軍費支出，這才是傷了命脈之因。

包姆不理解中國是銀銅本位（不是西洋的金銀本位），他沒理解到對中國真正有殺傷力的不是銀，而是銅。他有心或無心地指責美國白銀政策的副作用，讓桃樂絲和她的朋友以為傷害了瓷器城（中國）。現在我們可以理解到：桃樂絲他們其實沒破壞什麼，元凶是英法各國的金本位。如果 1890 年美國的購銀法案對中國產生過影響，最多也是在駱駝背上放下最後一根稻草。如果購銀法案是英國制定的，而且桃樂絲是英國人，她就可以對瓷器城的破壞而感到愧疚。

滿清滅亡的諸多原因中，最常見的說法是慈禧太后把北洋艦隊的經費挪去興建頤和園。這類的說法相當多，也各自成理，整體而言有兩個特色：在政治與軍事上找因果、歸咎於國家領導人。用醫學的進步來譬喻，如果我們對古代名人重新驗屍，可以看到此人有胃癌，又有心臟衰竭，但這些病都不會立即致命。透過《綠野仙蹤》與中國這則故事，我們看到這個病人還有更致命的死因：敗血症（血液感染後，老年人很難倖免）。為什麼晚清的銅元體系崩壞，類似老年敗血症？因為這是全國百姓同時受到嚴重困擾的貨幣與物價問題。這是自體衰竭造成的嗎？這是國際金本位造成的，不是自發性的，是受到境外病毒的感染，是國際金本位引發美國「通過」（1890年）購銀法案，然後又「廢止」（1893年），因而讓中國從銀貴銅賤，逆轉成銀賤銅貴，再引發銅元體系的危機。所以原凶是英、德、法列強，尚屬弱國的美國只是放下最後一根稻草，竟然背了大黑鍋。

我構思這篇文章時，一直不明白國際的金銀複本位為什麼會傷害中國的銀銅複本位。每次重看史料就寫些筆記，但實在想不通就把文檔收起來。過了半年仍不死心，拿出來重看又百思不得其解，如是者三。最後是把三個概念（銀貴銅賤、銀賤銅貴、劣幣驅逐良幣）結合起來，才了解這個困擾許久的小謎題。這對我的學習過程意義重大，終於明白生而知之、學而知之、困而知之的差別：困而知之的答案終身難忘。

參考書目

Baum, L. Frank (1900): *The Wonderful Wizard of Oz*, Chicago: George Hill. 陸善儀（1996）譯《綠野仙蹤》，臺北：聯經。

Rockoff, Hugh (1990): "The 'Wizard of Oz' as a monetary allegory", *Journal of Political Economy*, 98(4):739-60.

34

美國購銀法案對中國的衝擊

　　1934 年 5 月 22 日，國會通過羅斯福總統提議的購銀法案，6 月 19 日總統簽字後生效。這項法案的重點是：「要求財政部在國內外收購白銀，直到白銀的市價每盎司達到 1.29 美元以上，或財政部白銀存量的貨幣價值達到黃金存量貨幣價值的 1/3。總統授權運用各種方法達到這項要求。」財政部依據這項法案，開始在國內外收購白銀直到 1961 年底，1963 年才廢止這項法案。雖然財政部努力執行，但一直沒達到目標。

　　這項購銀法案和中國有什麼關係？遠因是國際銀價從 19 世紀末長期大幅下跌：1928 年每盎司 58 美分；1930 年因為大蕭條的影響跌到 38 美分；1932 年底和 1933 年初更慘，只剩 25 美分。美國從 1873 年起改行金本位，為什麼還這麼在意銀價下跌？主因是有 7 個產銀州（猶他、愛達荷、亞利桑那、蒙大拿、內華達、科羅拉多、新墨西哥），由於國際銀價大跌銀礦業收入大減。這 7 州人口數的總和還比不上紐澤西州，這 7 州的銀礦業人口 1929 年還不到 3,000 人。但這 7 個州在國會占 1/3 的席位，結合起來的力量不容忽視。

　　這兩項因素還不足以逼迫總統提出購銀法案，或許第三個因素更重要：牽涉到廣大的農民選票。1929 年 10 月底紐約股市大崩盤後，美國陷入有史以來最嚴重的蕭條。隨著物價的下跌農業部門的所得跟著大幅下滑，農民生計困難。1933 年國會通過「農業救濟法案」（Farm Relief Bill），協助解決農業部門的困難。他們提出兩全其美的辦法：如果國會能通過購銀法案，一方面把白銀價格拉高好幾倍，二方面讓白銀再度具有貨幣功能，對蕭條的經濟注入新血，把物價全面拉升也把農業部門救起來。

這招果然有效：1932 ～ 1937 年間的物價上升 14%，批發物價上升 32%，農產價格上升 79%。簡言之，1934 年的購銀法案是把美國從大蕭條救出來的重要英雄：白銀的年產量從 1934 年的 3,300 萬盎司，增到 1940 年的 7,000 萬盎司，其他的礦業（銅、鉛、鋅）跟著受惠，就業人數大幅增加，貨幣供給量提升，效果非常顯著。

美國購銀法案衝擊產銀國

美國硬把銀價拉抬起來，對當時仍採銀本位的中國有兩項重大影響。第一，等於是外力強迫中國升值，這會嚴重打擊出口貿易。第二，白銀價格大幅提升後，銀子必然受到高銀價的吸引，大幅流向美國造成貨幣供給大失血。可以預見的必然後果是物價大幅下跌百業蕭條。

另一群受害者是墨西哥與拉丁美洲的產銀國。這些國家原本大量使用銀幣，如果銀價短期內被美國拉高一倍，這些銀幣立刻增值一倍，物價也緊縮一倍，那怎麼得了？這些產銀國的因應之道是減少銀幣的含銀量，或是乾脆禁止使用白銀當作貨幣，否則會被購銀法案害得很慘。

暫且不談對拉丁美洲的影響，專談與中國相關的問題。1934 年的購銀法案確實吸走不少中國白銀。中美政府早就預見這個影響做了配套性政策，例如防止白銀走私、規定銀行匯出白銀的數量。購銀法案在上海等通商口岸造成恐慌，民間主要擔憂的是白銀流失後貨幣供

圖 34.1 《字林西報》諷刺美國政策摧毀用銀國經濟

給量變少，物價跟著下跌工商界蕭條。

真的這樣嗎？有兩種見解在爭辯。主張上述見解的是米爾頓‧傅利曼。他的基本論點是貨幣數量說：購銀法案把白銀價格拉高後，中國匯率被迫升值，產生奇特的銀貴金賤（黃金價格相對貶低），造成出口困難、貿易赤字更嚴重。白銀被美國吸走後，貨幣供給減少，政府財政必然更困難，只能擴大債務讓預算赤字化。國民政府承受不了這種壓力，打算在 1934 年 10 月脫離銀本位（實施資本管制），但此事拖到 1 年後（1935 年 11 月 3 日）才正式宣布，終止了幾百年歷史的銀本位，改採法幣制（紙鈔）。

脫離銀本位後，理論上政府印鈔票時，可以不顧白銀的準備數量，導致過度印鈔，造成物價膨漲。以上海為例，1931 至 1934 年間因購銀法案的傳聞，批發物價下跌 23%，但在 1934 至 1935 年間只下跌 1%。1935 年底改行法幣制後，1935 至 1937 年物價上漲 24%。雪上加霜的是 1937 年 7 月日軍侵入華北，戰爭爆發後軍費激增。此事雖與購銀法案無關，但國民政府在脫離銀本位後，大量印鈔應付各方需求。8 年抗戰期間貨幣發行量增加 300 倍，物價上漲得更快將近 1600 倍。傅利曼說中國先受到 1934 年購銀法案的打擊，接著是 1937 ～ 1945 年的中日戰爭，之後又有 1945 ～ 1949 年的國共戰爭。整個檢討起來，購銀法案應該為國民政府失掉大陸負起重大的初始責任。

水旱災影響 1930 年代中國經濟更大

傅利曼言重了，他根據一些表面事實做出過度推論。購銀法案確實吸走不少銀子，引發通商口岸商業恐慌。但若要說購銀法案對龐大的中國經濟產生致命的影響，還需要更明確的證據與深度分析。有另一派見解，例如洛倫・布蘭特（Loren Brandt）和湯瑪斯・薩金特（Thomas Sargent）在 1988 年發表的論文中反對這種貨幣數量說的推論。但他們的分析還是停留在宏觀的總體統計數字，沒有用數理模型與統計分析探討其他因素。

我們嘗試用反事實推論法，透過較嚴謹的模型推論與計量回歸分析，得到的結論並不支持傅利曼的見解。我們認為對中國有影響較重大的因素並非外來的購銀法案，而是 1931 ～ 1937 年間水旱災的長期廣泛影響。中國可耕地面積受水旱災害的程度如下：1931 年 20.1% 受災，1932 年 17.5% 受災，1933 年 15.4% 受災，1934 年（購銀法案那年）38.9% 受災，1935 年 9.8% 受災，1936 年 11.3% 受災，1937 年 19.3% 受災。購銀法案的衝擊確實不少，但激烈的程度是短暫的，也只限於工商業。相對地，1931 ～ 1937 年間的水旱災，對以農立國的經濟產生的衝擊才是廣泛深刻的。

參考書目

Brandt, Loren and Thomas Sargent (1989): "Interpreting new evidence about China and U.S. silver purchases", *Journal of Monetary Economics*, 23(1):31-51.

Chen, Bo, Dan Li and Yiqing Xie (2022): "Silver, fiduciary money, and the Chinese economy, 1890-1935", *Review of International Economics*, 30(4):939-70.

Friedman, Milton (1992): "Franklin D. Roosevelt, silver, and China", *Journal of Political Economy*, 100(1):62-83. Comment by Thomas Rawski 1993, 101(4):755-8.

Ho, T., C. Lai and J. Gau (2010): "The impact of the American Silver Purchase Act (1934) on the Chinese Economy", working paper.

Meissner, Christopher M., 2005. "A new world order: explaining the international diffusion of the gold standard, 1870-1913," *Journal of International Economics*, 66:385-406.

35

劣幣驅逐良幣與良幣驅逐劣幣

　　教科書裡最先提到的經濟法則，可能就是格雷欣法則（Gresham's Law）：劣幣驅逐良幣（Bad money drives out good）。你早已聽說格雷欣，但一定不知道他是誰。把時間倒轉到 16 世紀英國都鐸王朝。在亨利八世到伊麗莎白一世期間，英國與法國、西班牙、愛爾蘭之間的爭戰不斷，國庫嚴重虧空。籌款方式不外三種：增加稅收、貨幣貶值、國外借款。增稅與貶值是內政問題主權在己，外債牽涉到三項外在因素：第一，英鎊在國外的匯率，這會影響貿易收支與償債的成本；第二，國際間的可貸資金是否寬裕，這會影響利息的高低；第三，英國的外債信譽是否良好，外國債主是否肯展延或再借。這三件事情都需要靠王室商人（royal factor 或 royal agent）去歐陸張羅、協商、談判。

　　王室商人要替政府處理外交、軍事、貿易方面的事，還要當地下大使和刺探消息的間諜。王室商人是古今中外皆有的角色，他們有些共通特質，包括本人或家族在國內的工商企業界有份量、在國際上有聲望與人脈、政治上和經濟上取得政府或王室的信任、有談判協商解決高層難題的技巧。而政府提供給王室商人的報酬主要有三種形式：頒贈爵位、賞賜封地與田園，以及授與工商貿易特許。

　　格雷欣家族在都鐸王朝是名聞國際的王室商人，除了外債與外匯

圖 35.1　湯瑪斯・格雷欣爵士

的重要貢獻，湯瑪斯・格雷欣爵士（Sir Thomas Gresham，c.1519～1579）還在倫敦建造雄偉的交易所，伊麗莎白女王命名為皇家交易所（Royal Exchange），後來雖然多次失火重建，但皇家交易所之名沿用至今。他還立遺囑獨資創辦格雷欣學院（Gresham College），是私人興學的典範至今仍在運作。

　　以下把焦點聚在三個論點上：

　　1. 說明發生劣幣驅逐良幣的原因與過程。

　　2. 說明格雷欣法則在哪些條件下才成立？

　　3. 歷史上有過反例（良幣驅逐劣幣）嗎？

劣幣驅逐良幣的條件

　　以晚清各省競鑄銅元的實例，簡要說明格雷欣法則的真實性與嚴重性。1840 年鴉片戰爭前後，白銀大量外流造成銀貴銅賤（銀兩價值高，銅錢相對貶值）。但到了 1870 年左右，由於英、法、德列強改採金本位，白銀失去貨幣功能國際銀價大貶，因而大量流入中國造成銀賤銅貴（銀兩價貶，銅錢相對升值）。

晚清的鑄幣權不在中央，而在各省，財政困難的地方政府立刻掌握機會大鑄銅元謀利，簡要過程如下。

1. 銅元的購買力（相對於白銀）上升，只要鑄出銅元民間就有需求。

2. 為了大賺一筆，新鑄的銅元會保持原有面值但減少成色（含銅量）。

3. 財政困難的甲省，會去搜購含銅量較高的乙省銅元，熔化後鑄出成色更低的銅元來牟利。

4. 民間自然會把成色較佳的銅元留下，把爛錢用出去造成劣幣驅逐良幣。

5. 各省競鑄銅元，銅錢愈鑄愈小成色愈差。到了清末，情況嚴重到抓一把銅錢撒到水缸內，錢竟然輕到會漂浮起來。格雷欣法則運作到這個程度，就知道這個國家完蛋了。

銅元崩潰後民間用什麼錢？因國際銀價大跌，外國的銀元大幅流入，例如日本的龍銀，墨西哥的鷹洋（有隻老鷹標記的銀元）。這對有長久銀荒症的中國豈不是好消息嗎？對工商業界來說，銀子是便宜方便了，但對窮苦的勞工與農民，銀子還是可望不可及。幾百年來日常交易的銅元劣質化，等於是物價急速上漲，生活變得更不穩定、更痛苦。另一方面，由於國際銀價大跌，絲綢茶業磁器出口只能換到不斷貶值的白銀，購買外國的輪船槍砲就要付出更多的白銀。白銀貶值導致貿易條件惡化，這怎麼會是好消息？

格雷欣法則運作的條件是：（政府規定）好錢與爛錢的購買力相同。也就是說，如果有好幾種幣值的銅元（例如 50 元，20 元，10

元）同時在市面流通，各自的成色不一，含銅量也和面值不成比例，但政府卻規定銅元的購買力依面值而定。這時就會發生格雷欣法則：我會把成色好的銅元留在手邊，把成色差的錢幣花掉。每個人都這麼做，市面上就會充斥劣幣，良幣被藏起來在市面消失。

還有一個更基本的觀念要釐清。西元前 4 至 5 世紀時，希臘已有劣幣驅逐良幣的記載，13 世紀的法國也有類似的記載。天文學家哥白尼在 16 世紀初對這種現象已做過很好的分析，但為什麼還稱之為格雷欣法則？原因是英國經濟學者亨利·麥高樂（Henry Macleod）在《政治經濟學要義》（*Elements of Political Economy*）裡，誤以為這是格雷欣最先觀察到的現象。格雷欣從來沒表示過這個見解，真正分析過這個原理的哥白尼反而被忽視了。這個天大的誤會純粹是麥高樂的知識不足。而我們今日熟知的說法「劣幣驅逐良幣」，則是英國著名的新古典學派名家史丹利·傑文斯在 1875 年出版的《貨幣與交換機制》（*Money and the Mechanism of Exchange*）中提出的名言。和這個說法較接近的是 1612 年亨利·普蘭（Henri Pollain）說的：「壞物種會絞殺並趕走好物種。」

前面說過，格雷欣法則運作的第一個原因，是政府強制規定好錢與爛錢的購買力相同。日常生活中，我們常用劣幣驅逐良幣來表示反淘汰的效果。例如在公家機構內，有人努力工作（良幣）有人摸魚打混拍馬（劣幣），但同一職等的員工政府規定的薪資相同。日子一久劣幣逐漸占上風，良幣就消沉了。所以問題在於同酬不同工會導致反淘汰。如果依表現而有不同薪資，就不會有反淘汰現象。

格雷欣法則的第二項前提，是對貨幣的品質訊息不對稱。若你拿出一個硬幣，會看到外圈圓環上有許多垂直的刻線。這個設計當然不是擔心你會手滑把錢滾到陰溝裡，而是古早防止刮錢的設計流傳至今。

中世紀鑄造錢幣的技術不夠好，金銀幣質又軟，很容易從邊緣偷刮一小塊，俗稱讓錢流汗。長程貿易發達後，義大利、西班牙、法國鑄的金銀幣在各地流通，就出現專業的銀錢業者一方做兌換業務（各國的錢幣互換），二方面做匯票兌現業務。銀錢業者三頭賺：一方面賺兌換手續費，二方面賺匯率差價，三方面收到優質良幣後讓錢流汗，然後把削過的錢（已變為劣幣）流通到市面。

銀錢業者對哪些錢是劣幣心知肚明，但非銀錢專業的商人與百姓被蒙蔽，就收下劣幣在市場流通。日子久了被騙的人多了，鑄幣者就在錢幣外圈設計垂直小線防止錢被流汗。這就引出第二項條件：貨幣的品質訊息不對稱時，劣幣容易在市面流通，行家會把良幣藏起來。貨幣品質訊息不對稱的問題對現代已無意義，因為儀器精良，假鈔不易在市面流通。再者，訊息傳遞快速不易長期廣泛地蒙蔽。第三，已全面使用紙鈔、支票、信用卡，無良幣與劣幣（成色優劣）的問題。

良幣驅逐劣幣的條件

換個問題：在金屬貨幣時代有可能發生良幣驅逐劣幣嗎？要符合哪幾個條件才會發生？在哪些國家發生過？為什麼很少聽說？依我所知，只在西漢文帝、景帝時期發生過。發生的三項條件是：

1. 政府不規定良劣幣的交換比例，也不規定好錢與爛錢的購買力相同。
2. 政府鼓勵民間自由鑄幣（放鑄）。民間的鑄幣者為了讓自己的錢（等於是商品）在市場更有競爭力，競相提升貨幣的品質（成色），良幣就逐漸把劣幣驅逐出去。
3. 政府設「衡錢法」，讓好錢與壞錢在市場交易時，可以公開評比品質，讓收受雙方對錢幣的品質都有一致的訊息。這套做法的缺點是：政府損失大筆的鑄幣收入，武帝時討伐匈奴需要鉅額財政收入，就廢止這套世上少見的放鑄政策。

西漢文帝（前 179～157）鼓勵民間自由鑄造四銖半兩錢，就出現這種反格雷欣法則。從考古的證據可以證實，放鑄期間鑄造的四銖錢，比官鑄的含銅量與重量（成色）都明顯優越。秦統一六國後中央集權，看起來可以由上而下一條鞭，但也要付出相當高的監督成本。在這個短暫的朝代裡（前 221～206 年），貨幣體制並未和政治一樣標準化，這種混亂的貨幣制度一直延續到西漢。西漢初期的幾位統治者發行過好幾種貨幣，效果並不好的主要困擾是盜鑄與貶值：減輕錢幣重量或降低含銅量。

漢文帝登基第五年（前 175 年）宣布兩項新政策：一、鑄造新幣，名為四銖（1 銖＝ 0.651 克）；二、開放鑄幣權（放鑄），民間可以自由鑄造，私人鑄幣無罪（除盜鑄錢令）。這是史上唯一的放鑄時代，效果如何？意外地好，替文景之治（前 179～141 年）奠下良好基礎。

放鑄政策只維持 30 年（前 175～144 年），之後收回鑄幣權禁止民間私鑄。鑄幣權回歸中央後繼續鑄造四銖錢，直到西元前 119 年，四銖的壽命約 55 年。從出土的錢幣品質分析報告，可以看出漢代的各種錢幣中四銖的含銅量最高。學界認為文帝的放鑄引發幣制混淆，這是不正確的見解。

四銖是放鑄政策的新錢，國家收回鑄幣權後，還繼續鑄造四銖錢，這就方便我們對比放鑄與禁鑄時期，四銖錢的品質優劣。在自由鑄造的環境下，透過產品（民間自由鑄造的錢幣）的競爭，貨幣品質會不斷提升，導致良幣驅逐劣幣。這其實很符合格雷欣法則的精神：如果政府不強制規定劣幣與良幣的交換比例，民間對錢幣的品質訊息對稱透明，就有可能出現反格雷欣法則（良幣驅逐劣幣）。如果放鑄能讓良幣驅逐劣幣，為何古今中外的政府大都禁止私鑄？原因很簡單：放鑄政策讓政府賺不到鑄幣利潤。這是重要財政收入，鑄幣權國家化必然是常態。

放鑄並不表示民間可以鑄造任何重量、任何成色（含銅量）的錢幣。政府會提供標準貨幣的樣本讓民間遵循，重點是要讓民間賺取鑄幣成本與錢幣面值之間的鑄幣利潤。換言之，政府把鑄幣利潤轉讓給民間，透過競爭錢幣的品質愈來愈好，幣制可以更快統一。另外也可以減少政府負擔，降減鑄幣成本與發行費用。

在這種鼓勵下，民間有意願鑄造成色較佳的錢幣，才容易把自鑄的錢幣賣出去。在利潤的誘導，加上自由競爭的環境下，錢幣的品質就和其他商品一樣會愈做愈好，劣幣自然會被驅逐。如果鑄幣權掌握在國家手中，就會在財政考慮下（為了賺取更多的鑄幣利潤），降低錢幣的品質掉進格雷欣法則的陷阱。

把秦朝鑄造的 12 銖、西漢早期的 3 銖、呂后時期的 8 銖、文景時期的 4 銖、武帝時期的 4 銖、5 銖，以及東漢時期的 5 銖，對比含銅量就可得明確結果。以秦朝 12 銖每克的含銅量當作基數（＝100），可看出秦漢各種錢幣中，以文景時期的 4 銖品質最佳（指數＝ 205），其次是西漢初期的 3 銖（＝ 198）、武帝時期的 5 銖（＝184）。這說明放鑄政策的品質最佳，良幣真的會驅逐劣幣。

單靠放鑄就能達成嗎？當然需要配套措施，最重要的就是稱錢衡，也就是用天平來秤重。1975 年湖北江陵鳳凰山的 168 號漢墓出土漢文帝前元 15 年（西元前 165 年）的稱錢衡。衡桿上記載與貨幣法律相關的文字，其中最重要的一句是：「敢擇輕重衡，及弗用，劾論罰。」意思是：凡商民買賣所用的錢，都必須用天平測量實重，不可逃避否則依條例處罰。

錢衡的目的很簡單：持有各種貨幣的人必須在公平公開的環境下

交易。具體落實的話，民間很快就能評斷出哪種錢幣品質較優、接受度較高。換句話說，錢幣市場產生有規範的良性競爭，讓良幣更為人接受，拒收劣幣。透過錢衡的公開運作，如果持劣幣買賣，對方會要求加錢才肯成交：「或用輕錢，百加若干。」反過來說，如果持良幣來買賣，就會要求對方添給商品：「或用重錢，平稱不受」。

格雷欣法則成立的第一項條件，就是良劣幣有固定的交換比例，錢衡打破這項條件。第二項條件，是買賣雙方對貨幣的品質訊息不對稱。在錢衡法的要求下，雙方對貨幣品質有透明對稱的訊息。格雷欣法則的兩項條件，在錢衡法的運作下都無法成立，良幣因而得以驅逐劣幣。

文帝的放鑄政策需要經過 4 個步驟才能成功：

1. 政府提供錢幣的形式和品質標準，稱為法錢。

2. 鼓勵民間自由鑄造，品質不得低於法錢。

3. 提供錢衡，作為判別良劣幣的標準與仲裁工具。

4. 民間為了賺取鑄幣利潤，就會競相提高貨幣品質，良幣逐漸占上風，劣幣被逐出市場。

以上事情綜錯複雜，簡要綜述如下。

1. 這套放鑄政策在景帝時（前 144 年）結束，前後歷時 30 年，之後鑄幣權回歸政府（禁鑄）。景帝繼續鑄造 4 銖錢，品質起伏不定。西元前 140 年把 4 銖改為 3 銖（減重），136 年時改回 4 銖，119 年又改回 3 銖，118 年鑄新的 5 銖。到了西元前 113 年，武帝禁止地方政府鑄幣完全收歸中央。

2. 上述的 27 年間（前 140 ～ 113），幣制改革好幾次，品質逐漸下降。以 5 銖為例，武帝時期從 3.35 克降為 3.26 克（昭帝時鑄），再減為 3.07 克（宣帝時鑄）。到了東漢只剩 2.86 克。長期而言，文帝之後的錢幣品質持續下降，主因是國家財政困難，必須盡可能賺鑄幣利潤。

3. 文帝的放鑄是貨幣史上少見的例外。從這個史例可以得出兩項基本學理：第一，在自由鑄造的政策下，政府不必規定良幣與劣幣的交換比例。其次，若貨幣品質訊息對稱（透明公開），格雷欣法則就不成立，良幣確實能驅逐劣幣。

參考書目

Chen, Y. and C. Lai (2012): "Good money drives out bad: A note on free coinage and Gresham's law in Chinese Han Dynasty", *Economic History of Developing Regions*, 27(2):37-46.

Dutu, Richard, Edward Nosal and Guillaume Rocheteau (2005): "The tale of Gresham's law", *Federal Reserve Bank of Cleveland Economic Commentary*, October 2005 (4 pages).

陳彥良（2007）：〈四銖錢制與西漢文帝的鑄幣改革：以出土錢幣實物實測資料為中心的考察〉，《清華學報》，37(2):321-60。

陳彥良（2008）：〈江陵鳳凰山稱錢衡與格雷欣法則：論何以漢文帝放任私人鑄幣竟能成功〉，《人文及社會科學集刊》，20(2): 205-41。

第 7 篇

智者的錢商

36

凱因斯勇於投資

　　本章旨在駁斥一項常見的指控：凱因斯在財政部任職期間（1915年1月至1919年6月），利用接觸決策的內部消息在股市獲取暴利。本章末引述的幾項研究，重探劍橋大學的凱因斯檔案，從表 36.1 可以看出他在大學畢業後的持股內容。凱因斯在此階段運用少量儲蓄與父親的援助，加上朋友的資金在股市小額進出。

圖 36.1　1944 年建立戰後經濟秩序的布列敦伍茲會議上，凱因斯（右）與懷特（Harry Dexter White）分別作為英國與美國的代表出席。這張照片正好反映了英美兩國的角力。

之後在財政部任職期間，他的持股增加金額變大，但銀行帳戶常有赤字。表36.2列舉這段期間的持股狀況，實在看不出有投機暴利。我從不同面向與觀點，論證凱因斯沒有靠內線消息炒股，道德上他不是這種人，他若能從內線得到暴利，就不會有好幾次嚴重虧損。

以下先解說檔案的可靠性。凱因斯一生都在做活動紀錄，這是從父親學來的習慣，試舉數例：

1. 他終生的嗜好之一是蒐集古書，為這些書編目錄，記載價格、來源、轉售的過程。

2. 列表記錄想寫的文章和著作。

3. 記錄在報章雜誌發表的文章，以及每篇的稿酬。

4. 喜好觀賞戲劇，也記錄訂購的戲票和觀賞場次。

5. 有一段時期（1901 ～ 1915 年）還記錄性伴侶的名單，詳見唐納・摩格里吉（Donald Moggridge）寫的傳記。

6. 他的收入、開支、銀行帳戶、資產狀況，都留下豐富資料。

7. 證券與外匯都留下完整的買賣紀錄：年末時記載手中的各種股票、股數、現值、總值。

他從 1903 年（16 歲）開始記帳，分兩類：一是現金帳，二是銀行帳簿狀況。他用複式會計記帳法：左邊記載現金來源，右邊記載用途。幾乎每筆都記，應該也有漏記或未記，此事無法確認。每隔幾頁就做最新狀況摘要。這類的個人收支帳記錄到1916年（33 歲）中止。

股票證券記載得更明確：每種股票分開記錄，右頁登錄買進或售出股數、買入與售出價格、總值。左頁記載收到的股利。檔案中還有他的巴克萊銀行（Barclay）帳簿，但不是他的筆跡：左側是支付項目與數額，右側是存入帳戶的金額。這些資料從 1903 年 10 月開始，直到一次大戰期間任職財政部，以及之後的時期。這表示凱因斯文獻中的紀錄能提供完整可靠的數據，分析他買賣、持有的證券。

初生之犢

1905 年 7 月 6 日，凱因斯剛從劍橋大學畢業（22 歲）。他初入股市，買了 4 股海洋保險公司（Marine Insurance）股票，花了 160 鎊 16 先令。這筆投資後，銀行帳戶餘額 30 鎊 3 先令 6 便士（7 月 9 日）。他的買股資金主要來自父親給的生活費、生日禮金、學術獎金。半年後 1906 年元月 4 日，買了馬瑟與普拉特公司（Mather and Platt）3 股，花了 49 鎊 7 先令 9 便士（本章提及的公司業務方向，參見表 37.2）。父親是這次買股的金主，因為他在 1906 年元月 4 日的銀行帳簿記載：JNK（父親名字的縮寫）給生活費，扣除馬瑟與普拉特的買股金額，餘額是 15 鎊 12 先令 3 便士。

這兩筆小投資後到 1910 年元月都沒買賣，原因是 1906 年 10 月 16 日至 1908 年 7 月 20 日間，他在倫敦的印度辦公室工作。這一年多他把收入幾乎都花光了，1906 年 10 月 16 日的帳簿只剩 39 鎊 5 先令 3 便士。1908 年 9 月 25 日的總資產是 53 鎊 12 先令 8 便士。1908 年他離開印度辦公室，去劍橋大學擔任經濟學講師。1910 年元月 25 日（約 27 歲）開始擴大額度：買 10 股霍登煤礦公司（Horden Collieries）股票，花 127 鎊 16 先令。

為何能增資買股？因為當講師的收入好多了。1906 年 10 月 16 日至 1907 年 9 月 30 日（11 個月半）在印度辦公室期間的收入是 371 鎊：內含 187 鎊薪水（稅後），以及父親給的 128 鎊。1909 年 4 月初到 1910 年 3 月底的收入是 705 鎊，內含父親給的 110 鎊。他那時住在國王學院，除了現金還有實物收入（例如免費住宿、餐飲）。為什麼都是從 4 月初算到翌年 3 月底？因為這是計算所得稅的年度（有點類似會計年度，而非 1 至 12 月的日曆年度）。

之後十年間收入逐年增加，唐納・摩格里吉說凱因斯「努力增加收入，大部分是從按件計酬的工作得來」。1913 年 4 月到 1914 年 3 月底的總收入是 991 鎊 10 先令。這 991 鎊中，講師的底薪 100 鎊、講課費 260 鎊 10 先令、指導費 87 鎊 10 先令、考試費 36 鎊、文章與雜項收入 40 鎊、投資收入 124 鎊 10 先令（主要是股利，1918 年高達 437 鎊）、研究員費 127 鎊、皇家經濟學會 90 鎊、皇家委員會（Royal Commission）41 鎊，父親給 85 鎊。加上 73 鎊 10 先令的住宿餐飲福利，合計總收益 1,065 鎊（31 歲）。這是非常好的收入！

1910 年元月至 1915 年元月，他初入財政部兼職開始用儲蓄買入好幾種股票。通常他只在銀行帳戶保留 100 鎊，有時甚至透支買股。他偶爾會賣股票，例如 1911 年 8 月賣了 4 股海洋保險公司（Marine）股票，用這些錢來買其他股票：賣掉海洋保險公司股票的同一天，加碼 5 鎊買進國家折扣公司（National Discount）20 股。

1912 年 10 月後，他開始運用巴克萊銀行容許的額度透支買股。1913 年 5 月，他和約翰‧謝帕德（John Sheppard）投機炒作美國鋼鐵（U.S. Steel），用 494 鎊 1 先令買 40 股。但資本不夠，還向懷特漢斯與柯爾斯證券公司（Whiteheads & Coles）融資。謝帕德和凱因斯一樣是國王學院的研究員，也是古典研究的講師。凱因斯在帳簿記載：美國鋼鐵投機（U.S. Steel speculation）。這是他在這段期間唯一標誌「投機」的項目。這 40 股中有一半在 1913 年 7 月賣出，另一半 8 月賣出，淨賺 5 鎊 15 先令 4 便士，凱因斯分得 75%。

他的胃口愈來愈大，1914 年 4 月羅傑‧弗萊（Roger Fry）借他 1,000 鎊。凱因斯留下借據：「這筆錢由我使用，任憑我獨自決定如何在股票中運用。盈餘或虧損（由我估算）扣除支付你 4.5%（的利息）後，由我倆均分（盈虧）。」凱因斯承諾會「記錄所有的交易明細與股利收入，隨時供你檢視」。

1915 年他開始為畫家朋友兼情人鄧肯‧格蘭特（Duncan Grant）

投資，三年後為另一位女畫家朋友凡妮莎・貝爾（Vanessa Bell，作家維吉尼亞・吳爾芙的姊姊）投資。他替這三位的投資都有明細紀錄。這三位的錢也存入凱因斯帳戶內，混在一起後就不易判別哪些股票是他自己的，哪些是為別人操作的。羅伊・哈羅德（Roy Harrod）、唐納・摩格里吉、羅伯特・史紀德斯基（Robert Skidelsky）、查克里・卡特（Zachary Carter）撰寫的凱因斯傳記內，也記載一些凱因斯幫家人與朋友投資的軼事，在此不擬細說。

1919 年 6 月離開財政部後，凱因斯開始短線買賣賺差價。1919 年 5 月 28 日，他的經紀商寫信向他索取「40 鎊償付（投機美國鋼鐵股）的融資」。他付了這筆錢，顯示凱因斯在融資（透支）炒作這檔股票。這種赤字融資的事早在 1914 年 7 月 13 日就發生過：凱因斯把銀行的透支額度從 250 鎊提高到 1,000 鎊。

兩星期後，7 月 28 日凱因斯寫信給父親說：「（一次大戰）戰爭的消息似乎很嚴重。但我今晚還是下了訂單，用融資付款買入加拿大太平洋公司（Canadian Pacific）股票，要求價格不得超過 176 鎊，以及力拓集團（Rio Tinto）的股票，不高於 56 鎊，我算很大膽……我認為在這個時刻，應該將可以支配的信用額度拿來運用。」

凱因斯對美國鋼鐵與加拿大太平洋的投機操作獲利甚豐。1914 年 6 月 24 日，他寫信給財政部的同事巴希爾・布萊克（Basil Blackett）：「我認為 1907 年時，我以低價買入美國鋼鐵的股票，扎扎實實賺了一大筆。1911 和 1912 年秋季，也從加拿大太平洋發了一筆小財。」（《全集》16 冊頁 4 ～ 5）。

凱因斯認為開戰後還會有暴利的機會，但倫敦證券交易所在 1914 年 7 月 31 日因戰事停業。他總共從加拿大太平洋和力拓集團賺了多少錢？依他的紀錄，1914 年 8 月 13 日他用 163 鎊半買了 5 股太平洋公司股票，以 54 鎊的單價買 4 股力拓集團的股票。錢從哪來？向銀行融資，造成帳戶赤字超過 400 鎊。

為何積極買入？因為太平洋公司的股票在 7 月初的交易價格是每股 198.5 鎊，足足跌了 32.5 鎊；力拓集團的股票從 68.25 鎊跌到 54 鎊。這是逢低買入的好時機。一次大戰從 1914 年 7 月 28 日開始，凱因斯竟然在 8 月 13 日融資買進外國股票，就算已經是低檔承接，但戰爭的威脅已經很明顯，難怪 7 月 28 日寫信給父親時說自己「算很大膽」。

開戰兩個多月後，凱因斯還是很看好股市，10 月 5 日寫信給父親：「我感覺這是好時機（或是說時機即將來到），應該盡全力投資。」到了 12 月 9 日（約 31 歲），他又買進國家折扣公司 50 股，總價 266 鎊 11 先令。12 月底買入 25 股巴克萊銀行 B 股，總價 278 鎊 8 先令 6 便士。1914 年底，銀行帳戶的赤字將近 400 鎊。1915 年元月 6 日他全職進入財政部，表 36.1 顯示此階段的持股狀況。

任職財政部期間

1915 年元月 6 日，凱因斯被任命為財政部喬治・佩許爵士（Sir George Paish）的助理，1919 年 6 月辭職。喬治・佩許是英國知名自由派經濟學者，一次大戰前倡議自由市場論，曾任財政部長顧問。雖然凱因斯在 1914 年投入證券的總額超過 1,500 鎊。但 1915 年的購買量遠低於 1914 年，只買 16 股霍登煤礦，總價 160 鎊。他的銀行赤字在 1915 年底剩不到 69 鎊。

1916 年間凱因斯買過三次股票：先買 6 股力拓集團股票；之後加碼 4 股；另外還買 250 股伯爾考沃恩公司（Bolckow Vaughan and Co.）的股票；三者合計超過 900 鎊。年底的銀行帳面赤字 253 鎊。1917 年也有三次交易：250 鎊買了 1 張 1,000 鎊面額的大幹線鐵路公

表 36.1　凱因斯持投狀況：1915 年元月

股票名稱	股數	購入價格		
		鎊	先令	便士
巴克萊銀行 B 股	50	514	14	0
伯爾考沃恩公司（Bolckow Vaughan & Co.）	500	304	19	6
巴西鐵路公司 6% 累積特別股（Brazil Railway 6% Cum Pref.）	25	171	6	0
加拿大太平洋公司	5	164	13	1
遠東銀行	60	287	0	0
霍登煤礦	34	371	4	0
馬瑟與普拉特公司	150	262	5	6
國家折扣公司	150	1,044	17	0
力拓集團	4	217	2	9

司（Grand Trunk）第三優先股；加碼 5 股力拓集團股票；買進 20 股倫敦河床銀行的股票。三檔總投資額超過 1,300 鎊，年底銀行帳戶有 10 鎊餘額。

　　表 36.2 有 11 家公司，包括四家銀行：巴克萊銀行、遠東銀行、倫敦河床銀行、國家折扣公司；三家鐵路公司：加拿大太平洋公司、大幹線鐵路公司（加拿大籍）、巴西鐵路；伯爾考沃恩公司（經營煤礦、鋼鐵）；霍登煤礦（開採煤礦）；馬瑟與普拉特公司（工程公司）；力拓集團（在西班牙開採黃鐵礦〔又稱愚人金〕與銅）。

　　1918 上半年完全沒有進場，7 月買進 350 股馬瑟與普拉特公司（超過 925 鎊），銀行赤字因而大於 900 鎊，幾乎到 1,000 鎊透支上

表 36.2　凱因斯持股狀況：1917 年 12 月 28 日任職財政部時

股數	股票名稱	購入價格			1917 年 12 月 28 日市值		
		鎊	先令	便士	鎊	先令	便士
50	巴克萊銀行 B 股（銀行）	514	14	0	575	0	0
500	伯爾考沃恩公司（煤礦、鋼鐵）	304	19	6	412	0	0
250	伯爾考沃恩公司（煤礦、鋼鐵）	312	10	0	300	0	0
25	巴西鐵路公司 6% 累積特別股（鐵路）	171	6	0	50	0	0
5	加拿大太平洋公司（鐵路）	164	13	1	159	0	0
60	遠東銀行（銀行）	287	0	0	300	0	0
1	大幹線鐵路公司第三類特別股，面額 1,000 英鎊（鐵路）	256	11	3	195	0	0
50	霍登煤礦（開採煤礦）	537	3	9	756	0	0
20	倫敦河床銀行（銀行）	742	15	6	700	0	0
150	馬瑟與普拉特公司（工程公司）	262	5	6	320	0	0
150	國家折扣公司（銀行）	1,044	17	0	795	0	0
19	力拓集團在西班牙開採黃鐵礦與銅	1,152	17	5	1,206	0	0

限。8 月賣出 25 股巴克萊銀行的 B 股，用這筆錢同時買進 50 股國家折扣公司。

1918 年 9 月到 1919 年 5 月，他把巴西鐵路股和巴克萊銀行 B 股全部出清，也把加拿大太平洋鐵路（見表 36.2）、力拓集團這些舊股賣掉，轉投入伯爾考沃恩公司股。1919 年 6 月離職時，手中只有三檔股票：伯爾考沃恩公司、馬瑟與普拉特公司、國家折扣公司。他的銀行帳戶赤字在 1919 年 5 月底約 800 鎊。1918 下半年到 1919 上半年的大幅調整路線，是他第一次做這麼激烈的策略性變動。

為什麼 1919 年 6 月要辭去財政部的好職位？那是因為 6 月 7 日財政部派他去巴黎參加戰後的凡爾賽和約，職稱是英國代表團（delegation）的代表（representative）。辭職主因是不滿法國對德國過度索賠，但因人微言輕憤而退出，回國寫了一本《和平的經濟後果》轟動世界，1920 至 1921 年間有 19 國的版本。中文版 1920 年由陶孟和與沈性仁合譯（上海新青年社出版），名為《歐洲和議後之經濟》。這本書的各國版稅也讓他的收入大幅增加。

在財政部期間他只買兩種新股票：第一是 1917 年 6 月用 256 鎊 11 先令 3 便士，買入大幹線鐵路公司面額 1,000 鎊的第三優先股，1919 年 3 月售出，虧損約 50 鎊。第二是 1917 年 11 月買 20 股倫敦河床銀行，價格 742 鎊 15 先令 6 便士，日後換股操作買進 40 股駿懋銀行（Lloyds）的股票，1918 年 12 月賣出賺了 331 鎊多。

內線交易者？

凱因斯去世十年後，有位克萊夫·貝爾（Clive Bell）寫一本《文明與老朋友》（*Civilization and Old Friends*），內文說凱因斯「1914 年夏季開始做〔股票與外匯〕投機的事，或許還稍早一些。」凱因斯的第一本傳記作者羅伊·哈羅德嚴正駁斥此說：

1. 貝爾搞錯時間，不是 1914 年，而是 1919 年 9 月，說早了 5 年。

2. 凱因斯會把握任何機會下賭，他會被吸引到賭桌上。

3. 但凱因斯對投機這個詞有較特定的意義與理解。在他的一生中，投機扮演非常重要的角色。他透過投機成為有錢人，富有之後又改變許多事。

4. 這項重要的投機是一件系統性的作為，這是從 1919 年（約 32 歲）夏季開始。

5. 1919 年他還沒資本，只有存在銀行的少數英鎊。這是件重要的事，因為他成功後許多人說凱因斯能致富，是因為在財政部任職期間運用內線消息投機致富。這是完全無稽之談，必須糾正貝爾的說法：1914 年凱因斯還沒從事任何投機。

當時股市與匯率投機是公開的事，日後的首相邱吉爾也做過，原因很簡單。1914 年之前列強都採金本位（固定匯率制），一戰開始後金本位制無法維持，改採浮動匯率制各國幣值起伏不定，國際間游資熱錢亂竄套利。央行也不禁止，因為外匯投機能讓市場更迅速回歸供需機制，有助於國際匯市穩定。

說凱因斯參與投機的事小，說他利用財政部的內線消息事大。這件公案現今可用具體史料還原真相，方法很簡單：重新審視凱因斯早年的交易紀錄，並對比他任職財政部時買進賣出的股票與價格，以及分析他的報酬率是否異常。

哈羅德是凱因斯的好友，深受凱因斯的家人信任。凱因斯去世後家人委託哈羅德撰寫首部傳記，開放家族的公私資料。這是最熟悉也最可靠的人，應當最可信。這本 674 頁的傳記 1951 年出版後，1952年與 1963 年重印。為何日後還需要史紀德斯基寫 3 大冊傳記，又勞煩參與凱因斯《全集》的摩格里吉也寫一本 941 頁的傳記？

主因是凱因斯參與的國內外事務繁多，隨著更多新研究與各種檔案開放，自然有許多內容值得添加。另外也還有私人原因：哈羅德太保護凱因斯。現在眾已皆知凱因斯是同性戀，但在 1950 年代社會還不容許。摩格里吉還列出 1901 ～ 1915 年間凱因斯的同性情人名單。這些事在哈羅德的傳記內當然不會有。同樣的道理，投機似乎不是榮譽之事，內線交易更是嚴重指控，哈羅德在為恩師避諱。現在事過境遷，史料也說出事實。

試舉一例，對比這三本傳記的認知差異。哈羅德說凱因斯在 1919 年之前並無資本，只有少數英鎊存在銀行。但摩格里吉說，凱因斯 1918 年的資產淨值 7,464 鎊，手中的證券價值約 9,428 鎊。1918 年 4 月初至 1919 年 3 月底在財政部任職時的年薪 980 鎊。對 35 歲的人來說，在一戰期間這已經是相對富有了。

現在回到本章的主題：

1 凱因斯在 1919 年 9 月之前是否已開始投機？

2 他有利用內線消息投機暴利嗎？

投資和投機很難明確區分，雖然各自有定義。就像藝術與色情也不易截然劃分，但每個人一看到就能感覺那是投資還是投機，是色情還是藝術。

從留下的交易紀錄看來，上述這兩個問題的答案都是否定的：表 36.1 與表 36.2 明確顯示在 1919 年 9 月之前，他還沒做類似日後的投機活動。他沒有利用內線消息投資，從他一生的投資紀錄看來，也不曾運用過內線消息發過財。1929 年大蕭條時他也慘烈虧損過。

以他這麼接近國內與國際決策的內幕者，又大量參與投資投機活動，難道內線消息一點忙都沒幫上？有可能，因為凱因斯的行為中，有一些從小被教育形塑的道德觀念，讓他不願趁人之危或利用機會為自己謀利。難道狼虎也有道德觀？我相信盜亦有道，也希望本章的論點能支持此點。

先區分一項邏輯：投機是不道德的，利用內線也是不道德的，如果凱因斯會投機，他就不會排斥內線消息。其實這是兩回事，在澳門賭博並非不道德，但詐賭必然不道德。前面說過，一戰時金本位中止，各國幣值起伏，外匯投機是常態，甚至有益市場穩定，此事與道德無關。不能因凱因斯在市場投機，就對他下道德判斷，硬說盜必無道。但若他真的利用內線，那就不道德。

先說家教的面向。劍橋知名哲學家羅素記得，凱因斯的父親「是一位誠摯不隨波逐流的人，他會把道德放在首位，邏輯（即理性）居次」。凱因斯的母親要求家人必須「有高標準的道德和智識上的能力」。凱因斯雖然不完全遵守父母的道德觀（例如同性戀），但並不表示金錢方面他的可信度有疑慮。凱因斯日後參與國內與國際重要決策的核心，內線消息比他人豐富許多，若有心貪腐機會隨時都有。凱因斯從年輕時就很有名，《和平的經濟後果》出版時讓他成為世界名人。不知有多少眼睛盯著他看，但從未聽說過他有過金錢上的汙點。

若針對在財政部任職時是否有利用內線致富，這個問題表 36.2 已經清楚回答：他手上的股票價值有限，銀行帳戶好幾年都是赤字，他買股票的資本不夠，還要向銀行透支：原先的上限是 1,000 鎊，後來增至 2,000 鎊。若真有投機，也沒有暴富。再說，表 36.2 內的股票大都是銀行股、鐵路股、工程股、礦業股，這類的實業老股如何走內線炒作？他那時的資本也就幾千英鎊，炒得動什麼股？

他有無接觸決策核心消息的機會？有，試舉一例。一戰期間在財政部時，曾被指派擔任內閣小麥委員會祕書，任務是「積極安排政府以低於世界市場行情採購印度小麥」。（Skidelsky，1983）這些與小麥採購的文件都標示著機密或限閱。雖然他在 1925 ～ 1935 年間也做過小麥的期貨買賣，但那時早已離開財政部。

凱因斯的理財過程有成功有失敗，從留下的交易細節資料，完全看不出曾利用過內線消息。理查·肯特（Richard Kent）列舉三個實例，說明凱因斯在決策時會以國家與社會利益優先，就算因此造成個人損失，他的選擇一直都是重群體、輕個人。這些證據都留在個人的信函與文件，記載當時的判斷與感受，並非為他人或日後而書寫。

再舉一例。1917 年 11 月凱因斯買入倫敦河床銀行的股票，持有13 個月獲利將近 45%，每股還有將近 45 鎊的股利收入。會暴漲的主因是駿懋銀行計畫合併倫敦河床銀行。那是 1918 年 7 月 18 日才宣布的事，35 歲的凱因斯在 1917 年 11 月時還沒機會預知此事。主張凱因斯走內線消息的人有種說法：「凱因斯投機會成功，部分原因是他有許多內線消息。他從未直接用內線消息來做不正當的事，但常有公司負責人會請他當顧問，他也很了解這些公司內部的狀況。」（Richard Kent，2012：12，注 13）。這是委婉的指控：凱因斯消息靈通，吃遍政府部門與民間企業，大家都願意和他分享內部消息。

我願意相信這是真的，但還是不明白：有這麼多重要資訊的人，為何從表 36.1 與表 36.2 看起來，只像是個中產階級的投資者。凱因斯一生在股市、外匯投機、商品期貨積極進出，整體而言戰果並不十分特出，他的報酬率有不少年份還低於市場平均。我的感覺是：如果凱因斯真的有豐富的內線消息，而且善於利用這些消息為自己謀利，但他的長期投資與投機成果並不傑出，所以他不是優秀的內線交易者。

古典經濟學派有一位主將大衛・李嘉圖，他是富有的地主，也是國會議員。但他畢生主張貿易自由化，穀物應自由低稅進入英國，這會降低英國的物價與工資，國內的資源配置才不會被扭曲。這種主張和地主的利益（主張高關稅防止外國廉價穀物流入）明顯牴觸，李嘉圖的高尚之處在於：國家與社會的考量必須優先於個人利益。這項優良的特質，曾經在既富有又對經濟學有重要貢獻的李嘉圖身上展現；一個世紀後，在既富有又有經濟分析重要貢獻的凱因斯身上重現。有些人明機巧而不用，甚至割肉餵鷹捨身飼虎，上天會讓他們富貴雙全。

參考書目

Harrod, Roy (1951): *The Life of John Maynard Keynes*, London: Macmillan.

Kent, Richard (2012): "Keynes's investment activities while in the Treasury during World War I", *History of Economics Review*, 56(1):1-13.

Moggridge, Donald (1992): *Maynard Keynes: an Economist's Biography*, London: Routledge.

Skidelsky, Rober (1983): *John Maynard Keynes*. Volume I: *Hopes Betrayed, 1883-1920*, London: Macmillan.

Carter, Zachary D. (2020): *The Price of Peace: Money, Democracy, and the Life of John Maynard Keynes*, New York: Random House.《和平的代價：貨幣、民主與凱因斯的一生》，賴盈滿譯，臺北：春山出版，2022。

37

凱因斯的美術收藏

　　鄧肯・格蘭特（1885～1978）是英國畫家，也是紡織品、陶瓷器、劇場布置、服飾設計者。更重要的是他與凱因斯有密切關係，除了同屬布倫斯伯里（Bloomsbury）文藝圈（圖 37.1），更是婚前的重要夥伴，這些事在傳記裡都有豐富記載。凱因斯曾自嘆缺乏藝術天份，對高端文藝界人士有彌補性的崇敬。以下透過鄧肯的視角，來看凱因斯對美術品的收藏品味與經歷。

　　鄧肯和凱因斯之間的藝術通訊模式，可用一則電報訊息為例（當時為了省錢不用標點符號）。「（塞尚）佳作九百鎊價廉還有秀拉（Seurat）佳作 350 鎊你要買或建議凡妮莎買他們明天去」。1920 年 5 月 9 日，鄧肯從巴黎寄明信片給凱因斯：「我們幫你買了一幅加斯東・蒂森（Gaston Thiesson）的畫，1,200 法郎。我們很喜歡，不是大多數人會興奮的那種。但實在便宜。凡妮莎說如果你不要，她要。我們看到兩幅塞共札克（André Dunoyer de Segonzac）的上等畫作，一是風景，一是靜物。有興趣？」

　　凱因斯過世時留下豐富的美術品收藏，大都是英法的現代繪作，包括畢卡索、德加、馬諦斯等名家，以及凱因斯朋友鄧肯和凡妮莎・貝爾的作品。凱因斯生前鍾愛這些畫作不願出借展覽，常說每次從國外回家看到牆上那些熟悉作品是一大樂事。美術品是他生命中的重要

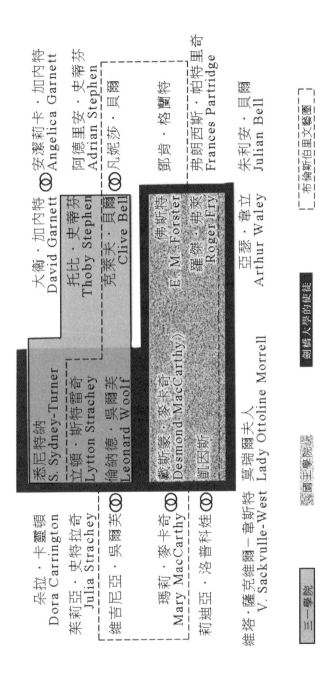

朵拉・卡靈頓
Dora Carrington

悉尼特納
S. Sydney-Turner

大衛・加內特
David Garnett

安潔莉卡・加內特
Angelica Garnett

茉莉亞・史特拉奇
Julia Strachey

立頓・斯特雷奇
Lytton Strachey

托比・史蒂芬
Thoby Stephen

阿德里安・史蒂芬
Adrian Stephen

維吉尼亞・吳爾芙
Virginia Woolf

倫納德・吳爾芙
Leonard Woolf

克萊夫・貝爾
Clive Bell

凡妮莎・貝爾
Vanessa Bell

瑪莉・麥卡錫
Mary MacCarthy

戴斯蒙・麥卡錫
Desmond MacCarthy)

佛斯特
E. M. Forster

鄧肯・格蘭特
Duncan Grant

莉迪亞・洛普科娃
Lydia Lopokova

凱因斯

羅傑・弗萊
Roger Fry

弗朗西斯・帕特里奇
Frances Partridge

維塔・薩克維爾－韋斯特
V. Sackvulle-West

莫瑞爾夫人
Lady Ottoline Morrell

亞瑟・韋立
Arthur Waley

朱利安・貝爾
Julian Bell

三一學院

國王學院

劍橋大學的候征

布倫斯伯里文藝圈

圖 37.1　凱因斯與布倫斯伯里文藝圈的關係

部分，他對畫作收藏和古書善本的熱情，都是終身不渝的深層喜好。上大學時還沒展現出這方面的興趣，因為那時的朋友圈是數學、歷史、古典學者。他們會景仰希臘雕塑與建築，也談論義大利和荷蘭畫派，但也僅止於此。

凱因斯是著名的同性戀者，當時是會被逮捕的罪行。1925 年（42歲），他和俄國著名芭蕾舞者莉迪亞·洛普科娃（Lydia Lopokova）結婚。在此之前，鄧肯和凡妮莎是他在倫敦最親密的朋友、最信任的人，也是他的心靈守護者（keepers of his conscience）。1918 年一戰結束後，凱因斯代表英國到巴黎參與凡爾賽和約，戰後經濟尚未復甦法國物價（與美術品）低廉。在這兩位繪畫家的建議下，凱因斯買入不少佳作。他在巴黎參觀兩次後印象主義派畫展，開始收購近現代法國藝術，包括安德烈·洛特（André Lhote）的水彩畫《塞納─馬恩省─馬恩省河》。

凱因斯也買英國畫家弗里德里克·艾切爾斯（Frederick Etchells）的作品，1912 年（大戰前）他們相互來往密切，這些都在為凱因斯成為收藏家做準備。轉捩點是 1918 年戰爭結束後，因為那時法國名畫家竇加（Edgar Degas）剛過世，辦了一場畫室拍賣會。這對凱因斯是重要的藝術品活動，他替倫敦的國家藝廊（National Gallery）買了好幾幅佳作，值得細說如下。

大戰期間鄧肯在薩賽克斯（Sussex）務農很少來倫敦，有次他在羅傑·弗萊的畫廊看到一本目錄，內容是即將在巴黎喬治·珀蒂畫廊（Georges Petit）拍賣的竇加畫作。他對幾幅作品甚感興趣，晚餐時問凱因斯可否從財政部找到經費，撥款給國家藝廊採購這些千載難逢的作品？凱因斯覺得這是好主意。幾天後他和鄧肯與凡妮莎共同討論這本目錄，變得興趣高昂，他對塞尚的作品最有興趣。3 月 21 日鄧肯在農地工作時收到凱因斯的電報，說道：買畫錢有了。兩天後凱因斯說他即將赴巴黎參加財政會議，正好趕上竇加畫作的拍賣。

現在讓凱因斯自己解說這件事，這是他寫給鄧肯的短信。「我對繪畫是旋風式的外遇，就在一天半之內，連想一下自己在做什麼的時間都不夠。我向財政部要到 55 萬法郎（約 2 萬英鎊）來做這件事，國家藝廊的負責人霍姆斯（Sir Charles Holmes）與我們同行，希望能共同參加拍賣會。首要目標是買安格爾的作品，他的自畫像是首選，其次是佩羅諾（Perroneau）。我知道霍姆斯看上葛雷柯（El Greco）的作品，但承認這不是此行的目標。我有把握能說服他買下德拉克羅瓦的《史威特男爵的肖像》（Portrait of Baron Schwiter）。我會努力說服他買下塞尚的作品，因為我幫他找到這筆錢。他買下這幅畫也算是對我個人的獎賞，但他目前並無意願買任何塞尚的作品。我沒和他談到柯洛的畫作。」

那時巴黎還在戰火下，拍賣會是 1918 年 3 月 26、27 日兩天，買氣不旺，進展緩慢。高潮點是倫敦國家藝廊與巴黎羅浮宮激烈競標德拉克羅瓦的《史威特男爵的肖像》。凱因斯用 1,900 法郎為自己買了安格爾的畫作《裸女》，以及德拉克羅瓦的小幅作品《牧場之馬》，還有一幅塞尚的靜物《六個蘋果》。

3 月 28 日夜晚回到倫敦又累又餓，凡妮莎記下當日情景：「凱因斯無預警地半夜回到家，他坐政府的公務車在巷底下車，說他把塞尚的畫作放在路邊！鄧肯衝出去取回，你可以想像這是多興奮的事。霍姆斯在這場千載難逢的拍賣會做了愚蠢的決定，該買的沒買。他對塞尚的事沒聽進去，最後也沒把錢花完，帶回 5,000 鎊，連原本可輕鬆到手的葛雷柯畫作也沒買到。他是買到德拉克羅瓦的《史威特男爵的肖像》和其他一些作品，包括高更的一幅靜物。其餘的我不記得了。凱因斯自己買了塞尚的《蘋果》，一幅安格爾的素描，一幅德拉克羅瓦的小幅畫和素描，他把那幅素描送給鄧肯。塞尚的那幅畫真讓人驚異，掛在屋子裡最讓人興奮。」

一次戰後英國的私人收藏很少見到塞尚作品，公共館藏完全沒有，凱因斯的戰利品很快成為年輕畫家的朝聖物。這次巴黎的德加拍賣會，是凱因斯收藏美術品的轉捩點，也是一戰期間投機行為的意外結果。1920 年 5 月，凱因斯用 350 鎊向一位德國難民買下秀拉的《在Jatte 的散步》。他真的喜歡這幅作品，價錢也非常低廉。接下來，凱因斯用 175 幾內亞買了法國馬諦斯的一幅小畫。

就這樣，從 1920 年到 1946 年過世期間，他一有機會就買入名家作品，有藝術動機也有投資考慮。但他對美術品的興趣，終究比不上對善本古書的深情，有三項主因。第一，他從中學起就對古書著迷，這是他投資的初戀。第二，他是學界圈內人，能判斷典籍的重要性與版本的稀缺性。第三，他是美術界的圈外人，不夠內行只能買名作，還要靠藝術界朋友協助判斷，終究隔了一層。

舉個特殊例子說明他的買畫過程。英國畫商佛拉（Vollard）1880 年從塞尚手中買下《樹林下》（Sous-Bois）。此畫轉入溫德斯坦（Wildenstein）手中，1937 年連同兩幅德拉克羅瓦的小畫賣給凱因斯，三件總價 4,500 鎊。幾星期後在佳士得買到兩幅布拉克作品，一幅是裸女，一幅風景，還有畢卡索的兩幅靜物。1919 年畢卡索曾為凱因斯夫人畫過像，但這幅《雙人舞》（Pas de deux）已遺失。米洛斯‧凱因斯（Milos Keynes）在 1975 年編的《凱因斯論集》頁 106 ～ 7有這幅畫的複製圖，畢卡索提字：「給莉迪亞（他的法文題字太藝術，我猜是）：期盼原創」（Pour Lydia en attendant l'original）簽名：畢卡索。畫中雙人舞的女主角是莉迪亞‧洛普科娃，男主角是萊昂尼德‧馬歇尼。

二戰期間凱因斯購入的畫作相對減少，也有人向他借展。他明白大戰期間生活困難，精神苦悶，若這些畫作有益人心他非常願意免費外借。他有些重要的收藏，但不是以研究為取向，也不是純為私人利益，他很大方與社會分享。他的收藏品以英法畫派為主，有些也不是上品，但他願意收購鼓勵畫家創作。

他的收藏品中，最主要的收藏品依姓氏排序包括：

1. 喬治・布拉克的《裸女》（1925）、《靜物》（1911）。
2. 保羅・塞尚的《多明尼克叔叔》（1865～1867）、《六個蘋果》（1873～1877）、《在樹林內》（1879～1882）、《去除》（1867）。
3. 德拉克羅瓦的《Abydos的未婚妻》（約1843）、《牧場之馬》（約1819）、《獅子與草蛇》（約1847）。
4. 安德烈・德蘭的《靜物》、《雙手環抱的睡者》。
5. 馬諦斯的《裸女》（約1917）。
6. 畢卡索的《靜物與水果》（1924）、《靜物》（1923）。
7. 雷諾瓦的《風景與橄欖樹》（1912）。
8. 喬治・秀拉的《La Grande Jatte的星期天下午》（1884）。
9. 瓦特・席格（Walter Sickert）的《蒙馬特的戲院》（約1900）、《酒吧》（1922）。

雖然對美術品相當熱情，但他的藝術家朋友卻認為他「缺乏對視覺藝術的感受」。若沒有鄧肯這些朋友，他大概不會涉足美術品，他會買這些佳作主要是朋友建議。凱因斯的政治社會影響力與個人財力，讓他有機會在藝術朋友圈內以收藏來取得「地位」。因為凱因斯「通常沒有好眼光〔表示常買到次級品〕，或是基於善意的原則而行動，而非基於品味而收藏〔表示出錢贊助藝術家〕」。

凱因斯對音樂的興趣不高，但對戲劇很熱心。他對戲劇的內行程度，最多只能算是業餘但又有許多意見，引起專業人士不滿。他的好友克萊夫・貝爾說凱因斯在文化上顯得「有限」：「凱因斯無法從內在去了解外國，這件事不會讓人驚訝。不論是法國或義大利或美國，他都從英吉利海峽的觀點去了解。說得更精確些，是從倫敦中心西敏寺，或國王會議廳的觀點去理解。和他的朋友相比，凱因斯有點像滑稽的鄉下人。我說他的文化有限，就是這個意思。」（Moggridge，2005，頁 538～9）。1924 年凱因斯自己做決定買了一幅塞尚的畫，他的朋友們評論說這是塞尚最差的畫。

沒想到在國際社會被視為半神的人物，在藝術圈內竟然這麼沒地位。凱因斯收藏美術作品，一方面要表現他的文藝品味，但內行人並不認同。另一方面是從理財觀點，把藝術收藏視為投資股票、外匯、期貨的平行作為。史實證明第二條路線是他拿手的，也得到非凡的成果。

長期報酬率

1917 至 1945 年間，凱因斯透過各種管道買入英法為主的作品。1946 年逝世後，翌年全數捐給劍橋大學國王學院。他的收藏品共135 件，有當代名家如畢卡索、馬諦斯、塞尚，也有藝術家友人鄧肯・格蘭特之作。這批收藏目前存放在國王學院和菲茲威廉博物館（Fitzwilliam Museum）。另一方面，他也留下非常豐富的檔案，存放國王學院，內有詳細資料：畫作列表、買賣發票、日期與價格，以及收購過程的信函。

這批檔案還有其他重要的訊息，例如他逝世後對遺產價值的估算。較特別的是這批美術品的價值，幾十年間做過好幾次估價，讓我們可以詳估凱因斯收藏在 1946 至 2013 年間的價值變動。換句話說，凱因斯的美術品是重要個案，可看出 1917、1946、1959、1981、1988、2000、2013 這 7 個時點的價值變化。很少有個人的收藏能提供這麼完整的訊息，讓後人分析繪畫投資的長期增值模式。

1917 至 1946 年間，凱因斯投入這 135 幅的總金額約 1.3 萬鎊，2013 年估算總值 7,000 萬鎊。若以名目投資報酬率來看，每年平均約 9.8%，扣除物價通膨後實質報酬率約 4.7%。這表示如果能跨世代持有名作，長期報酬非常可觀。凱因斯的個案顯示：若父子兩代持有 96 年（1917 ～ 2013 年），就有機會從 1.3 萬鎊（1917 ～ 1946 年）增值到 7,000 萬鎊（2013 年），長期持有名畫或許比股票和公債更合算。

重看凱因斯的購入價格可以得出幾項特點：

1. 他很會運用時機低價買入，例如在一戰末的困難時期。

2. 很會運用人際關係找尋資金與佳作。

3. 與文藝交往圈對選畫品味有決定性的影響。

4. 只買不賣。

5. 從拍賣公司（如蘇士比和佳士得）購入的畫作，平均增值程度明顯高於從不同來源（例如畫廊或其他仲介商）取得的作品，顯示拍賣公司的商品有長遠價值。

6. 收藏有高度集中性，135 幅中最重要的 10 幅，占他總支出的 80%：把 80% 的資金投入前 7%（＝ 10/135）的目標物內。這是大輸或大贏的做法，也符合凱因斯常說的動物精神：勇於投資、敢於投機。

7. 畫作價值的變化取決於畫家逝世後的行情漲跌，難以事前預測。而股票證券是以短期營運績效決定投資成敗。所以長期持有藝術品較有利，與有價證券的性質迥異：臉書的股價可以在十年內增長百千倍，但不易維持幾十年。美術品與骨董不易短期內暴漲，適合不缺錢用、不必周轉資金的投資者。

1946 年過世前凱因斯擔任國王學院的司庫，管理學院的資產與投資。逝世後這個職位由他的學生理查·卡恩（Richard Kahn）接任。1959 年卡恩草擬一份備忘錄，詳載這 135 件收藏的原作者、標題、尺寸。1959 年有 26 件在國王學院，23 件借給菲茲威廉博物館，85 件屬於此博物館藏，還有一幅鄧肯·格蘭特幫凱因斯畫的肖像，借給凱因斯弟弟的兒子米羅。表 37.1 析述這 135 件的原作者，以及購買時的相對價格。

1985 年菲茲威廉博物館舉辦展覽，主題是「凱因斯：畫作、古書、手稿蒐藏家」，展出 135 幅中的 85 幅，還製作展覽目錄圖冊，詳載每項展示品的背景資訊。內有凱因斯本人與家族捐贈的 805 項蒐藏品，其中 233 項有圖片。805 項分三大類，包括畫作、素描和版畫，632 項；應用藝術，129 項；手稿與書，44 項。

根據上述兩項資料以及凱因斯檔案的文獻，可以判斷表 37.1 內 135 幅作品中，有 73 幅是購入的畫作，其餘都沒有交易證據。根據有紀錄的交易與發票，計算出凱因斯一生為美術蒐藏的支出是 1 萬 2,847 鎊。

表 37.2 顯示凱因斯的收藏，集中在一次大戰後與 1930 年代中期。這兩個時點正是他財富增長最快的階段：1919 年出版《和平的經濟後果》暢銷全世界，他用法國版稅收入買了畫。另一項財源，是他在外匯市場套利賺了錢。1935 年凱因斯在股市獲利豐碩。

以下是歷次估價的紀錄。

1. 1946 年過世時，家屬請伯西·摩爾·特納（Percy Moore Turner）估算這批收藏（135 件中的 112 件）。

2. 倫敦知名的藝術商托馬斯·阿格紐斯（Thomas Agnew & Sons），1959 年評估其中的 105 件，目的是要為這批成品保險，需要估算當時的市價。

3. 1981 年托馬斯·阿格紐斯重估 131 件的價值。

4. 1988 年也是為了保險，估算國王學院借給菲茲威廉博物館的畫作價值。

5. 2000 年蘇士比拍賣公司重估其中的 44 件。

6. 2013 年底，為了研究凱因斯收藏品的增值與報酬率，劍橋大學管理學院的研究小組，聘請藝術估價公司古爾‧約翰斯（Gurr Johns），估算其中 27 件最重要的作品。同時也另請四家公司評估 1988 年保額最高的 15 件。這四家是：市場研究公司英國藝術市場研究公司（Art Tactic）、藝術估價公司狄金生（Dickinson）、蘇士比、佳士得。估價的方式：只看 1983 年的展覽目錄、他們不知道前述 5 次的估價結果、也不知道估價的目的與用途（雙盲測試）。

表 37.3 顯示 1917 至 2013 年間歷次估價的變化。最簡單的對比，是 1946 年之前的總價值 1.28 萬鎊，2013 年底 7,085 萬鎊。如前所述，這些估價並非 135 件全估，而且歷次的取樣大小不一，但涵蓋 135 件中總價值的 95% 以上。也就是說，雖然表 37.3 的選樣不一但已夠代表性了。這種歷史估算無法有一致性的標準，這種增值幅度大體上已可接受。接下來要問兩個問題：

1. 2013 年的物價和 1946 年相差很大，若扣除物價上漲，凱因斯生前投入的 1.28 萬鎊，在表 37.3 歷次的估價中，會減少多大幅度？這要用另一種較簡潔的方式來回答：1946 ～ 2013 年間，這批收藏品的平均投資報酬率多高？若以名目價格（當年的價值）來計算，1946 至 2013 的平均年報酬率約 9.8%，若扣除物價約 4.7%。

2. 若當初凱因斯把這 1.28 萬鎊投入股票證券，1946 至 2013 的平均年報酬率會多高？估算 2013 年的價值約 7,460 萬鎊，比美術品的 7,085 萬鎊高 375 萬鎊。這說明：

表 37.1 凱因斯收藏的畫作

畫家	數量	購入價格 *
阿特金斯	2	0
貝恩斯	2	0
貝爾	6	2
布拉克	2	2
亨利·高迪爾·布熱斯卡（Henri Gaudier-Brzeska）	1	0
西蒙·布希（Simon Bussy）	1	1
Calligan	3	0
塞尚	4	4
古斯塔夫·庫貝爾（Gustave Courbet）	1	1
雷蒙·卡克森（Raymond Coxon）	3	0
奧諾雷·杜米埃	2	2
Davidson	1	1
竇加	4	4
德拉克羅瓦	3	3
安德烈·德蘭	3	2
弗蘭克·道布森（Frank Dobson）	1	1
奧通·弗里耶斯	1	1
羅傑·弗萊	2	2
史賓瑟·高爾（Spencer Gore）	2	2
鄧肯·格蘭特	27	8
Hall	1	0
艾馮·希金斯（Ivon Hitchens）	3	1
安格爾	1	1
Knight	1	1
安德烈·洛特	1	1
尚·呂爾薩（JeanLurçat）	1	1
喬治·馬爾金（Georges Malkine）	1	0
Marchand	1	1

畫家	數量	購入價格 *
馬諦斯	1	1
莫迪利亞尼	2	2
Moore	3	0
畢卡索	4	3
薇薇安・皮奇福（Vivian Pitchforth）	2	1
Porter	4	1
雷諾瓦	2	2
威廉・羅伯茲（William Roberts）	14	13
秀拉	1	1
席格	4	3
保羅・席涅克（Paul Signac）	1	1
Smith	1	0
Swanwick	1	0
Taylor	1	0
安東尼・韋爾茲（Antoine Wiertz）	1	0
Woolfe	1	0
不知名	11	3
總計	**135**	**73**

* 這不是價格的概念，而是對每位畫家的總購買額
占總支出的比例。因為 1917 至 1946 年間經歷兩
次大戰，物價變化很大，直接比較各幅畫的單價
意義不大，因而改採權重的概念。表格第 3 欄末
的總計是 73 點，以畢卡索的 4 幅為例，因為購
入金額的比重是 3/73，算作 3 點。

圖 37.2　凱因斯收藏大量鄧肯・格蘭特（左）
的畫作，格蘭特據傳是凱因斯最重要的戀人。

表 37.2　凱因斯的購畫支出

	購入數量	當年英鎊價格	當年買入最高價的畫作
1917	1	10.0	鄧肯・格蘭特 , 'The kitchen', £10, Omega Workshops.
1918	2	448.7	塞尚 , 'Still life with apples', £370.5, 1st Degas sale.
1919	12	776.3	秀拉 , 'Study for La Grande Jatte', £400, Chelsea Book Club.
1919：凱因斯出版《和平的經濟後果》			
1920	6	510.1	雷諾瓦 , 'A young boy', £285.9, Galerie Vildrac.
1921	0	0.0	
1922	4	253.3	席格 , 'The bar parlour', £125, London Group.
1923	0	0.0	
1924	5	846.6	塞尚 'Uncle Dominique', £600, Goupil Gallery.
1924：主管劍橋大學國王學院資產			
1925	0	0.0	
1925：與莉迪亞・洛普科娃結婚			
1926	2	11.6	弗蘭克・道布森 , 'Nude back view', £8.4, London Artists' Association.
1927	3	84.0	鄧肯・格蘭特 , 'Still life, flower and jug', £63, London Artists' Association.
1928	4	170.4	威廉・羅伯茲 , 'Labourers, £100, London Artists' Association.
1929	0	0.0	
1930	2	42.0	雷蒙・卡克森 , 'Village street', £31.5, London Artists' Association.
1931	8	46.6	威廉・羅伯茲 , 'Boy wearing a sun-hat', £15.8, London Artists' Association.

	購入數量	當年英鎊價格	當年買入最高價的畫作
1932	2	55.3	威廉・羅伯茲 , 'Lord and Lady Keynes', £50, commissioned.
1933	0	0.0	
1934	3	282.5	凡妮莎・貝爾 , 'Interior with figures', £157.5, Reid & Lefevre.
1935	5	4,003.6	塞尚 , 'L'enlevement', £3,500, Reid & Lefe.
1936	1	22.0	尚・呂爾薩 , 'Still life, flowers in vase with sea in background', £22, Reid & Lefevre.
1936：出版《就業、利率與貨幣的一般理論》			
1937	8	4,953.7	塞尚 , 'Undergrowth', £3,000, Wildenstein.
1938	3	157.5	威廉・羅伯茲的三幅作品 , £52.5 each, Reid & Lefevre.
1939	0	0.0	
1940	0	0.0	
1941	0	0.0	
1942	0	0.0	
1943	1	78.8	史賓瑟・高爾 , 'The toilet', £78.8, Redfern Gallery.
1944	0	0.0	
1945	1	94.5	鄧肯・格蘭特 , 'Cattle in a shed', £94.5, Ernest Brown & Phillips.
1946：62 歲去世			

表 37.3　凱因斯收藏 135 件畫作的估值

	當年的英鎊價值	性質
1917 ～ 46	12,847	購畫支出
1946	31,411	遺產估值
1959	382,575	保險估值
1981	4,002,231	保險估值
1988	11,301,712	政府要求作展覽損壞估值
2000	41,167,003	保險估值
2013	70,858,041	四家評價公司估值

(1) 股票只在 2013 年之前的 25 年間，才表現得比收藏品的報酬高。1946 ～ 1988 年間，都是股票的報酬率較差。

(2) 若對照 1959、1981、1988 這 3 個時點，股票的收益明顯低於美術品。

(3) 凱因斯收藏品增值最快的階段，是在逝世後的 30 年內。30 年之後增值就慢了，這表示當初的購入價格低廉。他未必是有鑑賞力的藝術家，但確實是有眼光的投資者。

(4) 整體而言，1959 ～ 2013 年的半世紀間，這批美術品的年平均收益至少有 4.2%，比同時期的證券市場報酬少 1.8%。

(5) 證券市場的增長受益於全球繁榮，也受不景氣與金融危機的威脅。

(6) 證券市場在半世紀間的報酬率較佳，但短期內激烈起伏的程度遠高於藝術品。你能長期抱著藝術品安心睡覺，但持有股票證券則需大量安眠藥。

接下來討論兩個次要問題。

1. 藝術品作者的知名度或聲望，會影響長期投資報酬嗎？答案：確實會。凱因斯的收藏品中，如表 37.1 所示，不少是藝圈朋友贈送的（購入價格為 0），有些作者的名氣較普通，有些世界聞名，如畢卡索、塞尚、馬諦斯。名氣較高的作者，作品的長期增值幅度明顯較高，價值起伏較穩定。

   凱因斯的收藏品有項特色：價值集中度非常高。他生前投入的 1.2 萬鎊，80% 用在前十項最貴的畫作中。2013 年的估價中，兩項作品的價值占了 73 項其他作品總價的一半；前十項最有價值的作品，占全部收藏總值的 91%。這表示凱因斯的收藏會增值這麼快速，基本上是由知名畫家如塞尚、馬諦斯、畢卡索的作品推進。也就是說，愈名不見經傳的畫家，對作品的長期增值度，愈不是主要的推動力。

2. 購入管道重要嗎？向知名拍賣公司買入的，會比向藝廊或私下交易的作品，增值幅度更穩更高嗎？答案：會。原因很明顯：愈有聲譽的拍賣公司，較願意拍賣名家作品。一方面吸引買主；二方面售價高、佣金多；三方面，名氣作品在景氣不佳時抗跌性強，景氣良好時增值空間大。

參考書目

"Bloomsbury group", *Wikipedia*, March 2017.

Chambers, David, Elroy Dimson and Christophe Spaenjers (2020): "Art as an asset: evidence from Keynes the collector", *Review of Asset Pricing Studies*, 10(3):490-520.

Dostaler, Gilles (2010): "Keynes, art and aesthetics", in R.W. Dimand et al. eds.: *Keynes's General Theory after Seventy Years*, Springer: International Economic Association, pp. 101-19.

Glasglow, Mary (1975): "The concept of the Arts Council", in Milos Keynes ed. *Essays on John Maynard Keynes*, pp. 260-71.

Heilbrun, James (1984): "Keynes and the economics of the arts", *Journal of Cultural Economics*, 8(2):37-49.

Higgins, Norman (1975): "The Cambridge Arts Theatre", in Milos Keynes ed. *Essays on John Maynard Keynes*, pp. 272-9.

Keynes, J.M. (1982): "Keynes and the arts", Chapter 3 of *The Collected Writings of John Maynard Keynes*, 28:295-372.

Keynes, Milos (1975) ed. *Essays on John Maynard Keynes*, Cambridge University Press.

Moggridge, Donald (2005): "Keynes, the arts, and the state", *History of Political Economy*, 37(3):535-55.

Scrase, D., and P. Croft (1983): *Maynard Keynes: Collector of Pictures, Books and Manuscripts*, Cambridge: The Fitzwilliam Museum.

Shone, Richard and Duncan Grant (1975): "The picture collector", in Milos Keynes ed. *Essays on John Maynard Keynes*, pp. 280-9.

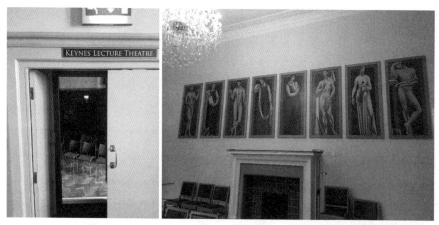

圖 37.3 凱因斯的一生幾乎以劍橋國王學院為家,圖為劍橋學院的凱因斯講堂,以及凱因斯捐贈的畫作

38

牛頓在南海公司泡沫的虧損

1720 年的南海公司泡沫事件中，牛頓是否虧損過兩萬多英鎊？我查閱過的諸多傳記，大都認為這是謠言，基本論點如下。1703 年 11 月 30 日，牛頓被選為倫敦皇家學術院院長（President），1705 年 4 月 16 日接受女王 Anne 頒授爵位（Sir）。他因執掌學院的行政職，必須管理各項經費，大約在 1710 年左右以學院的名義投資 1,500 鎊，購買英格蘭銀行的年金與南海公司的債券，並用收益來支付幾位祕書的薪資。

為什麼會有牛頓虧損 2 萬鎊的謠言？因為 1804 年威廉・西華德（William Seward）寫了 4 冊《名人軼聞》（*Anecdotes of Distinguished Men*）。第 5 版第 2 冊頁 295 說，根據牛頓侄女凱瑟琳・巴頓（Catherine Barton）的可靠消息，牛頓參與這項泡沫狂熱大虧 2 萬鎊。羅伯特・德維拉米爾（Robert de Villamil）在 1931 年發表的論文中提出兩項假說來駁斥。

1. 有一項備忘錄顯示，1720 年 7 月 27 日泡沫頂峰時，牛頓在鑄幣廠的副手福基爾（Fauquière）用牛頓名義買進南海股票，每次金額 650 鎊，但此事的真實性相當可疑。

2. 遺產中有南海股票，這是唯一能證明牛頓買賣的證據。

牛頓遺留的檔案顯示，1713 年他有價值 2,500 鎊南海股票；1720

年 4 月 19 日開始大漲時（參見圖 38.1），牛頓簽署授權出售 3,000
鎊南海股票，並說明這是他唯一擁有的南海股票。1720 年 6 月初他
買進 1,000 鎊南海股票，1722 年 8 月的信中牛頓表示他的南海股票價
值 2 萬 1,696 鎊 7 先令 4 便士。這是牛頓檔案中少量與股票相關的證
據，無法證實他在泡沫中損失 2 萬鎊，但他確實有過不少南海股票
（1722 年 8 月還有 2.17 萬鎊）。

先談牛頓的富裕程度。他是遺腹子，父親過世時（1642 年）留
下一小筆田產。1646 年母親再嫁史密斯先生（Smith）時，約定的條
件是整修舊屋，另贈 3 歲的小牛頓一塊地。母親與繼父再生 1 兒 2
女，1653 年繼父過世時，留下一筆資產給牛頓母親。1679 年母親過
世後，不知何故牛頓是唯一繼承人，單是田產收益每年就有 80 鎊。
牛頓 37 歲還在劍橋大學工作時，收入就非常夠一家五口的舒適生活。

1696 年 54 歲轉赴鑄幣廠當督導（Warden），年薪 400 鎊還有在
劍橋服務 27 年的酬金。1700 年升任廠長（Master），年薪 500 鎊外
加鑄幣紅利。為了激勵鑄幣效率，王室同意每鑄一磅重的金幣或銀
幣，就撥一筆獎金，由員工依職等分紅。牛頓的配額是：每鑄一磅
重的金幣可分紅 1 先令 10 便士，一磅重的銀幣分紅 3 又 1/4 便士。
1699 年 12 月 25 日至 1727 年 3 月 20 日，將近 27 年期間共鑄 1,248
萬 1,722 鎊幾內亞金幣（每個值 21 先令，會稱為幾內亞金幣是因
為 1663 年耶誕節前夕，初次決定鑄造時用的黃金來自非洲幾內亞海
岸），以及 58 萬 325 鎊銀幣。依前述的分紅比例，他共可得 2 萬 7,030
鎊，外加每年 500 鎊年薪（27 年約 1 萬 3,500 鎊），本薪與紅利合計
4 萬 530 鎊。這要扣除 27 年間的食宿費 736 鎊，但要加上鑄銅幣的
少量收入、賣錫的分紅、鑄各式紀念幣的分紅。簡言之，在鑄幣廠的
27 年間，總收入約 4 萬鎊，平均每年 1,450 鎊，加上老家田產收益
80 鎊，年收入至少 1,500 鎊。

既無婚姻又無子女，這筆年收入幾乎是淨儲蓄，自然會做各種投資。1727 年初去世時，各式投資的當年收益是 1,340 鎊。其他年份的收益雖不清楚，就算有幾年虧損也應該不嚴重。他逝世時擁有英格蘭銀行股票面額 1 萬 4,000 鎊；南海公司 5% 股利的股票面額 1 萬鎊，市值 2 萬 8,130 鎊，外加不動產 3 萬 1,822 鎊，對單身老人已非常富裕。

　　根據 1696 年的估算，貴族的平均年收入約 3,200 鎊，男爵約 880 鎊，鄉紳約 280 鎊。但他們都要養一大家族與僕人，扣除所有費用後的可儲蓄額必然遠不如牛頓。牛頓對別人相當慷慨，對自己也很寬厚：有兩位女僕、一位男僕（過世時有 6 位僕人）、每季支付 20 鎊僱用馬車和兩匹馬、車夫薪資 4 鎊 9 便士 6 先令，屋內裝潢與用品的高貴就不用說了。

　　再回來看南海股虧損 2 萬鎊的事，流言的起因有另一種解釋。1720 年 7 月 27 日股價頂峰時，牛頓沒把手中的股票全部脫手。他的姪女凱瑟琳說牛頓損失 2 萬鎊，意思是說，如果在股價最高時出清就能多賺 2 萬鎊。牛頓沒這麼做，他只是保守地長期持有。對已經 78 歲的富翁，少賺 2 萬鎊重要嗎？約翰・克雷格爵士（Sir John Craig）1942 年的論文頁 112、124 ～ 126 以及德維拉米爾 1931 年的論文頁 19 ～ 37，對牛頓收入與投資狀況有很好的分析。更重要的史料是德維拉米爾 1931 年的論文頁 49 ～ 61，複製 1727 年 5 月 5 日的遺產清單共 12 頁，總價值 3 萬 1,821 鎊 16 先令 10 便士。這項文件於 1727 年 4 月 27 日由牛頓姪女婿約翰・康杜伊特（John Conduitt，他繼承了牛頓的廠長職位），以及姪女凱瑟琳以家屬身分署名，此外還有五位見證人。

　　牛頓遺產中還有許多圖書，可以顯示生前的閱讀廣度。德維拉米爾 1931 年的論文頁 62 ～ 111 提供兩份 1928 年夏天製作的目錄，共有 1,896 本。這批圖書在 1727 至 1928 年間多次轉手，遺失、被竊、丟棄、損毀的數目難以估算。

我無法計算人性的瘋狂

　　以下介紹的是真實版，這是較可靠的檔案研究成果：安德魯·奧德里茲柯（Andrew Odlyzko）在 2019 年發表的論文中列舉更深入的證據，顯示 1720 年的泡沫中牛頓真的虧損兩萬多鎊。他的本科與碩士是加州理工學院，博士是 MIT（數學，1975），現任教於明尼蘇達大學數學學院。他親赴下列檔案館查索各種檔案：大英圖書館、國會檔案、英格蘭銀行、劍橋大學國王學院、耶魯大學拜內克（Beinecke）手稿館。也出版過好幾篇英國經濟泡沫史的論文，可在他網頁上查閱。

　　此文的主要論點是：檔案證據顯示泡沫前（圖 38.1），牛頓在股市的成果豐碩，之後犯下大錯，把先前賺到的幾乎全數再投入，在泡沫破裂前未能抽身導致大賠。由此也可以印證他的名言：我無法計算人們的瘋狂。牛頓個案是奧德里茲柯 2019 年論文的主軸，但奧德里茲柯的貢獻其實更寬廣，讓我們對南海公司以及 18 世紀初期的英國股市運作，都有更新更深的理解。原文長達 31 頁 100 個註腳，引用許多新穎文獻，值得詳讀原文。以下是核心證據。

　　圖 38.1 是 1720 年 3 月初到 9 月底南海公司的股價趨勢，顯現泡沫的急升與邊降：縱軸是每百股的英鎊價格，橫軸是 3 到 9 月的切割點。先看圖內的三條橫短線：

1. 4 月中到 5 月中那條的橫線，表示牛頓在這段期間賣出股票，以及這個時段的股價。

2. 6 月中到 8 月下旬那條的橫線，表示他在這段期間內買進 4 次（以垂直線顯示時間點）。

3. 圖 38.1 下方有條對照性的橫線：湯瑪斯·凱伊賣出。這位湯瑪斯·凱伊（Thomas Guy）在飆漲時（4 月下旬到 6 月中）脫手南海股票，賺取大筆財富建設凱伊醫院。

　　上述三條橫線說明一件事：牛頓在 4 月中到 5 月中脫手時，股價已從 2 月中每百股不到 200 鎊，漲到 350 ～ 550 鎊。若牛頓和凱伊一樣在此時收手，約可賺 1.3 萬鎊。問題在他出售後飆得更誇張，牛頓就把股市所得又分四批買入：6 月中旬以每百股 700 鎊左右分批購入。7 月中以每百股 1,000 鎊的天價買進一批股票。7 月底買第三批，每百股約 900 鎊。8 月下旬買第 4 批，每百股約 840 鎊。之後泡沫破了，9 月下旬跌到每百股 200 鎊。圖 38.1 顯示，1720 年 4 月中到 5 月中那次牛頓脫手是明智的，但 6 月中到 8 月底把上次所得全數投入，造成虧損約 2.5 萬鎊。

　　圖 38.1 上方有三條垂直線，標示牛頓為浩爾買進股票。牛頓是的浩爾（Hall）摯友，被指定參與管理遺產。這個四人委員會共同管理浩爾逝世後的家產與投資，帳簿還保留在劍橋大學檔案。1718 年 2 月浩爾逝世後的總資產約 4 萬鎊，其中 1/3 是英格蘭銀行股票，1/3 是政府短期債券（公債），最後 1/3 是長期公債。浩爾的獨子法蘭西斯（Francis）也參與管理，他有最大決定權。圖 38.1 上方顯示三次幫浩爾家族購入的南海股票，是四位委員加法蘭西斯共同決議，盈虧與牛頓無涉。

　　以下是牛頓歷年持有南海股票的狀況，資料取自南海公司股東名冊，也記載股東的持股數。當時規定每持有千股就有 1 票表決權，3,000 股有 2 票，5,000 股有 3 票，1 萬股以上有 4 票（最高限度）。現存可查的股東名冊只有以下幾批：1712 年 6 月 24 日（年中）、1714、1717、1720、1723 年的 12 月 25 日（年末）。加上各地檔案館的資料，拼湊出 1712 至 1727 間牛頓的大約持股數：

　　1. 1712 年 6 月 24 日：至少 1,000 股，少於 3,000 股

　　2. 1713 年 6 月 25 日：2,500 股

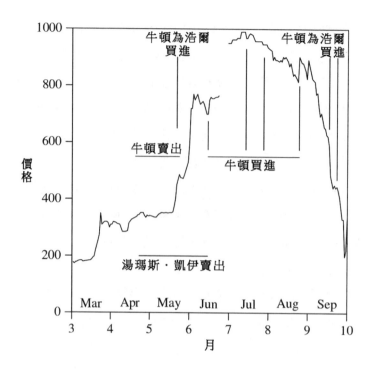

圖 38.1　1720 年 3 ～ 10 月南海公司（每百股）的英鎊價格，以及牛頓的買賣紀錄。

3. 1714 年 12 月 25 日：至少 5,000 股，少於 1 萬股

4. 1717 年 12 月 25 日：至少 1 萬股

5. 1720 年 4 月 19 日：超過 3,000 股

6. 1720 年 12 月 25 日：至少 1 萬股

7. 1721 年 6 月 25 日：1 萬 6,275.24 股（已加上分紅的零股）

8. 1722 年 6 月 25 日：2 萬 1,696.32 股（已加上分紅的零股）

9. 1723 年 6 月 24 日：1 萬股

10. 1723 年 6 月 25 日：5,000 股

11. 1723 年 12 月 25 日：至少 5,000 股，少於 1 萬股

12. 1727 年 3 月 22 日：5,000 股

除了南海股票，牛頓還有英格蘭銀行股票：檔案顯示牛頓約從 1709 年開始買入，1711 年底有 1,500 股，1715 年 10 月 14 日有 6,000 股。1716 年 12 月 11 日售出 4,000 股，1719 年 11 月 19 日售出剩餘的 2,000 股。簡言之，他從銀行股賺了一筆，看到南海股價攀升，就把資金轉投南海：1720 年初時約有 1 萬 2,000 股，直到 1722 年末，才把南海股票賣出一半，再買回銀行股。他在 1724 年 10 月、1725 年 2 月、1726 年 10 月分別買進 1,000 股。1727 年初過世時，這 3,000 股約值 1 萬 4,000 鎊，是遺產中最重要的部分。

他也持有銀行的債券，年利約 4 ～ 5%。1717 年 10 月買入 2,000 鎊，1719 年 11 月再買 2,000 鎊，1720 年 2 月又買 2,000 鎊，1720 年 4 月 20 日加速購入，購入成本達 2 萬 6,000 鎊，1720 年的市值約 3 萬 2,000 鎊。這筆資產分兩次售出：1720 年 6 月 14 日轉讓 2 萬 6,000 鎊給幾位友人，剩餘的 6,000 鎊用來購入南海股票。

接下來看表 38.1，說明為何南海股票會有泡沫，而英格蘭銀行股票無此現象。1710 ～ 1720 年代的三大股王是：英格蘭銀行、東印度公司、南海公司。表 38.1 顯示前兩者的股價相對平穩：1711 ～ 1723 年間，銀行股價在 108 ～ 142 鎊間，印度公司在 123 ～ 196 鎊間，但南海則明顯飆漲（表 38.1 末欄）：從 75 鎊漲到 162，超過 2 倍。

南海股票真的有此價值？圖 38.2 顯示 1710 初到 1719 年底，這三家的長期平均股價（這是 1720 年 3 月泡沫前）。南海公司的價位最低，但表 38.1 又顯示南海的漲幅度最高，這就說明此股的泡沫性質，以及銀行與印度公司股票的相對平穩。

南海股票在 1720 年 8 月 4 日出現重大危機（圖 38.1），從頂峰的近 1,000 鎊，8 月下旬跌到 800 鎊以下。8 月 22 ～ 23 日的行情是 750 鎊，9 月底跌到 300 鎊以下，有人願以 200 鎊拋出表示泡沫探底了。牛頓在 1720 年 4 到 5 月間賺了約 1.3 萬鎊，6 到 8 月間積極購

表 38.1　每百股的英鎊價格（詳見內文解說）

年月日	英格蘭銀行	東印度公司	南海公司（市價）	南海公司（調整股利與年度分配後）
1711.12.31	108.50	123.00	75.00	75.00
1715.10.14	125.25	134.25	93.75	93.75
1716.12.11	135.50	174.00	103.50	103.50
1719.11.19	142.85	196.50	119.25	119.25
1723.8.31	121.50	131.50	104.00	**162.07**

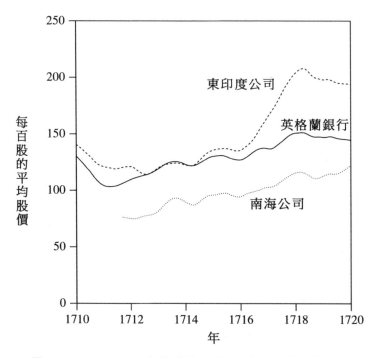

圖 38.2　1710 ～ 20 年英國前三大股，每百股的平均股價

入，7 月中旬還在頂峰進了一批，導致 9 月底泡沫見底時倒虧了約 2.5 萬鎊。1727 年 5 月牛頓的遺產約 3.1 萬鎊，若對股市的貪念較輕，離世時應有 6 萬鎊的總資產。

參考書目

Craig, Sir John (1946): *Newton at the Mint*, Cambridge University Press.

de Villamil, Robert (1931): *Newton: the Man*. With a foreword by Albert Einstein and a new introduction by I. Bernard Cohen, New York: John Reprint, 1972 (see pp. 19-37 for a careful analysis of Newton's wealth and his investment in the South Sea Company).

Odlyzko, Andrew (2019): "Newton's financial misadventures in the South Sea Bubble", *Notes and Records* (The Royal Society Journal of the History of Science), 73(1):29-59.

延伸閱讀

網站

　　1994 年設立的經濟史網站（http://eh.net/）最值得參考。這是由幾個專業學會共同支持的網站，包括美國經濟史學會（Economic History Association，1940 年設立）、商業史研討會（Business History Conference，1954 年設立）、計量經濟史學會（Cliometric Society，1983 年成立）、英國經濟史學會（Economic History Society，1926 年設立）、經濟學史學會（History of Economics Society，或稱為經濟思想史學會，1974 年成立）。

　　這個網站的資訊非常豐富，包括：

1. 主要的研討會訊息，例如國際經濟史大會，以及各地舉辦的經濟史會議。
2. 介紹重要的學者與著作。
3. 介紹經典著作與回顧性的評論。
4. 最新的論文與摘要。
5. 疑難排解。
6. 新書評論。
7. 行事曆（查哪一天有哪些會議或事情）。
8. 經濟史講義（由各國教師提供課程大綱，了解同行開設哪些課程、使用哪些教材）。

9. 內容豐富的統計資料庫，例如 1880 ～ 1913 的國際金融統計、1600 ～ 1900 鄂圖曼帝國的經濟與社會史資料。

10. 會員資料庫，查索會員的研究主題。

11. 百科全書：依字母序排列，題材豐富，隨時有新條目。

12. 想知道 1790 年的 1 美金價值現在的幾倍？想知道 1257 ～ 2001 年間的黃金價格？「How Much is That?」提供有用的統計與換算方法。

13. 相關網站，包括各國與經濟史相關的學會網址連結（例如「礦冶史學會」），以及主要的經濟史期刊，可迅速連結查索各卷內容。

14. 主要的經濟史研究中心網址。

15. 會員之間對各種議題的線上討論內容。

專業期刊

「經濟史網站」上的相關網站（Related Websites）裡，有相當完整的經濟史期刊名稱，可連結到出版社的網頁。非英語國家有不少專業刊物，例如日本的《社會經濟史學》（1 年 6 期，1931 年創刊），法、西、德諸國也都有期刊。就經濟學界而言，除了專業的經濟史期刊，有些重要的共同期刊，例如《美國經濟評論》（*American Economic Review*）、《政治經濟學期刊》（*Journal of Political Economy*）、《經濟學季刊（*Quarterly Journal of Economics*），每年都會刊出幾篇經濟史的好文章。《牛津經濟學論文》（*Oxford Economic Papers*）在 1987 ～ 1978 年和 2007 ～ 2008 年有過兩次經濟史專輯。

我最常看的專業刊物是：《Journal of Economic History》（1940 年創刊，每年 4 期，是這個行業最重要的刊物）、《Explorations in

Economic History》（1963 年創刊，著重計量方法，是計量史學的代表性刊物）、《Economic History Review》（英國經濟史學會的刊物，題材與分析手法較傳統，1926 年創立）、《歐洲經濟史評論》（*European Review of Economic History*，歐洲歷史經濟學會〔European Historical Economics Society〕的官方刊物，1996 年創刊）、《計量經濟史》（*Cliometrica: Journal of Historical Economics and Econometric History*，2007 年創辦，由法國計量經濟史學會〔Association Française de Cliométrie〕與國際編委主編）。相關資料請參閱 Di Vaio and Weisdorf (2010): "Ranking economic history journals: a citation-based impact-adjusted analysis", *Cliometrica*, 4(1):1-17.

資料庫與參考書目

最重要的資料庫是 EconLit，這也是經濟學界最熟悉的資料庫。可依作者、關鍵字、刊物名稱、題材分類進行全文搜尋。如果你對巫婆問題有興趣，鍵入 Witchcraft 就會有不少發現。

1969 年之前的論文可從三本書目查索：

1. Donald McCloskey and George Hersh (1990) eds.: *A Bibliography of Historical Economics to 1980*, Cambridge University Press, 505 pages, 4,300 items.

2. Derek Aldcroft and Richard Rodger (1992) eds: *Bibliography of European Economic and Social History*, Manchester University Press (2nd edition), 304 pages, over 6,000 items.

3. Charles Wilson and Geoffrey Parker (1977) eds.: *An Introduction to the Sources of European Economic History 1500~1800*, Cornell University Press, 250 pages.

有兩套回顧綜述也很方便找尋資料：

1. Robert Whaples and Randall Parker (2013) eds.: *Routledge Handbook of Modern Economic History*, London: Routledge（352 頁，27 篇回顧綜述）。

2. Randall Parker and Robert Whaples (2013) eds.: *Routledge Handbook of Major Events in Economic History*, London: Routledge（456 頁，35 篇回顧綜述）。

2003 年 6 月牛津大學出版《牛津經濟史百科全書》（*The Oxford Encyclopedia of Economic History*，5 冊），主編是美國西北大學經濟史名教授喬爾・墨基爾（Joel Mokyr），共 2,806 頁，由 800 位專家寫 900 個條目。書評說編得很好，只是太過著重西方，太過歐洲中心，但這也是難免的事。索引做得很好，查索便利。

近年來還有幾種手冊型的文集，依題材綜述新近成果，包括：

1. *Handbook of Cliometrics*, 2nd edition, 2019.

2. *Handbook of the History of Money and Currency*, 2020.

3. *The Handbook of Historical Economics*, 2021.

4. *The Oxford Handbook of American Economic History*, 2018.

圖表來源

圖 **1.1** 　來源：WIKICOMMONS, https://commons.wikimedia.org/wiki/
File:UnderwoodKeyboard.jpg（2023 年 4 月 1 日）

圖 **1.2** 　來源：WIKICOMMONS, https://commons.wikimedia.org/wiki/
File:First_passenger_railway_1830.jpg?uselang=zh-tw（2023 年 5 月 8 日）

圖 **3.1** 　來源：WIKICOMMONS, https://commons.wikimedia.org/wiki/
File:1639_Ming_crossbow_volley_formation.jpg（2023 年 4 月 1 日）

圖 **3.2** 　來源：WIKICOMMONS, https://commons.wikimedia.org/wiki/
File:Battle_of_crecy_froissart.jpg（2023 年 4 月 1 日）

圖 **3.3** 　出處：Battle of Crecy, 26th August 1346. Map of battle plan. Published 1899

圖 **3.4** 　來源：WIKICOMMONS, https://commons.wikimedia.org/wiki/
File:Englishlongbow.jpg（2023 年 4 月 1 日）

圖 **3.5** 　出處：Allen and Leeson (2015)："Institutionally constrained technology
adoption", Figure 2

圖 **4.1** 　來源：WIKICOMMONS, https://commons.wikimedia.org/wiki/File:%E8%B
2%9E%E7%AF%80%E7%89%8C%E5%9D%8A%EF%BC%88%E5%86%B0%E
6%B8%85%E7%8E%89%E6%BD%94%EF%BC%89_-_panoramio.jpg（2023 年
4 月 1 日）

圖 **5.1** 　來源：WIKICOMMONS, https://commons.wikimedia.org/wiki/
File:Titanic_Starboard_View_1912.gif（2023 年 4 月 6 日）

圖 **5.2** 　來源：WIKICOMMONS, https://commons.wikimedia.org/wiki/
File:TitanicRoute(zh).png（2023 年 4 月 6 日）

圖 **5.3** 　來源：WIKICOMMONS, https://commons.wikimedia.org/wiki/
File:Titanic_iceberg.jpg（2023 年 4 月 4 日）

圖 **5.4** 　來源：WIKICOMMONS, https://en.wikipedia.org/wiki/
File:Thayer-Sketch-of-Titanic.png（2023 年 4 月 6 日）

圖 5.5　來源：https://commons.wikimedia.org/wiki/File:Titanic_lifeboat.jpg（2023年 4 月 6 日）

圖 5.6　來源：Elinder and Erixon (2012): "Gender, social norms, and survival in maritime disasters", Figure 1

圖 6.1 ～ 6.3　出處：Li (1991): "Life and death in a Chinese famine", Figure 1, Plates 1, 4

圖 7.1　出處：Buck, John Lossing (1937), *Land utilization in China : a study of 16,786 farms in 168 localities, and 38,256 farm families in twenty-two proviences in China, 1929-1933*, the University of Nanking. 轉引自：Shepherd, John (1988): "Rethinking tenancy: explaining spatial and temporal variation in late Imperial and Republican China", *Comparative Studies in Society and History*, 30(3):403-31.

圖 8.1　來源：WIKICOMMONS, https://commons.wikimedia.org/wiki/File:2000%2B_year_global_temperature_including_Medieval_Warm_Period_and_Little_Ice_Age_-_Ed_Hawkins.svg（2023 年 4 月 7 日）

圖 8.2　來源：WIKICOMMONS, https://commons.wikimedia.org/wiki/File:Hendrick_Avercamp_-_Winterlandschap_met_ijsvermaak.jpg（2023 年 4 月 7 日）

圖 9.1　來源：WIKICOMMONS, https://commons.wikimedia.org/wiki/File:Karl_Marx_001.jpg?uselang=zh-tw（2023 年 5 月 9 日）

圖 9.2　來源：WIKICOMMONS, https://commons.wikimedia.org/wiki/File:Engels_1856.jpg（2023 年 5 月 9 日）

圖 9.3　來源：WIKICOMMONS, https://commons.wikimedia.org/wiki/File:Cottonopolis1.jpg（2023 年 5 月 9 日）

圖 11.1　出處：1932 Atlas of the Historical Geography of the United States

圖 11.2　來源：Atack, Bateman and Margo (2007): "The Transportation Revolution Revisited: Towards a New Mapping of America's Transportation Network in the 19th Century", Figure 3

圖 12.1　來源：WIKICOMMONS, https://commons.wikimedia.org/wiki/File:%E8%8B%B1%E5%9C%8B%E5%9C%A8%E5%8D%B0%E5%BA%A6%E7%9A%84%E9%B4%89%E7%89%87%E5%84%B2%E5%AD%98%E5%BA%AB.PNG（2023 年 4 月 7 日）

表 12.1 ～ 12.2　出處：Newman (1995): "Opium smoking in late Imperial China"

圖 **14.1**　來源：WIKICOMMONS, https://commons.wikimedia.org/wiki/ File:1966_Datsun_Sunny_01.jpg?uselang=zh-tw（2023 年 5 月 18 日）

圖 **15.1**　來源：WIKICOMMONS, https://commons.wikimedia.org/wiki/ File:Bundesarchiv_Bild_183-R27373,_Reichsautobahn,_Adolf_Hitler_beim_1._ Spatenstich,_bei_Frankfurt.jpg（2023 年 5 月 18 日）

圖 **16.1**　來源：WIKICOMMONS, https://commons.wikimedia.org/wiki/ File:Amberley_TV.jpg（2023 年 5 月 18 日）

圖 **18.1**　來源：WIKICOMMONS, https://commons.wikimedia.org/wiki/ File:Zheng_Zhilong_and_Koxing.jpg（2023 年 4 月 11 日）

圖 **18.2**　來源：WIKICOMMONS, https://commons.wikimedia.org/wiki/ File:Zeelandia_from_Dutch.jpg?uselang=zh-tw（2023 年 4 月 11 日）

圖 **18.3**　出處：吳聰敏（2016）〈從貿易與產業發展看荷治時期臺灣殖民地經營之績效〉，頁 404

圖 **19.1**　來源：WIKICOMMONS, https://commons.wikimedia.org/wiki/ File:William_Joseph_(Wild_Bill)_Donovan,_Head_of_the_OSS.jpg?uselang=zh-tw（2023 年 4 月 11 日）

圖 **20.1**　來源：WIKICOMMONS, https://commons.wikimedia.org/wiki/ File:Ograbme.jpg（2023 年 5 月 18 日）

圖 **21.1**　來源：WIKICOMMONS, https://commons.wikimedia.org/wiki/File:Jewish_ merchants_in_XIX_century_Warsaw.PNG（2023 年 4 月 12 日）

圖 **22.1**　來源：WIKICOMMONS, https://commons.wikimedia.org/wiki/ File:Fish-Scale_Inventory_of_the_Ming_Dynasty_in_Wuxi_Museum_2013-04.JPG （2023 年 5 月 18 日）

圖 **23.1**　出處：Clark (2007): *A Farewell to Alms*.

圖 **23.2 ～ 23.3**　出處：Clark (2005): "The condition of the working class in England, 1209-2004", Figures 1, 5

圖 **24.1**　來源：WIKICOMMONS, https://commons.wikimedia.org/wiki/ File:Skibbereen_by_James_Mahony,_1847.JPG?uselang=zh-tw（2023 年 4 月 7 日）

圖 **25.1**　來源：日本國立國會圖書館, https://dl.ndl.go.jp/pid/1312610/1/1 （2023 年 5 月 11 日）

圖 **25.2**　來源：日本國立國會圖書館, https://dl.ndl.go.jp/pid/840694/1/17 （2023 年 5 月 11 日）

圖 26.1　來源：WIKICOMMONS, https://commons.wikimedia.org/wiki/ File:Naturejournal36londuoft_0523.jpg（2023 年 4 月 7 日）

表 26.1、圖 26.2～26.4　出處：Kelly, Morgan and Cormac Ó Gráda (2016): "Adam Smith, watch prices, and the Industrial Revolution", Table 1, Figures 1, 2 ,4

圖 27.1　來源：WIKICOMMONS, https://commons.wikimedia.org/wiki/ File:American_bison_k5680-1.jpg?uselang=zh-tw（2023 年 4 月 7 日）

圖 27.2　來源：WIKICOMMONS, https://commons.wikimedia.org/wiki/ File:Extermination_of_bison_to_1889.svg?uselang=zh-tw（2023 年 4 月 7 日）

圖 27.3　來源：WIKICOMMONS, https://commons.wikimedia.org/wiki/ File:Bison_skull_pile-restored.jpg（2023 年 4 月 7 日）

表 27.1　出處：Taylor (2011): "Buffalo hunt: international trade and the virtual extinction of the North American bison", Table 1

圖 27.4～5　出處：Taylor (2011), Figures 2, 3

圖 28.1　來源：WIKICOMMONS, https://de.wikipedia.org/wiki/Datei:Hotel_de_ ventes_drouot_1a.jpg. https://commons.wikimedia.org/wiki/File:H%C3%B4tel_ Drouot.jpg（2023 年 4 月 7 日）

圖 28.2～28.7、表 28.1～28.2　出處：Oosterlinck (2017): "Art as a wartime investment", Figures 1~4, 8, Tables B1, A3

圖 29.3　來源：WIKICOMMONS, https://commons.wikimedia.org/wiki/ File:English-Octopus-Coin-1894.jpg（2023 年 4 月 7 日）

表 29.1　出處：Mitchener and Weidenmier (2015): "Was the Classical Gold Standard Credible on the Periphery? Evidence from Currency Risk", *Journal of Economic History*, 75(2):486, Table 1

表 30.1　出處：Giichi Ono (1922): *War and Armament Expenditures of Japan*, Oxford University Press, pp. 302-4

表 30.2　出處：Toshio Suzuki (1994): Japanese Government Loan Issue on the London Capital Market, 1870-1913, Athlone Press

表 30.3　出處：徐義生（1962）《中國近代外債史統計資料》，北京：中華書局

表 30.4　出處：大藏省明治財政史編纂會（1905）《明治財政史》卷 II，轉引自：隨清遠（2014）〈甲午戰爭賠款與日本〉，《南開學報》第 4 期

圖 31.1　來源：WIKICOMMONS, https://commons.wikimedia.org/wiki/ File:Crowd_outside_nyse.jpg（2023 年 4 月 12 日）

圖 31.2 來源：WIKICOMMONS, https://commons.wikimedia.org/wiki/ File:China-1Yuan-1933.jpg?uselang=zh-tw（2023 年 4 月 12 日）

圖 32.1 來源：WIKICOMMONS, https://commons.wikimedia.org/wiki/ File:Philip_V_Coin_silver,_8_Reales_Mexico.jpg?uselang=zh-hant （2023 年 5 月 12 日）

圖 33.1 來源：WIKICOMMONS, https://commons.wikimedia.org/wiki/ File:Wizard_title_page.jpg（2023 年 4 月 7 日）

圖 33.2 來源：WIKICOMMONS, https://commons.wikimedia.org/wiki/ File:It_can_not_pass_while_he_is_there_-_Dalrymple._LCCN2012648637.jpg （2023 年 5 月 12 日）

圖 33.3 來源：WIKICOMMONS, https://commons.wikimedia.org/wiki/ File:Survival_of_the_Fittest.jpg（2023 年 5 月 12 日）

圖 33.4 來源：WIKICOMMONS, https://commons.wikimedia.org/wiki/ File:Wizard_of_Oz_China.jpg（2023 年 5 月 12 日）

圖 34.1 來源：WIKICOMMONS, https://commons.wikimedia.org/wiki/ File:US_Silver_Policy_Destroy_Mexico_and_China.png（2023 年 4 月 12 日）

圖 35.1 來源：WIKICOMMONS, https://commons.wikimedia.org/wiki/ File:Anthonis_Mor_004.jpg（2023 年 4 月 12 日）

圖 36.1 來源：WIKICOMMONS, https://commons.wikimedia.org/wiki/ File:WhiteandKeynes.jpg（2023 年 4 月 12 日）

表 36.1 ～ 36.2 出處：Kent (2012): "Keynes's investment activities while in the Treasury during World War I", Tables 1, 2

圖 37.1 來源：WIKICOMMONS, https://commons.wikimedia.org/wiki/ File:Bloomsbury.gif（2023 年 4 月 17 日）

圖 37.2 來源：WIKICOMMONS, https://zh.wikipedia.org/zh-tw/File:Duncan_ Grant_with_John_Maynard_Keynes.jpg（2023 年 5 月 15 日）

圖 37.3 來源：私人拍攝

表 37.1 ～ 37.3 出處：Chambers, Dimson and Spaenjers (2020): "Art as an asset", Tables 1-3

圖 38.1 ～ 38.2、表 38.1 出處：Odlyzko (2019): "Newton's financial misadventures in the South Sea Bubble", Figures 1-2, Table 1

索引

經濟史的趣味

作　　　者　賴建誠、何泰寬
選 書 人　張瑞芳
責任主編　張瑞芳
編輯協力　徐文傑
專業校對　童霈文
版面構成　張靜怡
封面設計　開新檔案製作委託所
行 銷 部　張瑞芳、段人涵
版 權 部　李季鴻、梁嘉真
總 編 輯　謝宜英
出 版 者　貓頭鷹出版

發 行 人　涂玉雲
發　　　行　英屬蓋曼群島商家庭傳媒股份有限公司城邦分公司
　　　　　　104 台北市中山區民生東路二段 141 號 11 樓
　　　　　　劃撥帳號：19863813；戶名：書虫股份有限公司
城邦讀書花園：www.cite.com.tw　購書服務信箱：service@readingclub.com.tw
購書服務專線：02-2500-7718~9（週一至週五 09:30-12:30；13:30-18:00）
24 小時傳真專線：02-25001990~1
香港發行所　城邦（香港）出版集團／電話：852-2877-8606／傳真：852-2578-9337
馬新發行所　城邦（馬新）出版集團／電話：603-9056-3833／傳真：603-9057-6622
印 製 廠　中原造像股份有限公司
初　　　版　2023 年 6 月
定　　　價　新台幣 450 元／港幣 150 元（紙本書）
　　　　　　新台幣 315 元（電子書）
Ｉ Ｓ Ｂ Ｎ　978-986-262-633-7（紙本平裝）／978-986-262-634-4（電子書 EPUB）

國家圖書館出版品預行編目資料

經濟史的趣味／賴建誠、何泰寬著 .-- 初版 .--
　臺北市：貓頭鷹出版：英屬蓋曼群島商家庭
　傳媒股份有限公司城邦分公司發行, 2023.06
　面；　公分
　ISBN 978-986-262-633-7（平裝）

1.CST：經濟史　2.CST：通俗作品

550.9　　　　　　　　　　　　　112005704